Evaluation of Regional Educational Competitiveness

国家教育宏观政策研究院智库建设成果书系

主编　郅庭瑾　朱益明

区域教育
竞争力评价

郅庭瑾　赵磊磊　著

华东师范大学出版社

图书在版编目(CIP)数据

区域教育竞争力评价/郅庭瑾,赵磊磊著.—上海:华东师范大学出版社,2018

(国家教育宏观政策研究院智库建设成果书系)

ISBN 978-7-5675-8323-8

Ⅰ.①区⋯　Ⅱ.①郅⋯②赵⋯　Ⅲ.①地方教育-发展-竞争力-评价-中国　Ⅳ.①G527

中国版本图书馆 CIP 数据核字(2018)第 210486 号

本书由上海文化发展基金会图书出版专项基金资助出版

国家教育宏观政策研究院智库建设成果书系

区域教育竞争力评价

著　　者　郅庭瑾　赵磊磊
策划编辑　彭呈军
审读编辑　白锋宇
装帧设计　高　山

出版发行　华东师范大学出版社
社　　址　上海市中山北路 3663 号　邮编 200062
网　　址　www.ecnupress.com.cn
电　　话　021-60821666　行政传真 021-62572105
客服电话　021-62865537　门市(邮购)电话 021-62869887
地　　址　上海市中山北路 3663 号华东师范大学校内先锋路口
网　　店　http://hdsdcbs.tmall.com

印　刷　者　上海市崇明县裕安印刷厂
开　　本　787×1092　16 开
印　　张　15.25
字　　数　269 千字
版　　次　2018 年 12 月第 1 版
印　　次　2018 年 12 月第 1 次
书　　号　ISBN 978-7-5675-8323-8/G·11491
定　　价　48.00 元

出 版 人　王　焰

(如发现本版图书有印订质量问题,请寄回本社客服中心调换或电话 021-62865537 联系)

国家教育宏观政策研究院
智库建设成果书系

本书为华东师范大学教育学高峰学科建设资助项目；

国家社科基金"城镇化背景下我国义务教育综合治理研究"（14AGL017）成果之一

总　序

教育兴则人才兴，教育强则国家强。党中央、国务院高度重视教育事业，始终将其牢牢摆放在优先发展的战略位置，为开辟中国特色社会主义教育发展道路，加快实现我国从教育大国向教育强国迈进奠定了更加坚实的基础。在习近平新时代中国特色社会主义思想指引下，"加强中国特色新型智库建设"首次写入了党的十九大报告中。中国特色新型智库建设的核心是通过依法、科学、民主的决策咨询制度来推进国家治理体系和治理能力现代化，进而提升和确立中国的文化软实力和话语体系。这一体系有赖于建设一支高素质、专业化、研究型的人才队伍作为智力支撑，注重新型智库的内涵式发展，避免出现"库多智少"、"有库无智"的不良倾向。当前中国社会所面临的发展形势更加错综复杂，各类思潮纷繁芜杂，特别是要处理好"人民日益增长的美好生活需要和不平衡不充分的发展之间的矛盾"，亟需一流大学智库提供专业支撑、决策建议、精确信息、实证观点和深刻思想。

华东师范大学国家教育宏观政策研究院（又名教育经济宏观政策研究院，以下简称宏观院），由教育部和上海市人民政府共建，由华东师范大学和上海市教育科学研究院共同创办，致力于打造一个全面服务于国家宏观政策需求的思想高地，成为一流的国家教育智库和有世界影响力的中国教育智库代表。宏观院拟于 2018 年起陆续推出系列专著、系列政策咨询报告、教育发展年度报告、专题数据库、数字化可视化研究成果等。本套丛书是宏观院集中推出的第一批系列专著成果，也是本院基于 2014 年建院以来在教育政策领域的积极探索和经验积累，主要打造的学术产品和研究成果。

本套丛书基于中国特色新型智库的内涵建设，站在新的历史方位，立足于新时期新阶段中国教育改革发展的实践探索，集纳、收录了一批高质量、前瞻性的教育政策研究成果，致力于打造并传播国家教育智库的拳头产品。丛书选取了当前我国教育改革实践的重大问题,聚焦教育政策的理论研究、制度设计和实践案例,落脚于教育政策的研制、执行、评估、预测等关键环节,通过科学的实证依据,集中展示近年来我国教育政策研究领域的新进展、新趋向,完整呈现中国教育改革与发展中涌现的新理念、新思潮、新方法。

　　丛书覆盖面广,内容丰富,紧紧扣住当前教育政策领域重大的热点和焦点问题,着眼于展现国内教育政策最新的研究成果,立足于新时期新阶段我国教育改革实践,集教育政策的理论与实践于一体,对于加快推进我国教育实证研究与实践探索具有广泛的学术价值和指导意义。丛书共有 10 本专著,分为理论、制度、主题三大模块。其中,理论模块探讨教育政策基本理论问题,主要涉及"基于系统支持的教育决策研究"、"教育政策执行保障体系研究"、"教育治理体系构建"等内容;制度模块则分别从不同的角度切入,关注教育政策的相关体制机制与政策制度的创新之路,主要有"义务教育公共服务均等制度设计"、"教育精准扶贫与代际流动"、"城镇化与农村中心学校出路"、"高校办学质量监测"等内容;主题模块主要包括基于区域教育、教师政策和大学学科等不同主体对象的多元视角研究。丛书遵循"直面问题、贴近实践、服务政策、深度透析"的基本原则,把当前我国教育改革与发展中的关键问题作为重点研究方向,以政策分析的视角集中审视中国教育改革与发展中所面临的新现象与新问题。丛书各专著针对义务教育、高中教育、职业教育、高等教育中的典型问题,基于问题的分析逻辑展开理论铺陈、学理阐释与循证论证,在寻求问题解决的过程中实现理论建构的新突破,进而为相应的政策设计提供实证依据和决策参考,同时为广大读者了解和把握我国教育政策最新研究进展提供崭新的视角。

　　全套丛书紧紧围绕建设中国特色新型智库的时代需要,统筹智库优质资源,激发智库创新活力,是一次学术研究和政策研究深度融合的有益探索。欢迎广大读者批评指正。

郅庭瑾

华东师范大学国家教育宏观政策研究院副院长

2017 年 11 月 16 日

目　录

前　言

区域是一个相对的地理空间概念，大到省市，小至县乡，皆可称为区域。教育竞争力指的是教育可持续发展的综合竞争能力，是衡量教育质量和综合实力的重要方面。受区域经济和其他方面条件的制约，区域教育呈现出不同的发展形态与状况，成为区域竞争力的重要组成部分。

我国幅员辽阔，发展不平衡，区域之间差距较大。有些区域的经济社会发展水平相对滞后，教育基础差，保障能力弱，教育质量总体不高。要全面建成小康社会，加快推进教育现代化，其根本在于保证区域教育更平衡、更充分的发展。从这个意义上说，从区域层面观照教育发展的状况，以区域视角探寻教育改革的着力点，为区域构建教育质量的标准及提升路径，应是推进教育实现整体均衡与优质发展的现实有效模式。

基于我国教育行政管理的历史沿革、现实状况及体制惯例，本书将区域定位于县域行政区划的空间范围，将视域聚焦于基础教育这一特定阶段和类型，从县域教育改革与发展的整体出发，尝试分析影响区域教育竞争力的各相关要素，构建评价区域教育发展质量或综合实力的指标体系。借助于区域教育竞争力评价指标体系，可使我们更加清晰地认识区域教育竞争力的优势与劣势，进而有助于提升区域教育发展目标与策略的科学性和有效性。

从已有文献和相关成果中不难发现，国内外有关教育竞争力的研究，都关注科学化、系统化的教育竞争力综合评价体系的构建，并形成了以严谨的数量化计算为基础和支持的实证研究趋势和特征。从研究的主体看，主要包括联合国相关组织、OECD、世界银行等。从研究的范围看，既有针对国家层面教育竞争力的比较研究，也有聚焦省级区域教育竞争力的要素探讨，还有指向城市层面教育竞争力的个案研究。研究的内容逐步细化，研究的范围愈益微观，研究的主题不断深入。

在本书中,我们对核心概念和问题进行了界定。竞争,通常是指利益相关者之间为争取有利的竞争条件、场所等资源而进行的斗争;区域,意指土地的界划,可称为地区,其范围可大可小,包含国家、省域、市域等多个层面。本书以区县基础教育为主要关注对象,以县域教育的竞争力为主要论题。我们认为,区域教育竞争力是指在一定竞争环境中,区域在发展教育的过程中所具有的吸引、获取、拥有、控制和转化教育资源,以提供优质教育产品和教育服务,促进区域教育可持续发展的能力。

从区域教育可持续发展的角度而言,区域教育竞争力评价理应着重考虑教育投入、教育过程、教育产出三个环节的系统协调性,且以教育公平作为区域教育可持续发展的基本保障因素,以便为区域教育发展注入强劲动力。因此,区域教育竞争力评价指标体系需涉及教育投入、教育过程、教育产出三个方面,并突出教育公平的重要价值和意义。

在设计评价指标和构建指标体系时,我们根据"投入—过程—产出"模型,并遵循了突出指标体系的系统性和逻辑性、体现指标体系的针对性和导向性、加强指标体系的可操作性和通用性等原则。根据以上设计原则,围绕教育投入、过程、产出三个方面的评价要素,基于国内学界广泛认可和采用的"投入—过程—产出"模型,立足于区县层面的基础教育发展,我们构建了区域教育竞争力评价指标体系的研究模型。在这一研究模型中,我们把区域教育竞争力的评价指标体系分为师资配置、经费投入、教育环境、教育治理能力、教育制度创新、教育质量、教育均衡七个评价要素。其中,师资配置、经费投入、教育环境为教育投入类指标,教育治理能力、教育制度创新为教育过程类指标,教育质量、教育均衡为教育产出类指标。通过对师资配置、经费投入、教育环境、教育治理能力、教育制度创新等评价要素进行内容分析、概念挖掘、演绎分解,我们初步构建了区域教育竞争力评价指标体系。

区域教育竞争力评价指标体系包含13个核心指标,分别承担对区域的教育投入、教育过程、教育产出进行监测评价的功能。基于每个指标的目标达成度,可以监测评价区域教育发展的水平和进步程度,进而分析区域教育发展的优势、不足及未来发展与策略。

投入类指标反映了区域的教育发展潜力,是影响区域教育竞争力的重要因素。从投入类一级指标来看,师资配置、经费投入、教育环境三个投入类一级指标分别反映了人力资源投入情况、财力投入情况、物质投入情况以及教育机会获得的公平情况。过程类指标主要涉及教育过程的能力、制度两个方面。教育治理能力已成为衡量区域教育发展能力的核心指标,教育制度创新是区域教育过程调控的制度基础。因此,本书将教育治理能力、教育制度创新作为教育过程测量的一级指标。产出类指标反映了教育产出的实际质量与公平程度。本书将教育质量以及教育均衡作为教育产出的一级指标。区域教育质量,既可以聚焦于区域教育的整体状况,也可聚焦于学校教育质量以及学生学习质量。而且,本书以教育质量、教育均衡作为教育产出类指标,实现了教育成就维度与教育伦理维度的统一。

基于构建的区域教育竞争力评价指标体系,我们对若干个典型代表区域施测,以期能为区域教育质量分析及改进提供指导和支持。本书主要呈现的是以上海市的 JS 区、MH 区和 JA 区为个案进行的调研和评析,目的是为了更加清晰地认识相关区域教育发展的优势与劣势,进而有助于提升该区域教育发展目标与规划战略策略的科学性和合理性。通过实证调研,也在一定程度上验证了所设计的区域教育竞争力评价指标体系的科学性与有效性,相关研究和发现为从区域教育实践方面改善教育发展状态提供了数据支撑与现实参考,同时也为区县教育治理的路径选择提供了有效支持。

最后,区域教育竞争力评价,其目的不是为了排名与竞争,更为重要的是,通过评价掌握区域教育发展的真实状态,找寻区域教育存在的差距与不足,进而科学制定区域教育发展的规划和方案,最终引领并实现区域教育质量的提升。从这个意义上说,区域教育竞争力的评价与比较,应始终以区域教育状态的明晰与改善为首要出发点与根本落脚点,这才是真正形成可持续的区域教育竞争力的价值所在。

本书完成的过程,既是一个学习共同体合作开展研究的过程,也是集体贡献智慧、汇聚成果的过程。全书由我提出思路和框架,确定观点和结论,反复修订后并最终定稿。博士研究生赵磊磊同学,在研究过程中协助我做了大量的基础性工作,表现了超凡的刻苦和勤奋,以及对学术的热忱和投入;王依杉和谢鉴知、彭温豪博对第四章、第五章的区域案例,协助进行了问卷收集和数据处理等工作;在最后的统稿过程中,姜蓓佳协助我通读书稿、校对排版、订正错误等,极尽严谨认真。感谢他们的用心参与和辛苦付出。虽然我们尽心尽力,但受制于时间和精力,尤其是研究的水平和能力,本书的不足之处还有很多,恳请同仁和读者批评指正。

郅庭瑾

2018 年 5 月

第一章 概念与内涵

国际上对区域竞争力的研究从 20 世纪 70 年代末开始,至今已有 30 多年的历史,其间对区域竞争力概念、内涵、模型、研究方法及其政策导向的价值和意义等问题一直争论不断。正如 Kitson、Marlin 和 Tyler 所说,对区域竞争力质疑不断是因为区域竞争力本身就是一个由存在缺陷的评价指标和规定过度的政策组成的晦涩难懂的概念。① 然而对区域竞争力的质疑和争论并没有阻碍区域竞争力研究和实践的发展,反而推动区域竞争力的研究在最近几十年达到了一个新高潮。国内从 20 世纪 90 年代中期开始了对国家(区域)竞争力的研究,取得了丰硕的成果,但与当前国际前沿研究相比,尚存在一定差距。因此有必要对当前国内外区域竞争力研究的现状进行梳理和综述,对比分析国内外的研究差异。

第一节 区域竞争力

一、国外相关研究

当前国外区域竞争力方面的学术研究主要集中于以下三个主题:一是区域竞争力定义;二是区域竞争力模型;三是区域竞争力指标及其价值性。

(一) 区域竞争力定义

"竞争力"是一个复杂的、含义多样的概念,由此可以导出种种不同的定义和评价方法。现代"竞争力"概念的形成是思想史长期发展的成果。二百多年来,国外许多思

---

① Kitson M,Martin R,Tyler P. Regional competitiveness:An elusive yet key concept [J]. Regional Studies,2004,39(9):991-992.

想家与学者从不同方面探索和充实了"竞争力"的内涵,并逐步构建了它的理论框架和测量方法。①

——马克思研究社会政治环境对经济发展的影响,提出了在提高经济发展能力之前必须改变政治体制,指明了经济竞争力与政治体制的内在联系。

——德国社会学家马克斯·韦伯(M. Weber)确定了一国价值观念、宗教信仰和经济发展水平之间的关系,指明了经济竞争力与文化价值的不可分性。

——瑞士洛桑国际管理学院认为"竞争力"是"经济学知识的一个领域,它分析一个国家创造和保持一种良好的环境的能力和事实,这种环境能使企业持续地增加价值,使人民更富裕、国家更昌盛"。

——世界经济论坛把"竞争力"简单地定义为"一个国家实现人均国民生产总值的可持续高增长率的能力"。

学术界对"竞争力"的不同定义既反映了"竞争力"问题的多重性本质,也体现了它受到关注的程度。Artto认为竞争力的概念主要包含成本竞争力(cost-competitiveness)、价格竞争力(price-competitiveness)和非价格竞争力(non-price competitiveness)三个方面。② Scott将竞争力看作是具有比竞争对手更快地提高收入水平,并通过必须的投资将这种优势维持下去的能力。③ Markusen认为在一个贸易的环境中,一个国家通过贸易使其实际收入的增长速度高于贸易伙伴,则说明有竞争力。④ 从最基本或广义层面上来解释,竞争力是指一个行为主体与其他处于相同层次的行为主体竞争某种相同资源的能力。竞争力是资源、环境、能力的函数:竞争力=f(资源,环境,能力);竞争力是有形的、容易度量的、直接产生竞争优势的要素的组合。⑤

有关区域竞争力定义的研究几乎和竞争力定义的研究一样多,不同的学者给出了不同的定义。大多数的定义包含了盈利、企业的扩展和居民生活质量的提高等内涵。Kitson、Martin和Tyler认为区域竞争力这个概念本身就是复杂且具有争议的,区域

① 周南照.中国教育竞争力国际比较研究[M].北京:教育科学出版社,2010.

② Artto E W. Relative total costs: An approach to competitiveness measurement of industries [J]. Management International Review,1987,27(2):47-48.

③ Scott B R. Competitiveness: Self-help for a worsening problem [J]. Harvard Business Review,1989,67(4):115-121.

④ Markusen A. Sticky places in slippery space: Typology of industrialdistricts [J]. Economic Geography,1996,72(3):f293-313.

⑤ 苗招弟.中国区域高等教育竞争力研究[D].上海:上海交通大学,2007.

竞争力通常被简单地理解为在某些方面,某一区域与其他区域竞争所取得的成功。[①]虽然目前学术界共同认为区域竞争力是一种动态的"能力",而非静态的"实力",但是对"动态能力"的表达方式仍然存在争议,[②]主要有以下几种观点。

第一,区域竞争力就是区域的生产力,表现为区域创造财富的能力。持有这种观点的学者认为区域竞争力是"区域生产的商品在特定市场中所占的份额",或者是"区域利用资源、人力、资金等而获得的生产力"。[③] 将区域竞争力定义为生产率(生产力)这种观点的代表人物是哈佛大学商学院的波特(M. E. Porter)教授。他认为,国家竞争力虽然定位于国家层次,但它的分析框架完全适用于对地区、州和城市等级别的分析。国家竞争力唯一有意义的概念是国家的生产率,生产率依赖于产品、服务的价值和生产效率,国家的财富取决于本国的生产率(即单位工作日所创造的新价值,或者是单位投入资本所得到的报酬)和一国所能利用的单位物质资源。[④] Blaine 认为,国家的竞争力是指生产与分配能在国际市场上竞争的产品和服务,以提高居民收入和生活水平的能力。[⑤] Tyson 认为,一国的竞争力就是一国在国际市场上贸易盈利(贸易顺差),以提高国民生活水平的能力。[⑥] 美国总统产业竞争力委员会认为,国家竞争力是在自由和公平的市场环境下,生产经得住国际市场检验的产品与服务的同时,保持和扩大其国民实际收入的能力。[⑦] 瑞士洛桑国际管理学院(IMD)和世界经济论坛(WEF)1994 年将区域竞争力定义为"比竞争对手生产更多财富的能力"。[⑧] IMD 1996 年将国家竞争力定义为一国在其经济与社会结构中,通过管理原有自然禀赋来创造附加价值的过程,包括对内吸引力和对外开拓力,以及由国际型和国内型经济来创造附加价值,并进而增加国家财富的能力。WEF 对国家竞争力的界定也是变化的。1996 年 WEF 在《全球竞争力报告》中将国家(区域)竞争力定义为一国或地区保持人均国内生产总

① Kitson M, Martin R, Tyler P. Regional competitiveness: An elusive yet key concept [J]. Regional Studies, 2004,39(9): 991-992.

② 阳国新. 区域贸易与区域竞争[J]. 经济学家,1995(02): 122—124.

③ Porter M E. The Competitive Advantage of Nations [M]. New York: The Free Press, 1990: 1-173.

④ 税伟. 区域竞争力的国际争论及启示[J]. 人文地理,2010(01): 60—65.

⑤ Blaine M. Profetability and competitiveness: Lessons from Japanese and American firms in the 1980s [J]. California Management Review, 1993,36(1): 48-74.

⑥ 同④.

⑦ Perpich J G. A federal strategy for international industrial competitiveness [J]. Nature Biotechnology 1986,4(6): 522-525.

⑧ Boschma R A. Competitiveness of regions from an evolutionary perspective [J]. Regional Studies, 2004, 38(9): 1001-1014.

值较高增长的能力;2000年将国家竞争力定义为获得中长期经济增长的能力。[1] Cho和Moom指出,一国的竞争力应被看成是一国与相似经济发展的国家进行比较时在国际市场上的相对竞争地位。[2] 总体而言,这种观点是从微观的角度,将区域内的企业作为区域间竞争的主体,强调区域内企业的创新能力,认为区域内企业的市场地位、生产力等是区域竞争力的表现。

第二,区域竞争力是区域吸引资源并优化资源配置的能力。基于资源(包括人才、资金等)支撑区域发展的观点,部分学者认为"区域竞争力是一个区域为其自身发展在其从属的大区域中进行资源优化配置的能力,也就是一个区域为其自身的经济发展对大区域的资源的吸引力以及市场的争夺力"。[3] O'Donnell和Blumentritt认为,国家竞争力是一国通过开发和利用人力资源、科技资源和自然资源来提高国民福利的能力。[4] Scott和Lodge认为国家竞争力是一个国家在国际贸易中创造、生产和分配(服务)产品而使资源获得升值的能力。[5] Gordon和Cheshire认为,区域竞争力是一种能够增进区域优势、提升区域价值的力量,整体上讲,竞争力这一概念最适合在企业的层次上来理解。[6] 总之,这种观点强调资源对区域发展的重要性,认为区域间的竞争就是对资源的竞争,并且重视区域对资源的有效配置。

(二) 区域竞争力模型

区域竞争力模型提供了一个评价区域竞争优势的框架,这些模型一般包含竞争经济的基本要素(或关键组成部分)和要素间的关系。在概念化的模型中,最为著名的是波特关于国家竞争优势的钻石模型。波特认为国家的竞争力根本上是一国的产业竞争力,而数以千计的个别产业的竞争结果,又能折射出这个国家的经济状况和进步能力。[7] 波特认为微观经济的商业环境决定区域竞争力,商业环境的质量是由钻石系统

① 商春荣. 国家竞争力评价理论与方法述评[J]. 华南农业大学学报(社会科学版),2005(01):41—47.

② Cho D S, Moom H C. A nation's international competitiveness indifferent stages of economic development [J]. Advances in Competitiveness Research, 1998,(6):5-19.

③ Budd L, Hirmis A K. Conceptual framework for regional competitiveness [J]. Regional Studies, 2004,38 (9):1015-1028.

④ O'Donnell S, Blumentritt T. The contribution of foreign subsidiariesto host country national competitiveness [J]. Journal of International Management, 1999,5(3):187-206.

⑤ General Editor. Book reviews:U. S. competitiveness in the world economy (Scott B R, Lodge G C.) [J]. Journal of Economic Literature. 1986,24:110-111.

⑥ 于涛方,顾朝林,涂英时. 新时期的城市和城市竞争力[J]. 城市规划汇刊,2004(04):12—17.

⑦ Porter M E. The Competitive Advantage of Nations [M]. New York:The Free Press, 1990:1-5.

模型来表达。国家竞争力是一国的产业创新和升级的能力,国家竞争力强弱取决于该国有没有一些独具特色的具有竞争优势的产业或产业群。国家竞争优势产业是一国在国际上成功的产业,其重要标志是大量持续地向其他国家输出产品、技术和设备。没有哪个国家能在所有的产业部门都获得国际竞争的成功,各国只能在本国有特色的产业中获得国家竞争优势。一国的特色产业能否获得竞争优势,取决于四个基本因素:(1)生产要素状况,主要是发展高级要素。(2)需求状况,大规模的国内市场需求对企业产品的技术、质量提出了更高要求,同时,开放的市场能使企业对国际市场的变化迅速作出反应。(3)支持性产业和相关产业的状况,要求具有国际支持能力。(4)企业战略、结构与同业竞争状况,包括企业国际化的组织形式和适合本国特点的国家对企业的管理体制。上述四个基本因素构成了一个国家在国际市场竞争方面所特有的"钻石"结构。政府的作用不是直接影响产业竞争优势,而是制定有关的制度和政策,通过对四个基本因素的影响来间接实现的。波特的竞争力理论为国家竞争力提供了一个全面的分析框架,并为国家竞争优势的形成提供了一条可操作的实现路径和可实施的发展机制。① 波特在研究美国区域经济发展水平差异时,发现集群的强度和创新的活力极大地影响着区域经济发展的水平。② Budd 和 Hirmis 提出了一个"X—效率"(X-efficiency)理论模型,该模型认为在区域经济发展水平的决定性因素中,规模和范围的外部经济是最为重要的因素。③

经济合作与发展组织(OCED)总体上将国家竞争力分为宏观经济竞争力、微观经济竞争力和结构竞争力。宏观经济竞争力是指国家法规、教育、技术层次的竞争力,微观经济竞争力是指企业占有市场和增加利润的竞争力。④

WEF 进行竞争力评价所依据的理论包括新古典经济增长理论、技术内生化经济增长论、波特的竞争力理论等。2000 年 WEF 关于国家竞争力的评价体系由国际贸易和国际金融的开放程度、政府预算、税收和管理、金融市场发展、基础设施、科学与技术、企业组织、企业管理、劳动力市场及流动性、法规和政治体制等要素构成,并按相关评价要素及分类指标排序。⑤

① 苗招弟. 中国区域高等教育竞争力研究[D]. 上海:上海交通大学,2008.
② Porter M E. The Economic Performance of Regions [J]. Regional Studies,2003,37:549-578.
③ Budd L,Hirmis A K. Conceptual Framework for Regional Competitiveness [J]. Regional Studies,2004,38(9):1015-1028.
④ OCED. Technology and the Economy:The Key Relationships [R]. Paris:OECD,1992:283.
⑤ 商春荣. 国家竞争力评价理论与方法述评[J]. 华南农业大学学报(社会科学版),2005(01):41-47.

WEF 于 2007 年调整和修正了其竞争力评价指标体系,修订后的指标体系包括基本条件(制度、基础设施、宏观经济、健康与初等教育),效率提升(高等教育和培训、商品市场效率、劳动市场效率、金融市场成熟性、技术环境、市场规模),创新因素(商业成熟性、创新)等三大类 12 个支柱指标。[①]

在 2001 年以前,IMD 一直使用由国内经济、企业管理、科技水平、国民素质、政府管理、国际化、基础设施和金融体系八大要素构成的国家(区域)竞争力评价模型。2002 年开始,IMD 把八大要素模型简化归并为由经济运行、政府效率、商务效率、基础设施四大要素构成的国家(区域)竞争力研究模型。[②]

(三) 区域竞争力指标及其价值性

大量的文献通过选定一定的社会或经济属性及其指标来研究区域的排名和分级。这些公开发表的研究成果包含了丰富的评价属性和指标,如创造力、创业环境、创新能力、最适合居住等。在区域竞争力排名方面最引人注目的是:米尔肯研究所(Milken Institute)的最佳城市排名,比肯山研究所(Beacon Hill Institute)的都市区和各州竞争力报告以及 2007 年美国各州新经济指数和美国各州发展报告卡。

随着区域竞争力排名研究越来越多,很快就有学者开始质疑排名和分级方法的正确性以及排名结果对公共政策建议的价值性。相关学者针对评价指标和排名结果有效性的质疑主要体现在三个方面:第一,所提出的指标包含了所有的相关变量,还是仅仅包含了部分相关变量? 第二,所选用的变量是否真能测度指标想要得到的结果? 第三,指标和排名是否真能解释为什么有些州和城市在一段时间内比其他地区发展得更快?

二、国内相关研究

通过文本分析,我们对目前国内区域竞争力研究的内容、方法和主要学术观点进行了归纳,将相关研究归纳为三个方面:一是区域竞争力的理论研究;二是区域竞争力的评价方法和模型研究;三是区域竞争力的实证研究。

(一) 区域竞争力的理论研究

国内有关区域竞争力理论研究的文献最早发表于 1996 年,此后,每年都有相关研

① 赵宏斌. 教育竞争力是国家竞争力的基石[J]. 教育科学,2008(07): 8.
② 税伟. 区域竞争力的宏观、微观理论与实证研究——以安徽省为例[M]. 成都:西南财经大学出版社,2008.

究成果发表。比如，王秉安从理论研究和实证研究两个角度，对区域竞争力进行了比较系统的研究工作。[①] 税伟从经济地理的角度，对区域竞争力研究工作的价值进行了评价，认为需要从州市县这样的地理区域划分单元来研究区域竞争力问题。[②] 国内学者对于区域竞争力的理论研究大都以 IMD 和美国学者波特的研究工作为出发点，将国家竞争力这个概念应用于区域竞争力的研究，对区域竞争力的内涵和外延进行了界定，并对区域竞争力的构成要素作了探讨。国家竞争力可以从三个层面四个方面来理解：微观层面上的企业和产品的国际竞争力，中观层面上的行业（产业）的国际竞争力，宏观层面上的国家（地区）的国际竞争力。它是由一国的社会、经济、资源、科技、教育等方面的实力所决定的，包括核心竞争力、基础竞争力和环境竞争力等各个方面。在前知识经济时代，决定国家竞争力的核心要素是自然资源、劳动力以及资本投入等；在新经济时代，决定国家竞争力的是各国的科技和教育。[③] 虽然有不少学者对此作了研究，但是目前尚未形成有公认学术影响力的观点或看法。

（二）区域竞争力的评价方法和模型研究

杨瑞艳在 IMD 指标的基础上，结合我国国情提出了包括 8 个要素 26 项指标的区域竞争力研究指标体系，利用主成分分析法，对 29 个省区 1990 年和 1997 年的数据进行了实证研究。[④] 甘健胜利用多目标层次分析模型，建立了一套包含八个方面准则的指标体系。[⑤] 此外，在区域竞争力评价方法上，国内学者采用了多种评价模型来进行研究。中国人民大学竞争力与评价研究中心在《中国国标竞争力发展报告（2001）——21 世纪发展主题研究》一书中概括了 IMD 和 WEF 的观点，将区域竞争力定义为一个国家在世界经济的大环境下，与各国相比较，创造增加值及促使国民财富持续增长的能力；并从八个指标来加以衡量：国家经济实力、国际化、政府管理、金融体系、基础设施、企业管理、科学技术和国民素质。[⑥] 牛卫平等人利用层次分析法，分析了广东省同国内其他 8 个省的竞争力排名情况。[⑦] 周群艳等人从系统经济学的观点，提出网点竞

① 王秉安.区域竞争力的经济学本质[J].福建行政学院福建经济管理干部学院学报,1999(03)：16—18.
② 税伟.区域竞争力研究的经济地理学价值[J].国土与自然资源研究,2009(01)：13—15.
③ 苗招弟.中国区域高等教育竞争力研究[D].上海：上海交通大学,2008.
④ 杨瑞艳.我国区域竞争力实证研究[J].上海统计,2000(04)：16—18.
⑤ 甘健胜.区域竞争力评估的多目标层次分析模型[J].福建行政学院福建经济管理干部学院学报,2002(01)：26—29.
⑥ 杨志坚.进一步提升我国高等教育的国际竞争力[J].中国高等教育,2001(23)：15—17.
⑦ 牛卫平,陈艳笑.基于层次分析的广东区域竞争力评价[J].华南农业大学学报(社会科学版),2007(02)：40—46.

争力和体系竞争力的概念,并指出体系竞争力才是区域的核心竞争力,利用网络层次分析法(ANP)从这两方面提出了区域竞争力多指标非线性综合评价决策模型。[①]

(三) 区域竞争力的实证研究

在区域竞争力的研究中,国内学者对于从实证角度来研究区域竞争力现状和对策做了许多工作。其中,从产业聚集理论的角度来探讨区域竞争力发展对策的成果较为丰富。陈利华等人从区域竞争力的角度对长三角和珠三角两个地区进行了比较,分析了两地区域竞争力存在的差异与改进的途径。[②] 王旭辉等人从日本产业聚集政策演变的角度,分析了该政策对日本竞争力的作用及对我国的启示。[③] 这些工作从产业聚集的角度,以实证的观点研究了产业集群促进区域竞争力的作用或者机制,为后续区域竞争力政策制定提供了参考。此外,不少学者还对地区或者产业区域竞争力进行了实证研究。

三、研究述评

学者从不同的角度探讨区域竞争力,实际上常常回避了"竞争力"的确切定义,而去探讨影响竞争力的要素,或者按这些要素用"排名"的方法去衡量竞争力的高低。如果说"竞争"是经济实体之间的较量,那么"竞争力"就是指经济实体与其他经济实体在质量和活动结果方面比较水平高低的一种相对优势。在现代社会,竞争首先发生在商品生产、销售、教育和贸易等领域。我国经济学界把"竞争"定义为"利益相关者之间为争取有利的竞争条件、资源场所等资源而进行的斗争"。西方学者的一般定义则是"竞争是个人(或集团或国家)间的角逐,凡两方或多方力图取得并非各方均能获得的某些东西时,就会有竞争"。可以看出,中国和西方关于"竞争"的定义有着共同之处:第一,竞争存在于不同的竞争主体之间;第二,竞争围绕"稀缺资源"展开;第三,竞争力是某一竞争主体超越竞争对手的能力;第四,竞争力是在不同竞争主体的角逐的过程中表现出来的;第五,竞争力的强弱反映在不同竞争主体较量的结果上;第六,竞争力是一种综合能力,由复杂的众多要素或变量构成。

---

① 周艳群,田澎,田志友. 区域竞争力的形成机理及其网络层次分析法测评模型[J]. 系统管理学报,2008(02):66—71.

② 陈利华,吴添祖,蔡国军. 产业集群与区域竞争力——兼对长三角、珠三角地区的产业集群比较研究[J]. 科技进步与对策,2005(09):36—38.

③ 王旭辉,胡汉辉,沈群红. 基于提升区域竞争力的日本产业集群政策的研究及启示[J]. 科学学与科学技术管理,2009(02):70—73.

通过文献梳理发现,区域竞争力及其研究的价值性和区域竞争力指标、排名的构建一直是国际区域竞争力研究的两大热点。从研究的层次来看,当前的研究倾向于把区域竞争力的研究分为:宏观层次(国家竞争力)、微观层次(企业竞争力)和中观层次(地方经济系统竞争力)。对于区域竞争力这一概念是否有意义的质疑是克鲁格曼(Krugman)于1994年提出来的。他认为将竞争力应用到国家经济上是没有意义的,而且为竞争力着迷既是错误的也是危险的。一个国家应着重关注生产率水平的提高,生产率的提升才是世界上任何一个区域的居民提高生活水平的首要方式。[①] 虽然关于区域竞争力的质疑和争论还将长期存在,但区域竞争力研究的价值日益凸显,对区域竞争力的共识日益增加。当前有关区域竞争力的质疑和争论的根源在于没有形成一个普遍认同的定义、理论基础和研究框架。在政府决策部门和理论界都热衷于区域竞争力的时代背景下,最为紧迫的是加强对区域竞争力形成机理的基础理论研究,以逐步形成一个普遍认同的区域竞争力理论基础和研究框架。

第二节　区域教育竞争力

随着教育领域逐渐对区域竞争力有所关注,区域教育竞争力的相关研究逐渐增多。目前,教育竞争力俨然已成为国家竞争力的重要组成部分,其对知识经济时代创新人才的培养具有重要价值意义[②]。区域教育竞争力是衡量区域教育整体可持续发展水平的综合竞争能力。对区域教育竞争力的相关研究进行回顾、总结和反思,有助于厘清区域教育竞争力的本质,以便为区域教育发展提供参照。

一、国外相关研究

基于对国外区域教育竞争力相关研究的内容梳理,可以看出:国外区域教育竞争力研究主要集中于区域教育竞争力的内容体系、区域教育竞争力的国际比较、区域教育竞争力评价等研究领域。

(一)区域教育竞争力的内容体系

在区域教育竞争力的内容体系研究方面,国外机构与学者通过跨政府合作、跨机

① Krugman P. Competitiveness:A dangerous obsession [J]. Foreign Affairs, 1994,73(2):28-44.
② 周南照.中国教育竞争力国际比较研究[M].北京:教育科学出版社,2010.

构合作等多种方式对区域教育竞争力内容体系的完善进行了深入探索。相关国际组织所发布的报告为区域教育竞争力内涵与内容体系的明晰提供了参照,这些报告包括:世界经济论坛的《2005—2009 年全球竞争力报告》①、瑞士洛桑国际管理学院的《2008 年世界竞争力年鉴》②、经济合作与发展组织的《2008 年教育概览》③、联合国教科文组织(UNESCO)的《2009 年全民教育全球监测报告》④。联合国儿童基金会与中国进行教育合作项目,在《儿童权利公约》和中国教育改革发展政策的指导下,通过中国西部 12 省 1000 多所"爱生学校"的创新实验,提出了学校层面以全体儿童全面发展为目标的教育质量模式、维度、标准,对于学校层面提高教育质量竞争力的研究提供了十分有益的参照框架。世界贸易组织重新定义了"国家竞争力",认为国家之间较量的一个重要方面就是获取国际经济资源能力的竞争,国家竞争力的高低不仅表现在本国的现实经济实力上,同样重要的是吸引国际资本、人才、技术的能力和水平。由此,作为世贸组织的成员,我国的教育服务贸易竞争力也就成为国家教育竞争力的一部分。

(二) 区域教育竞争力的国际比较

在区域教育竞争力的国际比较方面,相关机构与学者通过教育政策分析与比较,为区域教育竞争力提升提供了相应的政策建议。世界银行作为国际"全民教育"行动的主要合作伙伴之一、发展中国家的最大资助机构之一和中国 20 世纪八九十年代最大的教育贷款提供者之一,在世界范围内的基础教育、高等教育、职业教育、成人教育等领域发表过许多高质量的研究报告,提出了许多以系统数据作为基础的政策分析和改革建议,对于从国际比较角度分析我国教育的相对优势和弱势有重要参考价值。2004 年,世界银行学院专家发布《关于实施终身学习提高中国竞争力的研究报告》,论述了"终身学习"是"中国提升全球竞争力的关键因素",同时分析了中国教育培训体系面临的诸多挑战。WEF 已连续 39 年发布《全球竞争力报告》,覆盖了 100 多个经济体,通过综合运用"硬"数据和"软"数据的方法反映众多决定经济增长的关键因素。"教育"属于其评价范围内的"基础设施部门",根据教育公共经费占 GDP 的比重、中小学生师比、初中升学率、25—34 岁成人接受高等教育比例、"国际学生评价项目"(PISA)中的学业成绩、15 岁以上人口文盲率等统计指标得出排名结果。

---

① WEF. The Global Competitiveness Report 2005–2009 [R]. WEF,2008.
② IMD. World Competitiveness Yearbook 2008 [R]. IMD,2008.
③ OECD. Education at a Glance 2008 [R]. OECD,2008.
④ UNESCO. EFA Global Monitoring Report 2009 [R]. London:Oxford University Press,2009.

(三)区域教育竞争力评价

在区域教育竞争力评价研究方面,国外学者主要关注区域教育竞争力的评价指标设计问题。在 IMD 和 WEF 对竞争力的研究成果中,已经反映出教育在竞争力提升中的特殊作用。在 IMD 的评价体系中,将区域教育竞争力分为主观性和客观性两方面指标。主观性方面的 6 个指标来源于他们在世界范围内开展的问卷调查,而客观指标主要包括公共教育支出占 GDP 比例、成人(15 岁以上)文盲占总人口比例等 7 个方面。2007 年 WEF 调整了指标体系,将初等教育和高等教育分别作为主要的支柱指标,指标体系设计上的变动显示对教育的重视程度不断提高。联合国开发计划署(UNDP)自 1990 年开始发表年度《人类发展报告》,提出了不断完善的"人类发展指数",为从国家层面对"教育竞争力"进行国际比较作出了开创性贡献。UNDP 的"人类发展指数"分为三类:一是预期人均寿命指数,反映医疗、卫生、健康水平;二是教育指数,包括成人识字率、国民平均受教育年限和初等教育普及率;三是国内生产总值指数,反映经济发展水平。此外,UNDP 在 20 世纪初提出的"人民的发展"、"靠人民发展"和"发展为人民"的思想,对于从社会公平和经济发展视角来研究区域教育竞争力问题也有重要意义。

国外的机构和学者在教育指标体系的设计与构建方面,已作出了不少尝试与探索,较有代表性的主要有 OECD 的教育指标体系和 UNESCO 的教育指标体系。OECD 的教育指标体系,以人力资本理论为理论指导,以 CIPP 分析模式为基础,即以背景(context)、输入(input)、过程(process)与输出(product)为框架,构建了一个包括教育背景、成本、资源与学校过程、教育结果的系统,并将指标动态显示出来,进行从微观到宏观的投入产出式分析。2000 年版的 OECD 教育指标体系共分为 6 个章节 31 个指标,包括教育经费、教育经费占国民生产总值之比、生均教育支出、生师比等。UNESCO 教育指标体系以教育发展与政治、经济、社会、文化、人口的关系为理论基础,从社会大背景出发,考察教育对社会、政治、经济、文化、人口的影响和效果,具体可分为教育资源、教育需求、入学和参与、教育内部绩效、教育产出 5 个部分 22 项指标。

二、国内相关研究

我国学术界自 1999 年以来,涌现出一些关于区域教育竞争力的研究成果。国内对于区域教育竞争力的学术研究主要通过两种维度开展:第一是社会维度,把区域教育竞争力放在社会竞争力的总体框架里来设计区域教育竞争力研究,把区域教育竞争力作为社会竞争力的构成要素来研究。第二是教育维度,首先是从教育发展的静态和动态关系中研究要素变化的趋势,分析竞争力的强弱,把发展落实到竞争力要素的动态变化中;其次是从教育发展目标和发展动力的关系中去研究区域教育竞争力,主要指标包括环境指数、教育投入指数、教育成就指数、教育发展速度指数、教育效益指数等,强调提高区域教育竞争力的目标在于实现教育公平、教育质量、教育效率三者的统一,强调制度创新在区域教育竞争力中的关键作用。通过文本解读,可以看出,国内对于区域教育竞争力的相关研究主要集中于区域教育竞争力的内容体系、区域教育竞争力比较、区域教育竞争力评价、区域教育竞争力的价值意义等研究主题。

（一）区域教育竞争力的内容体系

在区域教育竞争力内容体系研究方面,诸多学者一致认为,教育竞争力研究的目的主要不在于"国家排名",而在于揭示构成"教育竞争力"的核心要素,以及制定借以提升国家(区域)教育竞争力的政策和策略。当前,我国针对区域教育竞争力概念的相关研究并不多,且主要集中在教育竞争力的概念界定上,对区域教育竞争力的概念解读极为匮乏。

朱向军借鉴城市竞争力的定义,提出城市教育竞争力的定义:在一定竞争环境中,一个城市在教育发展过程中所具有的吸引、争夺、拥有、控制和转化资源,以提供优质教育产品和教育服务,提高城市居民的教育水平,促进城市教育可持续发展的能力。[①] 中国社科院城市与竞争力研究中心倪鹏飞在《中国城市教育竞争力比较:探寻宁波方位》一书中对城市教育竞争力的内涵进行了两方面的界定:一是教育竞争力资源,包括人、财、物等有形资产,还包括教育政策、观念、管理等无形资产;二是教育竞争力能力,其特有的价值之一就在于难以模仿和转让,与城市的无形教育资产一起构成了教育竞争力难于模仿、不可交易的特征。[②]

基于对区域教育竞争力不同定义的梳理,可以发现,区域教育竞争力主要涉及教育投入、教育过程、教育产出三个维度,它的形成与发展依托于教育竞争环境,且区域教育竞争力的概念研究主要集中于城市教育竞争力层面,目前对区域教育竞争力的概念界定尚未形成统一认识。

基于对竞争、竞争力、教育竞争力的概念解读,我们认为:竞争力是指竞争过程中

---

① 朱向军. 提升城市教育竞争力[M]. 上海:上海三联书店,2006:113—118.
② 倪鹏飞. 中国城市教育竞争力比较:探寻宁波方位[M]. 北京:社会科学文献出版社,2009.

所表现出来的优势能力；教育竞争力需涉及教育投入、教育过程、教育产出三个维度；区域教育竞争存在于不同竞争主体围绕稀缺教育资源的竞争中，且受到教育竞争环境的影响。因此，可对区域教育竞争力作出如下定义：在一定教育竞争环境中，区域通过吸引、争夺、拥有、控制和转化稀缺教育资源与其他区域进行教育竞争，在教育投入、教育过程、教育产出三个方面所呈现出的优势能力。

为了更为有效地促进区域教育竞争力的发展，可尝试从教育投入、教育公平、教育信息化等不同视角审视区域教育竞争力，探究教育投入竞争力、教育公平竞争力、教育信息化竞争力等不同类型区域教育竞争力的具体研究内容，丰富区域教育竞争力研究的内涵。教育投入可用于考察区域教育的发展潜力。教育公平属于教育政策关注的重点，与社会公平密切相关。教育信息化是衡量或反映教育现代化的重要指标，国外对于信息化推动教育现代化的研究，主要基于互联网、大数据、云计算、人工智能、虚拟现实等一系列先进科学技术的发展展开，将各种先进科学技术应用于课堂教学与校外实践之中，从而推进教育现代化的建设和发展。① 因此，从教育投入、教育公平、教育信息化等视角探究区域教育竞争力的发展具有重要意义。从不同的维度去审视区域教育竞争力，能较为全面地搭建区域教育竞争力的理论框架和拓展区域教育竞争力的研究深度。

（二）区域教育竞争力比较

在区域教育竞争力比较研究方面，国内学者通过投入与产出的效益、社会效益等多个方面对区域教育竞争力比较进行深入探究，以期为区域教育竞争力的整体水平予以评估和定位。中央教科所国际比较教育研究中心从国际比较的角度表明，国家教育竞争力是国家综合竞争力的重要组成部分，是一个国家的教育产出和别国比较所具有的相对优势和能力。

薛海平和胡咏梅在文章中，运用因子分析方法，探求出反映国际教育竞争力水平的4个综合指标，即"教育投入"、"教育规模"、"教育效率"、"教育产出"。根据这4个综合指标，运用聚类分析的方法，从学前、初等、中等、高等4个教育层次进行考察，再根据4个公因子20个观测变量，对50个国家的得分进行排名。② 孙敬水认为：教育竞争力的强弱，是一个国家综合国力强弱的重要标志。通过我国教育投入、教育成本、

---

① 李冰冰. 信息化推动区域教育现代化研究[D]. 徐州：江苏师范大学,2017.
② 薛海平,胡咏梅. 国际教育竞争力的比较研究[J]. 教育科学,2006(01)：80—84.

教育产出、教育消费的国际比较和分析，可见我国教育竞争力在国际教育市场上还较弱，对此我们要给予足够的重视并制定出相应的措施。① 倪鹏飞采用城市教育竞争力评价指标体系，包括硬件投入、软件投入、本体产出、功能产出 4 个方面 11 个二级指标，对全国 5 个计划单列市、15 个副省级城市进行了比较研究。② 倪鹏飞、刘峥采用层次分析法，基于调查问卷和客观数据，对城市教育竞争力进行综合测度。结果发现，长三角 16 个城市教育总体竞争力呈放射状分布，分项竞争力中功能产出与教育总体竞争力一致性最高。教育对城市竞争力的稳定、增强、提升、可持续发展起着重要作用。③ 张淑芳基于城市教育竞争力评价指标体系，从教育投入、教育资源、教育规模、教育贡献等 4 个方面采集上海、南京、苏州、无锡、杭州、宁波 6 个长三角城市的样本数据进行了实证分析，明确了各城市的优劣势指标及长三角城市教育竞争力的基本特点，最后提出了加快基础教育统筹发展、建设现代职业教育体系、加强高等教育协同创新等长三角城市教育竞争力提升的对策。④ 刘峥根据理论研究和中国城市教育的实际情况，首先选取具有发展代表性、区域对比性的 30 个不同级别样本城市，搜集了相关数据，然后对数据进行无量纲化处理，采用主客观赋权的方法对数据进行耦合合成，得到样本城市教育综合及各项教育竞争力指数，接着对样本城市进行对比分析，探寻各个城市的教育优劣势以及个性特征和共同特征，总结城市教育发展的内在规律。⑤

概括来说，从区域比较的角度而言，相关学者和机构主要对省市层面的教育竞争力比较作出了较多探索，较少涉及区县层面的教育竞争力比较。

（三）区域教育竞争力评价

在区域教育竞争力评价研究方面，相关学者在评价指标体系、评价模型等方面作了较为细致的研究。国内关于区域教育竞争力评价指标的相关研究，主要集中于城市教育竞争力评价指标的设计方面，而对于区县层面教育竞争力评价指标的研究较少。

胡咏梅、薛海平在文章中通过借鉴吴玉鸣博士等人构建区域教育竞争力综合指标的因子分析方法，探求出反映我国区域教育竞争力的 3 个综合指标，即"人口文化程

---

① 孙敬水. 中国教育竞争力的国际比较[J]. 教育与经济，2001(02)：1—3.
② 倪鹏飞. 中国城市教育竞争力比较：探寻宁波方位[M]. 北京：社会科学文献出版社，2009.
③ 倪鹏飞，刘峥. 中国城市教育竞争力比较研究——以长三角 16 城市为例[J]. 现代教育管理，2012(03)：1—6.
④ 张淑芳. 长三角城市教育竞争力比较及分析[J]. 浙江工商职业技术学院学报，2016(01)：24—30.
⑤ 刘峥. 中国城市教育竞争力发展研究[D]. 开封：河南大学，2012.

度"、"高等教育发展水平"和"教育效率"。① 2002 年，谈松华在谈到教育竞争力与区域教育发展时，认为教育竞争力是教育发展研究的新视角，在区域教育竞争力评价指标体系的设计上要考虑教育发展环境指数、教育投入指数、教育成就指数、教育发展速度指数、教育效率效益指数，同时还要考虑政府管理能力、政策环境、制度因素等。② 国家教育发展研究中心在其编著的《2008 年中国教育绿皮书——中国教育政策年度分析报告》中，在指标体系研究方面，参考了联合国教科文组织等国际组织的有关教育指标，按国际通用、可比较、易采集的原则，从数量、质量、结构和效率 4 个角度出发，确定规模指标、能力指标、潜力指标、贡献指标和负债指标 5 个方面共 13 项相关指标。③ 朱向军根据教育经济学的原理，运用教育投入与产出的理论，创建包含投入（investment）量、产出（production）量和中间（middle）量的 IPM 型城市教育竞争力研究模型，构建了城市教育竞争力评价指标体系。④ 张伟在《区域教育综合竞争力指标体系构想》一文中，通过分析区域教育综合竞争力的理论基础，结合区域教育特征，运用"投入—过程（活动）—产出"（IPO）模型，初步构建包含 3 个阶段、11 项一级指标和 20 项二级指标的区域教育综合竞争力指标体系。⑤ 2009 年，倪鹏飞在其主编的《中国城市教育竞争力比较：探寻宁波方位》一书中提出了城市教育竞争力评价指标体系，包括硬件投入、软件投入、本体产出、功能产出等 4 个方面 11 个二级指标。⑥ 吴玉鸣等人把教育资源、教育质量、教育投入、教育规模、教育效率、教育产出等 6 个方面的 25 项指标作为衡量区域教育竞争力的指标体系。⑦

　　基于以上阐述，可以发现，相关的区域教育竞争力评价指标一般需涉及投入、过程、产出三个过程，且主要涉及教育投入、教育成就、教育贡献、教育制度、教育公平等评价要素。然而，相关研究较少将教育公平划分为教育起点公平、教育过程公平以及教育结果公平。从理论分析的角度而言，区域教育竞争力是由许多分力耦合而成的，这些分力体现在教育的各个方面，并有其相应的表征，即评价要素。按照分力可被量

① 胡咏梅，薛海平.我国教育竞争力的区域划分——与吴玉鸣博士等商榷[J].教育与经济，2003(01)：1—6.
② 谈松华.应对入世：全面提高教育国际竞争力[J].求是，2002(11)：53—59＋5.
③ 国家教育发展研究中心.2008 年中国教育绿皮书——中国教育政策年度分析报告[M].北京：教育科学出版社，2008：63—88.
④ 朱向军.提升城市教育竞争力[M].上海：上海三联书店，2006：113—118.
⑤ 张伟.区域教育综合竞争力指标体系构想[J].天津市教科院学报，2015(02)：15—17.
⑥ 倪鹏飞.中国城市教育竞争力比较：探寻宁波方位[M].北京：社会科学文献出版社，2009.
⑦ 吴玉鸣，李建霞.我国区域教育竞争力的实证研究[J].教育与经济，2002(03)：15—19.

化的难易程度,我们认为可将分力划分为硬的竞争力与软的竞争力两种形式。其中,硬性指标可以通过一些计算方法加以精确量化;软性指标则较难精确计算出来,其测量需借助于问卷调查。对于构建区域教育竞争力的指标体系而言,整个指标体系可以分为两大块,硬性指标体系与软性指标体系;硬的竞争力相对的就是硬性指标,软的竞争力相对的就是软性指标。

(四) 区域教育竞争力的价值意义

区域教育竞争力的价值意义研究主要涉及教育对经济发展的贡献、教育对社会的贡献两个方面的研究,其中教育对社会的贡献研究较少。

在教育对经济发展的贡献方面,相关研究主要集中于教育竞争力与经济竞争力的关联方面,而对教育竞争力与经济竞争力之间存在的具体中介变量或中间联结机制研究较少。吴玉鸣、李建霞通过相关分析、回归分析和因果分析等统计方法,发现各地区的教育竞争力与该地区的经济竞争力水平存在较强的关联性,教育对经济增长的贡献非常明显,而且教育竞争力是区域经济竞争力的先导因子。[①] 高耀、张琳等人通过构建评价指标体系,采用双层次因素分析、聚类分析及回归分析等统计方法,对我国省域研究生教育竞争力与区域经济竞争力之间的协调度进行了实证考察和综合评估。[②] 雷俊对高等教育竞争力体系进行了划分,使用相关方法获得指标、子体系的权重,然后对竞争力评价方法进行了论述。在此基础上,雷俊计算了我国 29 个主要城市的高等教育竞争力,并对高等教育竞争力评价值与我国城市竞争力评价值进行了相关度分析。[③]

在教育对社会的贡献方面,虽有学者已作出了初步探索,但是相关研究仍然较少,主要集中于教育收益率、综合贡献率方面,针对教育对社会文化的贡献研究极为匮乏。张丽从人才强市发展与人力资源开发的相关性分析入手,重点揭示人力资源影响城市实力增强的几个途径,即人力资源作为城市实力的内生资源,属于核心软实力,而教育竞争力是构建人才强市的关键成功因素;并构建了一个区域人力资源开发模型,对开发计划和规划步骤进行列举分析。[④] 赵风波指出,大学与地方社会协同发展,不仅具

① 吴玉鸣,李建霞. 中国区域教育竞争力与区域经济竞争力的关联分析——兼复胡咏梅教授等[J]. 教育与经济,2004(01):3—12.
② 高耀,张琳,顾剑秀. 中国省域研究生教育竞争力与经济竞争力协调度双层次因素分析与综合评估——兼论促进区域研究生教育布局优化的可能路径[J]. 复旦教育论坛,2013(03):20—29.
③ 雷俊. 高等教育竞争力评价与城市竞争力相关性度量[J]. 高等财经教育研究,2012(01):9—15.
④ 张丽. 教育竞争力与人力资源开发[J]. 当代教育科学,2010(13):11—14.

有重要的理论意义,而且具有迫切的现实意义;其对宁波市科技型企业的技术需求状况进行了调查研究,并对大学与地方社会协同发展的必要性进行简要分析,在此基础上对宁波市的大学与地方社会协同发展的实践进展进行初步探讨。[①] 李元春运用明瑟的扩展收入函数法,对中国 2000 年 35 个城市工资价位抽样数据进行分析,显示东部地区各级教育收益率都高于西部地区。[②] 陈光等人从产业结构、科技创新、人力资本、社会进步等方面来度量高等教育的综合贡献率,分析得出四川高等教育的综合贡献率为 7% 左右。[③]

三、研究述评

随着区域竞争力研究的深化且不断演进,区域竞争力研究所呈现的研究重点(例如竞争力排名和竞争力的价值性)在一定程度上也是区域教育竞争力的重要研究领域。教育竞争力自 20 世纪 90 年代以来受到广泛重视。由于教育问题极为复杂,许多变量都会影响教育的评估,因此,"教育竞争力"的定义必然是多维度的,需要从不同角度去界定。关于教育竞争力的定义与理解很多,基于对教育竞争力不同定义的梳理,可以发现,"教育竞争力"既可从内部效益,即教育投入、教育效果的水平高低,学生的教育质量和学业成绩水平等方面加以定义,也可以从外部效益,即教育体系对社会经济发展所作贡献的水平方面加以定义。竞争存在于不同的竞争主体之间,且围绕"稀缺资源"展开,因此,区域教育竞争存在于不同竞争主体围绕稀缺教育资源的竞争中。此外,区域教育竞争的外部环境对区域教育竞争过程本身产生了一定的"激励"或者"滞缓"的影响。因此,可对区域教育竞争力定义如下:在一定竞争环境中,区域在发展教育的过程中所具有的吸引、争夺、拥有、控制和转化稀缺教育资源,以提供优质教育产品和教育服务,提高区域教育水平,促进区域教育可持续发展的能力。具体说来,区域教育竞争力主要包括教育制度的创新力、教育事业的发展力、教育投入的支撑力、教师队伍的保障力、教育质量的优化力以及教育管理力、教育环境力,区域教育竞争力的相关研究主要围绕区域教育竞争力的不同成分展开与深化。

---

① 赵风波. 大学与地方经济社会协同发展的路径研究——宁波市科技型企业技术需求调查报告[J]. 上海商学院学报,2013(06):85—91.

② 李元春. 对中国城市教育收益率的实证分析[J]. 湖南师范大学教育科学学报,2004(01):73—78.

③ 陈光,刘颖,李仕明,杨建国. 高等教育贡献率研究的理论模型与实证分析[J]. 中国高教研究,2011(03):12—16.

国外对于区域教育竞争力的相关研究主要体现在教育质量、教育公平的相关研究上。国外对区域教育竞争力内容体系、区域教育竞争力的国际比较、区域教育竞争力评价等方面的研究较多。研究主体包括联合国相关组织、OECD、世界银行、WEF、IMD 等，研究范围以国家层面为主。国外区域教育竞争力的相关研究在研究内容上不断深入细化，从国家到城市，从教育外部（环境）到教育内部（义务教育、职业教育、高等教育）以及教育内外部的结合。国内关于区域教育竞争力的研究从 1999 年开始，在研究范围方面主要以省级区域为主。首先从研究国际教育竞争力开始，接着不断细化和深入，有关高等教育、义务教育、区域教育竞争力的实证研究和案例研究逐渐出现。当前国内区域教育竞争力研究的主要特征如下所述。

第一，国内相关文献对于区域教育竞争力定义与内涵的研究较少，理论研究视角并不广泛，学术界对区域教育竞争力概念的研究还处于探索、积累阶段，尚未达成共识。理论视角不同，概念解读就会存在差异。例如，教育领域一般偏向于从教育质量、教育现代化的角度去解读区域教育竞争力的概念，而经济学领域通常倾向于将区域教育竞争力纳入"投入—产出"过程中予以解读，并强调资源的稀缺性和教育效益。目前，区域教育竞争力的概念研究整体上并不系统，理论研究视角往往集中在教育质量的相关研究上，教育公平、教育信息化等理论视角下的学术研究较为缺乏。

第二，国内区域教育竞争力的相关研究主要集中于省域教育竞争力层面，关于区县层面教育竞争力的研究较少，区县层面教育竞争力的研究亟需进一步深化。我国学者关于教育竞争力的研究更多的是在高等教育领域（例如"大学分学科排行榜"研究），基础教育领域的教育竞争力研究较少。区域基础教育竞争力的内容体系、评价指标方面的研究均需进一步深化。虽有学者开始进行区域教育竞争力的实证分析，但是实证研究的数量整体较少，对于区域教育竞争力的结构成分、评价指标体系、影响因素等方面的实证研究亟需进一步深化。

第三，对于区域教育竞争力评价的研究虽然不少，但是目前国内依然缺少区域教育竞争力综合评估指标体系，也缺少系统、权威的教育统计数据作为支撑。由于指标选取的价值取向不同，不同机构组织或学者对指标的选择和设计存在着较大差异。区域教育竞争力评价指标主要涉及教育投入、教育过程、教育产出三个维度，可划分为硬性指标体系与软性指标体系，具体涉及师资配置、经费投入、教育制度、教育理念等多个方面。相关研究主要集中于高等教育竞争力评价指标的设计上，较少涉及基础教育领域，虽有教育公平类的指标选取，但在有效反映当前区域弱势群体（例如农村留守儿童)的教育公平方面稍显不足。有关区域教育竞争力比较分析的研究,主要集中在国家、城市层面,尤其是城市教育竞争力的相关研究居多,而对县域层面的研究较少。区域教育竞争力的比较标准以及比较方法尚不统一,较为注重量化分析,对于较难量化的指标和要素一般较少涉及,比较分析的数据来源往往缺乏时效性,研究往往具有滞后性,且比较分析方式一般较为注重区域教育排名,缺乏以区域教育发展为导向的研究意识。

第四,教育竞争力与经济竞争力、社会效益竞争力等其他类型竞争力之间的关联机制研究尚待深化。从目前的文献资料来看,区域教育竞争力的价值意义研究主要集中在教育对经济增长的贡献这一方面,而教育对社会的贡献及其他研究较少。此外,教育竞争力与经济竞争力、社会效益竞争力之间存在何种中介变量和作用关系尚不清晰,需要进一步研究。

综合国内外区域教育竞争力的相关研究成果来看,当前国内区域教育竞争力的研究还处于不太成熟的发展阶段,多维视角下区域教育竞争力的研究、区县层面区域教育竞争力的研究、区域基础教育竞争力的研究、区域教育竞争力评价体系的构建研究、区域教育竞争力的实证研究等方面还存在很大的不足,区域教育竞争力研究的数量与质量均需进一步深化,理论研究与实证研究均需从不同方面和不同视角加以拓展。我国区域教育竞争力研究现状的明晰,为如何完善我国区域教育竞争力研究带来了诸多研究启示。为了有效解决目前国内区域教育竞争力研究所存在的问题,更好地完善我国区域教育竞争力研究,本书提出以下建议:

1. 以多维度视角探究区域教育竞争力的发展

为了更为有效地促进区域教育竞争力的发展,可尝试从教育经费投入、教育质量、教育信息化等不同视角审视区域教育竞争力,探究教育经费投入竞争力、教育质量竞争力、教育信息化竞争力等不同类型区域教育竞争力的具体研究内容,丰富区域教育竞争力研究的内涵。教育经费投入属于教育投入的重要组成部分,是考察区域教育竞争力的重要财政性指标。教育质量属于教育政策关注的重点,教育质量的提升有助于促进社会发展和可持续的经济增长,属于教育竞争力的重要组成部分。教育信息化竞争力是衡量或反映教育信息化整体可持续发展的综合竞争能力,是提升教育竞争力的环境保障和动力,是教育竞争力的重要构成要素。区域教育竞争力的分析视角较多,无论是教育经费投入、教育质量、教育信息化,还是其他视角,从不同的维度去审视区域教育竞争力,能较为全面地搭建区域教育竞争力的理论框架和拓展区域教育竞争力的研究深度。

2. 拓展区域基础教育竞争力的相关研究

目前,国内关于区域基础教育竞争力的研究较少,对这类研究进行拓展,将有利于区域基础教育的可持续发展。区域基础教育竞争力主要涉及基础教育质量、基础教育公平以及基础教育治理能力三个方面。当前国内关于区域基础教育竞争力的研究主要集中在区域基础教育质量的研究上,较为忽视基础教育公平、基础教育治理能力两个方面。因此,本书建议,拓展区域基础教育竞争力的相关研究,可尝试从教育质量、教育公平以及教育治理能力三个方面着手:(1)尝试从小学巩固率、初中巩固率、特殊儿童接受义务教育的入学率等方面深化区域基础教育质量的研究;(2)尝试从教育机会公平、教育过程公平等方面探究区域基础教育公平的实现程度;(3)尝试从区域教育治理结构的优化、区域教育治理体系的完善等方面探析区域基础教育治理能力的结构与影响因素。

3. 构建高效的区域教育竞争力评价指标体系

针对区域教育竞争力的评价指标,所要构建的不是一套具体而全面的教育综合评价指标体系,也不是反映教育现代化水平的评价指标体系,而是一套能够高效反映区域教育竞争力的教育评价指标体系,并且使区域与区域之间教育竞争力的比较成为可能。一级指标框架下的分指标不一定很全面,但应该是最能反映区域教育竞争力的。考虑到实效性以及可操作性,各项指标也应该是能够测量或评价的。鉴于目前的区域教育竞争力评价指标体系只着重于教育投入与教育产出两个方面,往往忽视教育制度安排、教育改革和创新等中间量,因此,本书建议,构建高效的区域教育竞争力评价指标体系需从投入量、产出量和中间量三个方面着手。其中,可将师资队伍水平、教育经费投入、办学条件环境等因素视为投入量,将教育发展水平视为产出量,将教育制度安排、教育改革和创新等因素视为中间量,投入量、产出量、中间量互为一体。

4. 加强区域教育竞争力的实证研究

加强区域教育竞争力的实证研究,拓展针对教育的不同领域(例如学前教育、基础教育、高等教育等)的实证研究,以便能够深入探讨区域学前教育竞争力、区域基础教育竞争力、区域高等教育竞争力等不同类型区域教育竞争力的结构以及影响因素。一般而言,区域教育竞争力的影响因素主要体现在影响教育公平、教育质量、教育规划与治理能力(如利用政府职能与市场力量调动和配置资源的能力,在民主化管理体制下教师、学生、社区参与教育决策的能力等)三个方面的诸多因素之中。区域教育竞争力的主要结构包括教育环境、教育投入、教育成就、教育发展速度、教育效益等多个成分。加强区域教育竞争力的实证研究,可尝试从教育公平程度、教育质量水平、教育的整体现划能力和治理能力等方面的影响因素上来探究区域教育竞争力的影响因素,可从教育环境、教育投入、教育成就、教育发展速度、教育效益等方面探究我国区域教育竞争力的结构成分。

5. 深化区域教育竞争力与其他类型区域竞争力的关联研究

区域教育竞争力是区域竞争力的重要组成部分,厘清其与区域经济竞争力、区域社会效益竞争力等区域竞争力的其他成分之间存在何种关联、如何关联等问题对于区域教育竞争力的提升具有一定的推动作用。因此,深化区域教育竞争力与其他类型区域竞争力之间的关联研究具有重要的价值意义。目前,国内在区域教育竞争力与其他类型区域竞争力关联方面的研究太少。对于深化区域教育竞争力与其他类型区域竞争力的关联研究来说,不应孤立地看待区域教育竞争力的提升,理应把区域教育竞争力置于区域竞争力的背景下,深入探究区域教育竞争力能否促进其他类型区域竞争力的提升、如何促进其他类型区域竞争力的提升等研究主题,以便能够明晰区域教育竞争力在区域竞争力中的地位和价值意义。

评价一个区域发展水平的指标是什么,区域之间的发展水平又如何进行比较,教育无疑是一个重要的视角,甚至可以说,"教育竞争力是区域的核心竞争力"。区域教育竞争力是一个区域的教育能力,是在一定的竞争和发展过程中所具有的资源,是提供优质教育产品和教育服务,提高区域居民教育水平,促进区域经济、科技、社会等全面发展的能力。人才是区域竞争力的核心,教育是区域竞争力的基石。从国家层面到区县层面,提升教育竞争力始终是区域的重要远见战略。未来我国的区域教育竞争力研究还有较长的路要走,对于以多维度视角探究区域教育竞争力的发展、拓展区域基础教育竞争力的相关研究、构建高效的区域教育竞争力评价指标体系、加强区域教育竞争力的实证研究、深化区域教育竞争力与其他类型区域竞争力的关联研究这五个方面亟需予以重视。我国需不断深化区域教育竞争力研究,以便为区域明确教育区间位置、洞悉教育优劣所在、辨明教育努力方向、明晰教育奋斗目标、理顺教育发展思路提供极具参考价值的决策依据。

第二章　评价指标体系及构建

　　区域之间竞争的核心在于人才,人才培养的基础在于教育。区域教育竞争力是区域竞争力的重要组成部分,对区域竞争力的提升具有重要的推动作用。[①] 区域教育竞争力评价指标体系的设计问题一直是区域教育竞争力的重要研究领域。如何设计合理的区域教育竞争力评价指标体系? 这是区域教育竞争力研究的热点,对区域教育竞争力结构的明晰具有重要的导向作用。从理论意义上讲,区域教育竞争力评价指标体系的研究涉及教育学、管理学、评价学等多个学科研究领域,有利于丰富区域教育竞争力研究。从现实意义上讲,借助区域教育竞争力评价指标体系进行实证分析,可更加清晰地认识到区域教育竞争力的优势与劣势,进而可有助于提升区域教育发展规划制定的科学性以及促进区域教育的可持续发展。因此,无论从理论层面,还是从现实层面来说,区域教育竞争力评价指标体系研究对于教育改革与发展均具有重要的价值意义。目前,有关区域教育竞争力评价指标体系的设计研究并不多,已有相关研究往往偏重于教育质量、教育公平所涉及的某一些方面,忽视教育发展过程的系统性。因此,本书尝试设计相应的区域教育竞争力评价指标体系,尝试从多个角度对区域教育竞争力指标体系的优化提出相关建议。

第一节　区域教育竞争力的评价指标体系

一、国外相关研究

　　目前国外有关教育竞争力评价指标的研究对象多以国家为单位,研究主体主要为

---

① 周南照. 中国教育竞争力国际比较研究[M]. 北京:教育科学出版社,2010.

世界性的机构和组织。

联合国计划开发署自1990年开始发表年度《人类发展报告》,提出了人类发展指数(HDI)并不断加以完善,其中的教育指数包括成人识字率、国民平均受教育年限和初等教育普及率。

世界经济论坛主要运用"硬"数据和"软"数据的指标,公布国际竞争力排名和指数,其中的教育指标包括教育公共经费占GDP的比重、中小学生师比、初中升学率、25—34岁成人接受高等教育比例、"国际学生评价项目"(PISA)中的学业成绩、15岁以上人口文盲率等。

联合国教科文组织每年度编撰的《世界教育指标》是一本广泛反映世界各国教育发展情况的统计手册,具体包括11个方面的内容:人口和国民生产总值;识字率、文化和通信;学前教育入学率和正规学校教育的年限;义务教育和小学教育年限、小学学龄人口和入学率;小学教育的内部效率;中等教育年限、学龄人口和入学率;学前教育、小学教育和中等教育的教师;第三级教育的入学率、按国际教育标准分类;第三级教育按学科大类分类在校生和毕业生;私立学校在校生比例和公共教育经费;公共经常性教育经费投入。[①]

世界银行的《世界发展报告》,是以一国的经济与社会发展水平为依据而形成的综合性指标体系。2000年版的《世界发展报告》中的教育指标由教育投入、教育效率、教育成果、受教育机会、性别与教育五部分组成,具体包括:教育的公共支出占GNP的百分比、用于不同教育级别每个学生的支出、各级教育毛入学率、中小学失学儿童人数、义务教育年限、中小学女教师占教师总人数的百分比、中小学女学生占学生总人数的百分比、中小学学生中女童失学率等。该指标体系的主要特点是直观性强,易为社会公众所理解和接受,服务对象明确,为政府机构提供所需的基本信息,指标数据采集的渠道有较可靠的保证,但它的弱点是结构比较松散,指标之间既缺乏固有的联系,也没有严密的内在逻辑统一性。[②]

经济合作与发展组织依据成员国的教育特点,以人力资本理论为基础,应用教育生产力供需模式,构建了包括教育背景,成本、资源与学校实践过程,教育结果的动态系统,从整体上对教育系统进行投入产出分析。[③] OECD教育指标体系具有理论基础

① 王绽蕊. 区域教育发达程度衡量指标体系的构建[J]. 教育发展研究,2000(12);20—22.
② 世界银行. 2000年世界发展指标[M]. 中国财政经济出版社,译. 北京:中国财政经济出版社,2000;65—87.
③ 张良才,孙继红. 国内外教育指标体系分析与比较[J]. 教育学报,2009(06);60—68.

和动态模型,范围广泛。它是目前国际上对教育从投入到产出进行描述和评价的最为系统和深入的指标体系。但是,该指标体系偏重中小学,对高等教育强调不够,不能反映教育的系统及结构问题。[1] OECD教育指标体系主要在《教育概览2011:OECD指标》中有所体现,总体上包括四个部分:A部分是教育成果,包含学业达标率、结业率、毕业率、就业与失业率、公共与个人教育支出收益、教育社会产出等指标。B部分是教育经济资源投入,包含生均教育支出、教育支出占GDP的百分比、教育公共支出与个人支出比例、教育公共支出、学生学费与资助、影响教育支出的因素等指标。C部分是教育机会、参与和发展,包含入学率、国际学生比例、学前教育等指标。D部分是教学环境,包含学生学习时间,教师工作时间,班级规模,师生比,教师工资、年龄、性别比例等指标。随着国际教育的发展变化以及指标评价的变化,OECD会对部分指标进行完善,或者增加一些新的指标。[2]

欧盟在2002年按照"输入—过程—输出"的模式建构教育、训练与人力资源指标体系,用于评估各国的教育成效。其主要内容包括:人口就业结构;失业;教育与训练成就;教育与训练系统的基本结构;教育与训练政策结构;财务支出;教育参与(包含成人及继续教育参与);教师情况;教学及评量过程;教育与训练途径(涉及继续教育和终身学习的机会、计划);教育成就(包含教育对劳动力及经济增长的影响)。欧盟的教育指标体系从经济背景、就业及社会凝聚力等方面评估教育发展,同时探寻教育投入指标、过程指标和输出指标之间的关系。其目的在于通过提升教育系统的质量,增强欧洲在世界上的人力资本竞争力。该指标体系将职业教育、继续教育及终身学习的理念纳入考察范围,指标设置比较全面,兼顾了宏观和微观层面。对教育输出的考察指标,除了国际通行的教育成果等直接产出指标外,还增设了如"教育对人力资源及经济成长的贡献"、"公共参与"等非直接产出指标。[3]

美国国家教育统计中心(National Center for Education Statistics,NCES)发表的年度报告《教育状况》(*The Condition of Education*),是美国全国性的教育指标汇编资料,是关于美国教育指标的重要文献,定期报道美国全国性的教育情况及发展趋势,提供有关美国教育现状与趋势的重要信息。该指标体系由"教育指标专门研究小组"(SSPEI)构建,SSPEI主张从六大领域建构教育指标体系:(1)学习结果,包括核心学

① 王绽蕊. 区域教育发达程度衡量指标体系的构建[J]. 教育发展研究,2000(12):22.
② 艾蒂安·阿尔比瑟,崔俊萍. 走进OECD教育指标体系[J]. 世界教育信息,2014(17):49.
③ 张良才,孙继红. 国内外教育指标体系分析与比较[J]. 教育学报,2009(06):60—68.

科内容的学习成就、逻辑推理能力和态度等;(2)教育机构质量,包括学习机会、教师素质、教师工作条件、学校教育目标与特征、学校资源等;(3)入学准备,包括学生家庭的社会经济地位、教育服务质量等;(4)学习的社会支持,包括家庭支持、社区支持、文化支持和财政支持等;(5)教育与经济生产力,包括教育渠道、教育与训练的经济效果、工作场所对教育的支持、高等教育在研发上的角色等;(6)公平性,包括学生背景的差异、教育结构的政策差异、教育服务的差异等。① 专家依据 CIPP 模式设计出指标体系,具体指标包括:入学参与进步、学业成绩、成就与课程、经济与教育之间的关系、教育机构的组织与管理、教育机构的气氛与多样性、教育机构的财政与人力资源等,总计 60个指标。

英国教育就业部每年出版一本《英国教育与培训统计》,虽然它只是一本统计手册,但在内容方面具有国家教育指标的性质。主要包括七章:第一章经费支出,是指政府或民间在教育经费支出上的比例;第二章学校概况,指出各类型学校数量、学生、教职员工、生师比等情况;第三章义务教育后的教育与培训,内容包括高等教育与继续教育的参与率,各教育阶段与职业培训以及初次就业状况等;第四章为目标,说明各级各类教育阶段的教育目标与理想;第五章为就业,统计义务教育后离校者的出路,包括继续进修、接受职业训练或就业等;第六章是人口结构、分布与变化状况;第七章为国际比较,整理出 11 个重要的指标,帮助了解其他国家教育状况,并进行国际比较。②

二、国内相关研究

国内学术界自 1999 年以来,也出现了有关教育竞争力的研究,但相关的指标体系并不多见,主要是依据国内的教育发展水平构建出了一些教育指标体系。

上海理工大学高教所的王利珉用立体的三维结构来构建基础教育现代化的指标体系,以此来评估测量基础教育的现代化水平。具体而言,包括观念维度、成就维度和层次维度,然后根据每个维度进行细化,分出若干个下一级指标,再对每个指标赋值,从而形成一个指标体系。③

金连平尝试将教育发展体系设计为一个多方位、多层次的三维结构体:类别维(教育体系、教育思想、教育发展水平、教学体系、办学条件、师资队伍、教育管理),层级

① 张良才,孙继红. 国内外教育指标体系分析与比较[J]. 教育学报,2009(06):60—68.
② 王素芸. 基本能力指标之发展与概念分析[J]. 教育研究资讯,2001(09):1—14.
③ 王利珉. 对教育现代化及其标准的探讨[J]. 上海高教研究,1998(08):13—17.

维（基础教育、高等教育、职业教育和成人教育），成就维（社会适应性目标、宏观管理目标、学校建设目标）。①

中央教育科学研究所的专题研究项目"关于发达地区基础教育现代化发展水平若干指标的思考"，提出了我国发达地区"十五"时期和2010年基础教育现代化发展水平指标的设定，包括教育投入、教育规模指数、教育成就指数、教育质量要求等。该指标体系内容丰富，较为细致具体，但没有设计出指标的权重与系数，因此无法得到一个直观、整体性的评价结果。②

吴玉鸣等人构建了区域竞争力指标体系，包括教育资源、教育质量、教育投入、教育规模、教育效率、教育产出等6个方面共25项相关指标，并运用因子分析法对国内31省级区域教育竞争力影响因素进行了综合分析。③

程凤春等人依据ISO9000族标准精神对教育质量及其衡量标准进行分析和讨论。按照ISO9000族标准的观点，教育质量是教育的质量特性满足消费者要求的程度。教育质量必须通过教育输入、教育过程和教育结果来体现，其衡量标准包括教育提供者的约定和消费者满意两个维度。衡量教育质量，应坚持事先约定与事后满意相结合，对于教育全过程的不同环节可以有所侧重。对于教育输入，达成约定标准即可。对于教育过程，除了满足约定标准外，还必须让学生和家长满意。对于教育结果，不仅要满足约定标准，还应该让政府、高一级学校或用人单位满意。④

谈松华认为教育现代化的发展阶段分为初级、中级和高级，并提出了一项包括定性和定量两个部分的教育现代化实现程度评价指标体系。其中定性指标主要包括教育制度、教育思想、教育内容、教育管理、师资队伍等方面。定量指标包括识字率、平均教育年限、中等教育毛入学率、高等教育毛入学率、10万人口中的高校在校生规模、公共教育经费占GDP比例、人均公共教育经费等方面。⑤ 在谈到教育竞争力与区域教育发展时，谈松华认为教育竞争力是教育发展研究的新视角，在区域教育竞争力评价指标体系的设计上要考虑教育发展环境指数、教育投入指数、教育成就指数、教育发展速度

① 金连平. 试论教育现代化目标体系的构建[J]. 教育评论，2000(02)：3—6.
② 中央教科所课题组. 关于发达地区基础教育现代化发展水平若干指标的思考[J]. 教育研究，2001(10)：19—24.
③ 吴玉鸣，李建霞. 我国区域教育竞争力的实证研究[J]. 教育与经济，2002(03)：15—19.
④ 程凤春，卫喆. 再论教育质量及其衡量标准——基于ISO9000族标准的分析[J]. 教育研究，2012(06)：53—60.
⑤ 谈松华，袁本涛. 教育现代化衡量指标问题的探讨[J]. 清华大学教育研究，2001(01)：13—17.

指数、教育效率效益指数,同时还要考虑政府管理能力、政策环境、制度因素等。[①]

北京大学薛海平和北京师范大学胡咏梅运用因子分析方法,探求出反映国际教育竞争力水平的 4 个综合指标,即"教育投入"、"教育规模"、"教育效率"、"教育产出";反映我国区域教育竞争力的 3 个综合指标,即"人口文化程度"、"高等教育发展水平"和"教育效率"。[②]

国家教育发展研究中心参考联合国教科文组织等国际组织的有关教育指标,以国家为单位采集人力资源开发的有关数据,从数量、质量、结构和效率 4 个角度出发,确定规模指标、能力指标、潜力指标、贡献指标和负债指标 5 个方面共 13 项相关指标。[③]

倪鹏飞教授提出了城市教育竞争力评价指标体系,包括硬件投入、软件投入、本体产出、功能产出等 4 个方面 11 个二级指标,并对全国 5 个计划单列市、15 个副省级城市进行了比较研究。[④]

朱向军根据教育经济学的原理,在构建城市教育竞争力评价指标体系时,运用教育投入与产出的理论,创建包含投入量、产出量和中间量(IPM)的城市教育竞争力研究模型,将指标体系划分为硬性指标和软性指标。把师资队伍保障力、教育投入支撑力、教育环境力视为投入量,把教育事业发展力视为产出量,把教育管理力、教育制度创新力视为中间量。其中,投入量和产出量均属于硬性指标,中间量属于软性指标。[⑤]

张伟通过分析区域教育综合竞争力的理论基础,结合区域教育特征,运用"投入—过程(活动)—产出"(IPO)模型,初步构建了包含 3 个阶段、11 项一级指标和 20 项二级指标的区域教育综合竞争力指标体系,并对如何进行量化评价和打分排名进行初步阐释,力求对区域教育的健康、快速发展起到促进作用。[⑥]

三、研究述评

从国外区域教育竞争力评价指标的相关研究来看,不同机构和组织对指标的选择

① 谈松华. 应对入世:全面提高教育国际竞争力[J]. 求是,2002(11).
② 胡咏梅,薛海平. 我国教育竞争力的区域划分——与吴玉鸣博士等商榷[J]. 教育与经济,2003(01):1—6.
③ 国家教育发展研究中心. 2008 年中国教育绿皮书——中国教育政策年度分析报告[M]. 北京:教育科学出版社,2008.
④ 倪鹏飞. 中国城市教育竞争力比较:探寻宁波方位[M]. 北京:社会科学文献出版社,2009.
⑤ 朱向军. 提升城市教育竞争力[M]. 上海:上海三联书店,2006.
⑥ 张伟. 区域教育综合竞争力指标体系构想[J]. 天津市教科院学报,2015(02):15—17.

差异较大。区域教育竞争力指标体系主要由一些国家和国际性组织依据教育发展水平进行设计,并以庞大的资料与统计数据为依托。国外区域教育竞争力评价指标相关研究为区域教育竞争力指标体系构建提供了颇有价值的理论参考,这些指标体系的特点是：注重教育公平研究;注重教育产出研究;注重国际通用性和国际可比性;注重比较分析,突出教育对经济、社会、文化的贡献作用,资料易得且计算不太复杂;各指标体系之间的差异较大,适用国家的覆盖面有限,对局部的指导性不足;指标量少,无法全面、完整、系统地描述整个教育发展变化过程。

与国外研究相比,我国区域教育竞争力评价指标相关研究在国际比较、国家以及省市层面均有所涉及,有关城市教育竞争力评价指标的研究近几年较多。但是,我国区域教育竞争力评价指标相关研究较为侧重教育质量评价,主要采用"投入—过程—产出"分析模型,较少考虑教育公平相关评价指标的设计问题。目前,我国教育指标体系主要存在三点不足：第一,缺乏对指标的深入研究,各指标之间缺乏逻辑和内在联系,本身并没有一定的理论基础,同时也没有自己的理论分析框架;第二,在描述我国教育发展状况时,较少通过指标来分析当前我国人口、社会、经济发展与教育的协调关系;第三,城市教育指标选取缺乏考虑数据收集的实际情况。

综合国内外区域教育竞争力评价指标的相关研究,可以发现,区域教育竞争力评价指标不仅包括教育投入、教育成就、教育对经济社会发展贡献方面的可量化指标,还包括贯穿于教育发展及演变的各个环节和过程的教育制度、教育治理能力等较难量化的指标,提高区域教育竞争力的目的在于实现教育公平与教育质量的统一。但是,在当前国内已有的区域教育竞争力评价指标体系中,反映人口与经济、社会、文化发展的指标以及综合反映教育产出与效益的指标还非常薄弱,往往偏重教育质量、教育发展水平、教育现代化水平等方面评价指标的设计,未能在教育发展的投入、过程、产出阶段分别体现教育公平情况。

第二节 区域教育竞争力评价指标体系的构建

教育竞争力指的是教育可持续发展的综合竞争能力,是衡量教育质量和综合实力的重要方面。区域是一个相对的地理空间概念,大到省域,小至县乡,皆可称区域。受区域经济和其他方面条件制约,区域教育呈现出不同的发展形态与状况,成为区域竞争力的重要方面。我国幅员辽阔,不同地区发展不平衡,从区域层面观照教育发展的状况,以区域视角探寻教育改革的路径,应是推进教育实现整体均衡与综合改革的现实有效模式。基于我国教育行政管理的历史沿革、现实状况及体制惯例,本书将区域定位于县域行政区划的空间范围,从县域教育改革与发展的整体层面构建评价区域教育发展质量或综合实力的指标体系。借助于区域教育竞争力评价指标体系,可更加清晰地认识到区域教育竞争力的优势与劣势,进而可有助于提升区域教育发展目标与策略的科学性和有效性。本书尝试分析影响区域教育竞争力的各相关要素,设计相应的区域教育竞争力评价指标,以期能为区域教育科学规划和有效治理提供依据。

一、设计原则与思路

第一章对以下概念进行了充分论述:竞争,通常是指利益相关者之间为争取有利的竞争条件、场所等资源而进行的斗争;区域,意指土地的界划,可称为地区,其范围可大可小,包含国家、省域、市域等多个层面;区域教育竞争存在于不同竞争主体围绕稀缺教育资源的竞争中,区域教育竞争的环境可对区域教育竞争产生一定的"激励"或者"滞缓"的影响;[①]竞争力是指竞争过程中所显现出来的优势能力,它是一种综合的、可持续发展的能力。[②] 基于此,我们对区域教育竞争力作出定义:区域教育竞争力,是指在一定竞争环境中,区域在发展教育的过程中所具有的吸引、争夺、拥有、控制和转化教育资源,以提供优质教育产品和教育服务、促进区域教育可持续发展的能力。我们的研究以区县基础教育为主要关注对象,以县域教育的竞争力为主要论题。从区域教育可持续发展的角度而言,区域教育竞争力评价理应着重考虑教育投入、教育过程、教育产出三个环节的系统协调性,且以教育公平作为区域教育可持续发展的基本保障因素,以便为区域教育发展注入强劲动力。因此,区域教育竞争力评价指标体系需涉及教育投入、教育过程、教育产出三个方面,并突出教育公平的重要价值意义。

国内外教育指标体系一般是用来反映教育整体发展水平或者现代化发展水平的综合性指标体系,而我们的研究并不着重追求评价指标体系的综合性,主要侧重于构建出能够高效反映区域教育竞争力的教育评价指标体系,并且使区域与区域之间教育

---

① 朱向军. 提升城市教育竞争力[M].上海:上海三联书店,2006:122.
② 中国都市教育竞争力研究及数据库建设项目组.中国都市教育竞争力研究[M].北京:教育科学出版社,2011:62.

竞争力的比较成为可能。在一级指标框架下的分项指标不一定很全面,但应该最能反映区域教育竞争力。考虑到实效性以及可操作性,各项指标也应该是能够测量或评价的。为了实现区域教育竞争力评价的目的,必须遵循一定的原则,并建立起科学合理的评价指标体系,进行相应的实证分析。

在设计评价指标和构建指标体系时,我们根据"投入—过程—产出"模型,同时将体现教育治理和教育公平特征的教育价值新取向引入区域教育竞争力评价指标体系,并遵循了如下原则:

1. 突出系统性和逻辑性

从系统论的角度来说,区域教育竞争力涉及教育投入、教育过程、教育产出三个环节。因此,我们主要从三个维度来确定指标:一是教育投入。教育投入是区域教育竞争力的基础性保障,没有教育投入,教育过程与教育产出均将成为空谈。二是教育过程。教育过程是教育资源配置以及教育教学活动的载体,包含教育治理能力、教育制度创新等,涉及各级各类教育的衔接、沟通、协调、开放、包容。三是教育产出。教育产出是教育系统的输出结果,主要体现在教育质量、教育均衡等方面。

2. 体现导向性和针对性

结合区域教育治理所面临的诸多问题,评价指标体系应突出教育公平的价值导向,既要体现教育发展的数量、质量,又要体现区域教育治理能力。区域教育治理能力关乎区域教育的可持续发展方向和成效,我们从教育治理的角度出发,设计区域教育治理能力的测量指标。评价对象应反映现阶段教育发展的热点问题,尤其是弱势群体的教育保障问题。因此,我们以"教育治理能力"、"教育均衡"为出发点,关注教育治理和教育公平,这在一定程度上体现了教育针对性。

3. 加强可操作性和通用性

结合我国教育的实际情况,指标的选取应符合实际,具有区域可比性。另外,应借鉴国际通用的定量指标与定性分析相结合的评价方式,既要有定量化的数据内容,也要有定性判断和思考,从而全面、真实地反映区域教育的竞争能力。因此,我们注重指标体系的可操作性和通用性,充分考虑数据的获得、处理等多种因素的可能性,使区域之间教育竞争力的比较成为可能,并致力于为提升区域教育质量及促进教育公平提供决策参照。一级指标框架下的分项指标应该最能反映区域教育竞争力,同时各项指标也应该是能够测量或评价的。

基于上述指标体系设计原则,我们围绕教育投入、教育过程、教育产出三个方面的

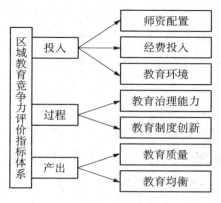

图2-1 区域教育竞争力评价指标体系的研究模型

评价要素,基于国内学界广泛认可和采用的"投入—过程—产出"模型,立足于区县层面的基础教育发展水平,构建了区域教育竞争力评价指标体系的研究模型(如图2-1所示)。

基于这一研究模型,我们把区域教育竞争力的评价指标体系分为师资配置、经费投入、教育环境、教育治理能力、教育制度创新、教育质量、教育均衡7个评价要素。其中,师资配置、经费投入、教育环境为教育投入类指标,教育治理能力、教育制度创新为教育过程类指标,教育质量、教育均衡为教育产出类指标。

二、要素及构成

通过对师资配置、经费投入、教育环境、教育治理能力、教育制度创新等评价要素进行内容分析、概念挖掘、演绎分解,我们初步构建了区域教育竞争力评价指标体系,如表2-1所示。

表2-1 区域教育竞争力评价指标体系

	一级指标	二级指标	三级指标
投入类指标	师资配置	A1.基础教育的教师数量水平 A2.基础教育的教师队伍结构	A1.1 基础教育的生师比 A2.1 基础教育的专任教师比例
	经费投入	B1.各级教育生均公用经费水平	B1.1 各级教育生均公用经费数 B1.2 各级教育生均公用经费数比上年的增长幅度
	教育环境	C1.办学规模 C2.教育信息化程度	C1.1 基础教育的校均数 C2.1 基础教育计算机生均拥有量 C2.2 基础教育拥有校园网学校占学校总数的比例
过程类指标	教育治理能力	D1.教育决策能力 D2.教育协调能力	D1.1 决策咨询 D2.1 协调运作
	教育制度创新	E1.学校办学制度	E1.1 办学体制创新
产出类指标	教育质量	F1.教育满意度	F1.1 各级教育的家长满意度
	教育均衡	G1.资源配置均衡 G2.弱势群体发展	G1.1 公共教育资源的配置 G2.1 随迁子女的教育成长

在师资配置方面，从基础教育的教师数量水平、队伍结构两个维度对区域基础教育师资配置进行测量。从生师比这一方面设计师资配置的三级指标，从而在数量上直接体现基础教育的师资水平是紧缺还是过剩；选取专任教师比例作为三级指标，以期在结构上体现基础教育师资配置是否合理。

在经费投入方面，虽然经费投入涉及教育资金投入的众多领域，但鉴于学生是教育的主体，以学生层面的资金投入状况来衡量教育经费投入较为直观。因此，我们从学生经费的角度出发，选择各级教育生均公用经费作为经费投入的二级指标，以各级教育生均公用经费数、各级教育生均公用经费数比上年的增长幅度作为经费投入的三级指标。

在教育环境方面，由于办学规模与教育信息化程度属于教育现代化发展极为关注的核心点，因此，从办学规模、教育信息化程度两个维度对教育环境予以测量。其中，以基础教育的校均数作为三级指标来衡量办学规模；从计算机生均拥有量、拥有校园网学校占学校总数的比例两个方面对教育信息化程度进行具体测量。

教育治理能力体现在区域教育的决策、协调、监督、评估四个主要方面，同时，鉴于监督与评估可归纳为区域教育的督导范畴，因此，从教育决策能力、教育协调能力两个方面衡量区域教育治理能力，并将决策咨询、协调运作作为区域教育治理能力测量的三级指标。在此基础上针对三级指标具体设计测量内容，并形成调查问卷。

教育制度创新从宏观层面上主要包括两方面：一是教育体制创新，二是教育模式创新。从区域教育而言，区域教育改革最终落脚于学校的办学行为，自主办学、学区化办学、集团化办学等多种办学创新形式成为当前区域教育改革与发展的热点问题。因此，区域教育制度创新，集中体现于学校办学制度的创新。同时，将办学体制创新作为教育制度创新的三级指标。

教育质量的本质在于人的成长，其核心为教育共同体（尤其是师生）的综合素质及教育生活的品质。从区域教育质量这一概念来看，受教育者对教育的满意程度应该成为衡量基础教育办学质量的核心指标，教育满意度已成为教育质量评价最为直观的一个方面。因此，将各级教育的家长满意度作为教育质量的三级指标。

教育均衡是指每个个体在接受教育的过程中得到平等的对待，即在教育经费、教育内容、教师质量、受关注程度、公正评价等方面不受主观因素的影响，得到公平待遇的过程。鉴于教育均衡主要体现于资源配置均衡以及弱势群体发展两个方面，我们将这两个方面作为教育均衡的二级指标。由于资源配置均衡、弱势群体发展分别可从公共教育资源的配置、弱势群体的教育成长等方面予以集中体现，因此，以公共教育资源的配置、随迁子女的教育成长作为教育均衡的三级指标，并针对三级指标具体设计测量内容，形成调查问卷。

三、结构与构建

区域教育竞争力评价指标体系包含投入、过程、产出三个部分，教育投入、教育过程、教育产出三者之间紧密相关。

投入类指标反映了区域的教育发展潜力，是影响区域教育竞争力的重要因素。从投入类一级指标来看，师资配置、经费投入、教育环境三个投入类一级指标分别反映了人力资源投入情况、财力投入情况、物质投入情况。从投入类二级指标看，教师数量、教师队伍结构分别从数量和质量两个层面反映师资配置的基本情况；生均公用经费水平从学生经费的角度衡量各级教育的经费投入状况；办学规模、教育信息化程度分别涉及教育的规模数量与现代化程度。从投入类三级指标看，生师比、专任教师比例分别从生均师资、教学型师资两个角度衡量师资配置；生均公用经费数、生均公用经费数比上年的增长幅度分别涉及经费投入的当前数量与增长力度两个方面；校均数、计算机生均拥有量、拥有校园网学校占学校总数的比例分别涉及学校规模、硬件设施、软件设施三个不同方面。

过程类指标主要涉及教育过程的能力、制度两个方面，教育治理能力已成为衡量区域教育发展能力的核心指标，教育制度创新属于区域教育过程调控的制度基础。因此，将教育治理能力、教育制度创新作为教育过程测量的一级指标。教育治理能力主要包括教育决策能力、教育协调能力两个方面，因此将这两个方面作为区域教育治理能力的二级指标，并从决策咨询、协调运作两个具体层面设计教育治理能力的三级测量指标。对于教育制度创新，从政府行政、学校办学以及社会参与三个方面来说，通常涉及教育行政制度、学校办学制度以及社会参与制度，而政府行政与社会参与均需围绕学校发展具体实施，学校办学制度必然属于教育制度创新的主要关注点，因此将学校办学制度作为教育制度创新的二级指标。学校办学制度的形成与优化，关键在于办学主体的协作与约束，且办学体制创新致力于办学主体的角色定位与功能发挥，因此将办学体制创新作为教育制度创新的三级指标。

产出类指标反映了教育产出的实际质量与公平程度。我们将教育质量以及教育均衡作为教育产出的一级指标。区域教育质量既可以聚焦于区域整体教育状况，也可聚焦于学校教育质量以及学生学习质量。从区域比较和可操作性的角度出发,我们致力于把区域整体教育概况作为区域教育质量的关注点,其中教育满意度是教育质量评价最为直观的一个方面。因此,将各级教育的家长满意度作为教育质量的三级指标。教育均衡的基本关注点是教育资源配置的均衡,核心关注对象是弱势群体,因此将资源配置均衡与弱势群体发展作为教育均衡的二级指标。从资源配置均衡的角度来说,鉴于市场资源配置具有一定的竞争性和营利性,因此,我们未将其列在考虑范畴之内,而将公共教育资源的配置作为资源配置均衡的衡量指标。从弱势群体发展的角度来说,区域随迁子女数量较多,属于较为典型的弱势群体。随迁子女的教育成长属于区域弱势群体关怀的重要着力点,因此将随迁子女的教育成长作为弱势群体发展的测量指标。教育质量为教育产出的成就维度,教育均衡为教育产出的伦理价值维度。因此,以教育质量、教育均衡作为教育产出类指标,实现了教育成就维度与教育伦理维度的统一。

四、优化

通过指标筛选与修正、区域比较、专家打分等多种方式逐步测试区域教育竞争力评价指标体系,在测验实践中赋予区域教育竞争力评价指标较为科学且合理的权重,并通过理论推演与测验实践的双向联动,逐步优化区域教育竞争力评价指标体系,以便能为我国区域教育治理树立方向标,以及为区域教育发展提供方位参照。

在指标筛选与修正方面,本着"通用"、"可比较"、"可量化"等原则,广泛选取世界银行、OECD等国际组织使用的教育指标,以及综合我国教育部重大实施项目和《中国统计年鉴》、《中国教育事业统计年鉴》等公开可获得数据比较的指标,并借鉴我国区域教育现代化指标体系的部分内容,以便能够不断修正指标、优化指标。

在区域比较方面,综合考虑直辖市、沿海发达地区、贫困地区等不同区域的背景因素,选取直辖市、省会城市、发达县区、贫困县区作为调研区域,收集数据;通过数据分析,找寻分析结果与实际区域发展之间的差异性,借此修正相关的评价指标。投入类指标为硬性指标,过程类与产出类指标为软性指标。硬性指标的数据主要通过教育、统计和财政等有关部门的权威统计公报获取。软性指标的数据主要通过问卷调研获取。硬性指标与软性指标主要用于从相关层面反映、汇总各地的师资配置、经费投入、教育环境等方面的情况。

在专家打分方面,把区域教育竞争力的各项指标多次印发给多位专家广泛征求意见,并通过专家评分,删除评分较低的指标。在区域教育竞争力评价指标体系应用的基础上,收集数据,组织专家对区域教育竞争力评价指标体系的适用性进行评判;同时结合专家访谈,对区域教育竞争力评价指标的权重予以合理设计,调整由于统计口径、来源渠道、数据滞后等原因而使有些数据与相关部门掌握的情况略有差别所带来的统计学偏差。

第三章 JS区：城乡教育一体化的新尝试

第一节 JS区教育竞争力扫描

一、教育区情

JS区位于上海西南，南濒杭州湾，北连松江、青浦两区，东邻奉贤区，西与浙江省平湖、嘉善接壤，是长三角经济区域中心，积极探索特大城市郊区农村新型城镇化发展路径，打造大都市郊区城镇化样板。全区总面积613平方公里，辖有9个镇、1个街道、2个工业区。2015年底，全区常住人口79.8万人，其中，户籍常住人口为52.46万人，外来常住人口为27.34万人。① 据《2015上海教育年鉴》，JS区教育系统有各类学校（单位）123个，其中中学30所，小学31所。基础教育在校学生51493人，其中中学生23823人，小学生27670人。基础教育专任教师4158人，特级教师13人，特级校长8人。②

尽管JS区属于上海远郊，但JS教育一直走在区域经济和社会事业发展前列，积极参与市级多项教育改革试点，初步形成了具有区域发展特点的教育模式，切实把教育摆在优先发展的战略地位，形成了一批区域优秀课程、示范课程和具有区域特色的学科基础素养评估体系。在教育均衡发展方面，架起了学校教育、家庭教育、社会教育之间多渠道沟通联系的桥梁。但是，在上海整体的教育发展中，JS区的教育整体水平相较于黄浦区、徐汇区、JA区、普陀区、杨浦区、虹口区、卢湾区、闸北区、长宁区这些教

---

① 上海JS区人民政府.上海JS——自然地理［EB/OL］.［2017－07－23］.http://jsq. sh. gov. cn/gb/shjs/jsgl/n3961/u1ai95391. html.

② 上海市教育委员会.2015上海教育年鉴［M］.上海：上海人民出版社，2015.

育发达地区存在一定差距①,优质教育资源密度低,教育发展慢于这些地区②。

为提升自身教育竞争力,上海 JS 区近几年积极推动城乡一体化建设,切实贯彻落实国家、市、区中长期教育改革和发展规划纲要,坚持改革创新,在师资配置、经费投入、教育环境、教育治理能力、教育制度创新、教育质量、教育均衡等方面均作出了不少努力与尝试,致力于提高教育质量与提升教育品质。

在优化师资配置方面,JS 区始终将人才作为区域经济发展的稳定基础,将发展教育作为人才培养发展的前提条件。JS 区在教师队伍建设方面逐步加大教师的培训力度,建立分层教师培训体系。在经费投入方面,将政府经费用于学校基础设施建设、增强软件设施的应用以及硬件设施的普及上,努力使有限的教育经费投入实现最大的经济效应。在教育环境建设方面,JS 区致力于在学校信息化程度逐步扩大的背景之下,促进各学校之间均衡发展,培养学生利用信息基础知识发现问题、解决问题的能力。在教育治理能力方面,JS 区以转变政府职能为关键,致力于现代教育治理能力的提升,转变政府职能,建立科学决策和民主监督机制,探索管、办、评分立联动的管理机制,形成新型城镇化背景下推动教育治理体系和治理能力现代化的模式与途径。在教育制度创新方面,JS 区的办学机制逐步健全,成立督导委员会,建立督学责任区制度,完成一校一章程,推进家校联盟,以办学机制变革为重点推进教育优质均衡,努力构建城乡一体、公平高效、可持续的基本公共服务体系,探索新型城镇化公共教育服务机制。在提升教育质量方面,JS 区以坚持立德树人为根本促进学生全面发展,以课程教学改革为抓手提高教育教学质量,加强学习素养研究,建设多元课程体系,利用信息技术转变教与学的方式,促进课堂教学转型,提高课堂教学有效性。在促进教育均衡方面,JS 区进城务工人员的流量较大,每年都会有大量的随迁子女等待入学。作为社会中相对弱势的群体,政府、学校、社区理应对其予以关注与扶助。尽管国家已经出台了相关政策呼吁各地方对随迁子女在资源分配上有所倾斜,但是落实到地方政府和学校时,会受到各方面的阻碍,使得政策落实不到位,从而出现公共教育资源配置不均衡、弱势群体与非弱势群体教育发展差异较大等问题。

---

① 袁晓英.有效教育:课程改革的追求——上海市 JS 区推进二期课改的实践与探索[J].新课程(综合版),2008(07):39—40+60.

② 孟兆敏,吴瑞君.上海市基础教育资源供需的现状、问题及对策研究[J].上海教育科研,2013(02):5—9.

二、施测背景及研究方法

作为上海市教育综合改革七个试点区之一,JS区在教育改革与发展方面具有区域代表性。因此,研究选取上海 JS 区作为个案研究对象之一,借助资料查阅和问卷调研,收集数据,分析其区域教育竞争力特征,并验证区域教育竞争力评价指标体系的科学性。针对数据采集,本着"通用"、"可比较"、"可量化"等原则,力图使用权威的统计年鉴、官方网站和政府文件获得数据,进行比较分析,但由于统计口径、来源渠道、数据滞后等原因,有些数据与相关部门掌握的情况可能略有差别。研究数据主要来源于《2015 上海教育年鉴》及问卷调查,使数据尽量保持统一的统计口径,聚焦于基础教育竞争力,探究 JS 区的区域教育竞争力现状,并找寻 JS 区教育发展所存在的不足之处。

依据对国内外教育指标的分析,本书所设计的区域教育竞争力评价指标体系分为投入类、过程类、产出类三个维度,其中,投入类指标包括师资配置、经费投入以及教育环境三个一级指标,过程类指标包括教育治理能力、教育制度创新两个一级指标,产出类指标包括教育质量和教育均衡两个一级指标。本书把区域教育竞争力评价指标分为硬性指标与软性指标两个部分,硬性指标可以通过一些计算方法加以精确量化;软性指标则较难精确计算出来。其中,投入类指标为硬性指标,过程类与产出类指标为软性指标。投入类指标可从教育年鉴中获取数据,投入类与产出类指标的测量需借助问卷调查。

本次问卷调查共收回学生问卷 804 份,主要调查学生家庭教育、家庭教育经济负担、教师关注、教师对学生关注的公平性等方面情况,同时根据随迁子女的教育成长软性指标对随迁子女教育情况进行衡量。共收回家长问卷 1796 份,主要调查该区域教育质量和资源配置均衡的相关情况。共收回教师问卷 430 份,教师问卷包括两部分:一是区域教育治理能力方面,二是区域教育制度创新方面。通过对教师在决策咨询、协调运作方面的调查来衡量该区域的教育治理能力,同时根据教师在学校办学体制创新方面的调查来衡量该区域的教育制度创新情况。

第二节 JS 区教育竞争力评价

一、投入类指标:起点较低,但收效明显

(一)师资配置基本持平,优质教师短缺

JS 区基础教育的生师比 $=(23823+27670)/(1915+2243)=51493/4158=12.384$,其中以学校专任教师数量为计算额。利用 SPSS 录入各区基础教育生师比的

数据,计算标准差和均值,如表 3 - 1 所示。由表中数据计算 JS 区的标准分数为
－0.09,即 JS 区基础教育生师比各区基础教育生师比均值略低 0.09 个标准差,说明
JS 区基础教育在校学生数量和专任教师数量的比例接近于平均值。JS 区基础教育正
逐步实现小班教学,减少班级学生人数,致力于学生个性化发展。

表 3 - 1　各区基础教育生师比分析表

均值	N	标准差
12.5662	17	2.0128

JS 区基础教育专任教师比例＝(2243＋1915)/(2856＋2291)＝4158/5147＝
0.808。依据表 3 - 2 中各区基础教育专任教师比的标准差和均值计算得出,JS 区基础
教育专任教师比的标准分数为 0.19。由数据分析得出,JS 区的基础教育专任教师比
高出均值 0.19 个标准差,与上海各区的基础教育专任教师的平均水平相接近,说明 JS
区的专任教师数量还有待提高。

表 3 - 2　各区基础教育专任教师比分析表

均值	N	标准差
0.7988	17	0.04843

师资队伍的均衡配置是基础教育均衡发展的本质要求,也是基础教育均衡发展的
关键组成部分,忽视师资队伍均衡配置将影响教育公平的实现,同时也会阻碍基础教
育均衡发展。基于上述分析,可以发现,JS 区教育的小班教学情况、专任教师数量等
处于上海各区基础教育发展的平均水平。JS 区政府应该在原有发展的基础上,增加
专任教师的数量,加大教师的培训力度,提高专任教师的质量,在小班教学的基础之上
实现学生个性全面发展。同时政府也应加大学校基础设施建设的投入,为学校的规模
发展提供有效物质基础。

(二)经费投入持续增加,均衡程度有待提升

JS 区 2014 年高中教育生均公用经费数为 3537.20 元,比上年的增长幅度为
1044.77 元;初中教育生均公用经费数为 7889.92 元,比上年的增长幅度为 3959.49
元;小学教育生均公用经费数为 5706.84 元,比上年的增长幅度为 2757.30 元。[①] 由上

---

① 上海市教育委员会.2015 上海教育年鉴[M].上海:上海人民出版社,2015.

述分析得出,JS区政府在基础教育阶段增强了投资力度,特别是初中教育阶段。由此,在分析家长对学校公共教育资源数量程度的认同上,69%的初中学生的家长认为资源比较充足,61%的小学学生的家长认为资源比较充足。区域政府应该均衡各级教育之间的公共资源投入力度,实现区域教育均衡发展。

(三) 教育环境持续优化,基础设施仍待升级

JS区基础教育的校均数＝基础教育的学生总数÷学校数＝$(23823+27670)/(30+31)=844.148$。由表3-3计算出的标准差和均值得出,JS区基础教育校均数的标准分数是0.22,JA区基础教育校均数的标准分数是-0.44,MH区基础教育校均数的标准分数是1.22。由上述分析得知,JS区基础教育校均数高于均值0.22个标准差,与均值水平相接近,同时比JA区基础教育校均数高,但低于MH区基础教育校均数。

表3-3　各区基础教育校均数分析表

均值	N	标准差
791.0985	17	243.86914

JS区中小学计算机生均拥有量＝$(5171+7366)/(23823+27670)=12537/51493=0.243$。由表3-4计算得出,JS区中小学计算机生均拥有量的标准分数是-0.74,说明JS区中小学计算机生均拥有量低于上海平均水平0.74个标准差。

表3-4　各区中小学计算机生均拥有量分析表

均值	N	标准差
0.3444	17	0.13617

JS区基础教育拥有校园网学校占学校总数的比例＝$(21+25)/(30+31)=46/61=0.754$。由表3-5分析得出,JS区的标准分数是$-0.66$。JS区拥有校园网学校占学校总数的比例低于均值0.66个标准差,由此看来JS区的学校网络普及率还不够,还需继续提高。

表3-5　各区校园网学校占学校总数比例分析表

均值	N	标准差
0.8348	17	0.12214

教育环境由显性环境和隐性环境构成。在评价显性环境过程中,通过测量区域学

校发展情况、班级开设情况以及学校校园网络利用情况进行分析。JS区区域内学校的整体发展数量接近平均水平,区域学校发展水平均衡,同时JS区政府根据JS区传统文化传承,如剪纸等传统文化工艺,建立特色学校,丰富学生学习生活,培养多方面人才。JS区在多媒体教室建设、机房数量增加以及计算机的更新维护方面投入了一定的经费,大力推进教师教学、学生学习的信息化建设。但是JS区区域内学校网络覆盖率还不够,还需要增加学校网络利用范围,实现网络化教学和校际间资源共享。

二、过程类、产出类指标:城乡趋于融合,二元矛盾突出

(一)教育治理能力:方式内容趋于多样化,民主性科学性有待提升

1. 决策咨询

题项"您知道教育行政部门采取了下列哪些形式听取意见和建议?"的回答情况如表3-6所示,67.0%的教师选"设立沟通信箱",46.7%的教师选"接待日",68.4%的教师选"个别座谈",66.0%的教师选"召开征求意见会",1.6%的教师选"其他"。

表3-6　教师对教育行政部门听取意见和建议的形式了解情况统计表

调查内容	选项	选中频率
教育行政部门听取意见和建议的形式	设立沟通信箱	67.0%
	接待日	46.7%
	个别座谈	68.4%
	召开征求意见会	66.0%
	其他	1.6%

题项"您认为教育行政部门在作出重大教育决策时,主要根据?"的回答情况如表3-7所示,87.9%的教师选"根据上级教育管理部门要求",25.1%的教师选"根据教育部门领导的个人经验和直觉",66.0%的教师选"基于数据进行研究并作出决策",60.7%的教师选"各个学校代表的协商",33.7%的教师选"主要听取社会的意见",0.5%的教师选"其他"。

JS区政府部门积极探索现代教育治理体系建设,致力于转变政府职能,梳理权力清单,充分发挥群众参与决策的积极性。调查结果表明,教师认为JS区教育行政部门通过设立沟通信箱、确立来访群众接待日、开展个别座谈、召开征求意见会等方式,积极听取来自群众的声音,在政策制定时充分考虑利益相关者的合法权益,做到"从群众

表 3-7　教师对教育行政部门作重大决策时的主要根据了解情况统计表

调查内容	选项	选中频率
教育行政部门在作出重大教育决策时的主要根据	根据上级教育管理部门要求	87.9%
	根据教育部门领导的个人经验和直觉	25.1%
	基于数据进行研究并作出决策	66.0%
	各个学校代表的协商	60.7%
	主要听取社会的意见	33.7%
	其他	0.5%

中来,到群众中去",努力做到在决策之前不脱离群众。此外,教师认为JS区政府在作出重大决策时,首先根据上级教育管理部门发布的相关政策文件,结合当地区域政治经济发展的特点,颁布具体的实施办法。区政府近几年着力健全教育决策机制,充分发挥JS区教育政策咨询委员会的作用,通过各个学校代表的协商沟通以及基于数据研究分析,加强决策咨询,完善决策程序,提高决策水平,增强教育决策的科学性、有效性。但是在听取社会群众或社会教育专家群体意见方面还有些欠缺。

题项"一般来说,学校平均多久召开一次教职工代表大会?"的统计分析结果如图3-1所示,53.72%的教师选"一学期一次(半年一次)",18.60%的教师选"半学期一次(三个月一次)",12.56%的教师选"一个月两次及以上"。学校教职工代表大会(简称"教代会")是教职工依法参与学校民主管理和监督的基本形式。学校充分发挥教职工代表大会的作用,在学校章程草案的制定和修订、学校发展规划、教职工队伍建设、教

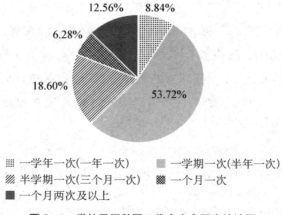

图 3-1　学校召开教职工代表大会频率统计图

育教学改革、校园建设以及其他重大改革和重大问题解决方案、学校财务工作、教职工福利、评议学校领导干部等方面积极听取教职工的建议和意见，激发了教职工参与治校的主人翁意识。近几年，JS区学校积极推进教职工代表大会相关工作，完善校务会、行政会、教代会等组织及运行机制，关注教师参与学校管理的主体作用。同时基于当下"互联网＋"的时代背景，学校可以利用信息技术支持教代会的发展，使教代会不受时间、地域限制，形成长期持久的共建共议环境，这样使教师有了更多的时间对重要议题进行深入思考，形成成熟想法，提高教代会的会议效率。

题项"学校征求意见的事项包括?"的统计分析结果如表3－8所示，78.6％的教师选"学校发展规划"；83.3％的教师选"学校各项规章制度"；48.6％的教师选"学校党政工团工作计划"；59.8％教师选"学校精神文明创建工作"；55.6％的教师选"有关人事调动、调整，干部的推荐、培养、使用和管理监督，干部培训、考核、任命、免职"；64.7％的教师选"教职工的福利、晋级晋职、评优选先"；43.3％的教师选"重大的经费开支、财务预决算、基建项目"；47.4％的教师选"政务公开工作"；52.1％的教师选"学校内部管理体制改革工作"。

表3－8　学校征求意见内容统计表

调查内容	选　项	选中频率
学校征求意见的事项	学校发展规划	78.6％
	学校各项规章制度	83.3％
	学校党政工团工作计划	48.6％
	学校精神文明创建工作	59.8％
	有关人事调动、调整，干部的推荐、培养、使用和管理监督，干部培训、考核、任命、免职	55.6％
	教职工的福利、晋级晋职、评优选先	64.7％
	重大的经费开支、财务预决算、基建项目	43.3％
	政务公开工作	47.4％
	学校内部管理体制改革工作	52.1％

题项"一般说来，学校平均多久召开一次家长代表座谈会?"的统计分析结果如图3－2所示，56.74％的教师选"一学期一次（半年一次）"，29.77％的教师选"半学期一次（三个月一次）"。

图 3-2　学校召开家长会频率统计图

题项"学校在作出重大教育决策时,主要根据?"的统计分析结果如表 3-9 所示, 90.5%的教师选"根据上级教育管理部门的要求",20.0%的教师选"根据校长的个人经验和直觉",60.2%的教师选"基于数据进行研究并作出决策",78.8%的教师选"主要听取教职员工代表大会的意见",42.6%的教师选"主要听取家长代表大会的意见", 0.7%的教师选"其他"。现阶段学校采用科学决策模式,基于大数据分析基础,结合学校自身发展特色,积极听取教职工代表大会的意见,实现优质发展。同时可以看出,JS 区政府在学校治理方面充分调动学校、教师参与的积极性,减少不必要的行政干预,落实学校办学自主权。基于"积极对接上海自贸区建设经验,大力推动制度创新和政府职能转变"的治理改革经验,JS 区政府在学校自主管理方面积极推进学区化办学,实现学校治理自主化,积极探索多种办学形式(委托管理式、多法人组合式、单一法人式等),形成多样化决策模式,促进优质生成、均衡发展。

表 3-9　教师对学校作重大教育决策的主要根据了解情况统计表

调查内容	选项	选中频率
学校在作出重大教育决策时的主要根据	根据上级教育管理部门要求	90.5%
	根据校长的个人经验和直觉	20.0%
	基于数据进行研究并作出决策	60.2%
	主要听取教职员工代表大会的意见	78.8%
	主要听取家长代表大会的意见	42.6%
	其他	0.7%

总体而言,JS区政府和学校在决策咨询方面的形式逐步实现多样化,但主要还是根据上级教育管理部门的要求,基于数据进行研究,或者由学校或老师组成的代表大会协商决策。因此,还应扩大征集社会其他领域信息的渠道和形式。学校会定期召开教职工代表大会,对学校的发展规划、规章制度、人事调动、文化建设等方面积极征求意见,但是对学校内部管理、财政问题等方面涉及仍然不足。学校可利用网络环境突破教代会参加条件,将参加人员突破本校的限制,扩大到整个区以及社会其他人员,利用匿名留言或其他的方式,使得教师敢于说实话。但政府和学校在决策时还有基于经验决策的现象。教育治理要求多元主体协同解决社会、国家发展过程中存在的问题,故教育制度安排要从根本上体现广大人民群众的意志和主体地位,要积极激励公众参与,促进公众利益的表达。

2. 协调运作

题项"教育行政部门与学校联系密切吗?"的统计分析结果如图 3-3 所示,61.63%的教师选择"联系较为频繁,但不是每天",25.12%的教师选择"联系不太频繁,主要通过特定的学校活动、社区活动联系"。

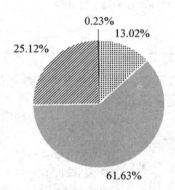

0.23%
13.02%
25.12%
61.63%

▦ 每天都联系　■ 联系较为频繁,但不是每天
▧ 联系不太频繁,主要通过特定的学校活动、社区活动联系
■ 从来没有联系

图 3-3　教育行政部门与学校联系的密切程度

题项"教育行政部门与学校的联系主要通过哪种形式?"的统计分析结果如表 3-10所示,69.5%的教师选择"由教育行政部门牵头,成立各个学校共同参与的协商沟通机构,各个学校参加并各指派一名联络员,以保持经常性联系";57.4%的教师选择"建立由教育行政人员及学校代表参加的联席会议制度,相互沟通情况,对各个阶段工作做

出安排";71.4%的教师选择"教育行政部门不定期组织教育行政人员进学校,开展学校调查、教育督导活动"。研究结果表明,JS区政府现阶段加大与学校联系的频率,构建多种交流模式,充分发挥政府在学校管理中的引导、监督、评价的作用,促进政府学校联合办教育,以使有限的教育资源得到最大程度的利用。JS区建立"四个一"的工作机制,实施挂牌督学机制;区政府通过"放"、"管"结合,激发各类教育主体的发展活力和创造力,同时加强督导室的建设,逐步建立并完善督导与执法有机联动机制,积极推进督导队伍和教育行政执法队伍建设有机结合。但是在建立多元主体参与督导机制、制定家长、社会公众和社会组织参与教育督导管理办法上还存在一些欠缺。

表 3-10 教师对教育行政部门与学校联系的主要形式了解情况统计表

调查内容	选 项	选中频率
教育行政部门与学校联系的主要形式	由教育行政部门牵头,成立各个学校共同参与的协商沟通机构,各个学校参加并各指派一名联络员,以保持经常性联系	69.5%
	建立由教育行政人员及学校代表参加的联席会议制度,相互沟通情况,对各个阶段工作做出安排	57.4%
	教育行政部门不定期组织教育行政人员进学校,开展学校调查、教育督导活动	71.4%
	其他	1.4%

题项"学校与家长、社区的联系密切吗?"的统计分析结果如图 3-4 所示,56.51%的教师选择"联系较为频繁,但不是每天"。

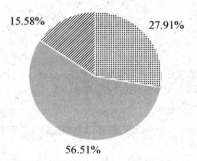

15.58%　27.91%

56.51%

▦ 每天都联系
▩ 联系较为频繁,但不是每天
▨ 联系不太频繁,主要通过特定的学校活动、社区活动联系

图 3-4 学校与家长、社区联系的密切程度

题项"学校与社区、家长的联系主要通过哪种形式?"的统计分析结果如图3-5所示,表明现阶段学校与家长和社区的联系主要是通过建立由社区、学校领导及家长代表参加的联席会议制度,相互通告情况,进而对各个阶段的工作做出安排。不过也存在社区相较于学校主动搭建桥梁积极性不高的问题。目前JS区政府积极发挥"JS区家庭教育促进会"等社会组织的作用,指导全区学校家委会的建设,开展形式多样的家庭教育活动,形成学校全方位、家长多层次参与、全社会共同支持的家校互动合作机制。另外,建立教师进社区制度,深入发掘社区教育资源;建立校外辅导员制度,选聘热心于少先队和共青团工作、有经验的人士担任校外辅导员。

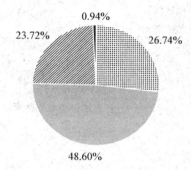

▓ 由社区牵头,成立社区、学校未成年人教育联系活动机构,双方领导参加并各指派一名联络人员,以保持经常性联系
▓ 建立由社区、学校领导及家长代表参加的联席会议制度,相互沟通情况,对各个阶段工作做出安排
▓ 学校不定期组织教师进社区,开展社会调查、家访以及未成年人心理咨询活动
■ 其他

图3-5 学校与社区、家长联系的主要形式

题项"教育行政部门主要通过哪些方式执行监督职能?"的统计分析结果如表3-11所示,72.8%的教师选择"督查校长及领导班子的在岗、出勤、听课、参与教研活动等情况";76.3%的教师选择"督查学校民主管理、校务公开的情况,了解学校重要或重大工作会办情况";64.4%的教师选择"督查学校教职工对校务公开满意度情况";有54.0%的教师选择"督查学校民主管理、民主理财情况";70.2%的教师选择"督查学校严格执行师德师风建设的八项规定,督查了解有无有偿家教、乱推销、乱收费等违规行为";59.5%教师选择"督查学校对上级工作布置的执行情况和传达学习上级会议精神情况"。教育行政部门在执行监督职能时扮演好上传下达的角色,落实好定期督导和专项教育督导工作。目前JS区教育行政部门主要是对学校领导班子的平时工

作情况、学校民主建设、上级政策的实施情况进行督查,同时听取教职工建议并对督查结果及时作出反馈。另外,在体制上尝试建立与教育行政部门并行的教育督导评估机构,健全学校自我评估制度,建立第三方评估制度。从数据分析结果看,当前教育行政部门在执行监督职能时,重督轻导,在指导性和服务性上尚没有充分体现。

表3-11 教师对教育行政部门执行监督职能的主要方式了解情况统计表

调查内容	选 项	选中频率
教育行政部门执行监督职能的主要方式	督查校长及领导班子的在岗、出勤、听课、参与教研活动等情况	72.8%
	督查学校民主管理、校务公开的情况,了解学校重要或重大工作会办情况	76.3%
	督查学校教职工对校务公开满意度情况	64.4%
	督查学校民主管理、民主理财情况	54.0%
	督查学校严格执行师德师风建设的八项规定,督查了解有无有偿家教、乱推销、乱收费等违规行为	70.2%
	督查学校对上级工作布置的执行情况和传达学习上级会议精神情况	59.5%

题项"学校主要通过哪些形式履行督导职责?"的统计分析结果表明,85.3%的教师选择"召开教师座谈会",87.9%的教师选择"到课堂听课",72.8%的教师选择"找学生或家长了解情况",78.4%的教师选择"督促处室、年级部和学科组抓好教育教学工作"。相较于教育行政部门的监督职能,学校通过多种形式,让学校督导人员深入教学一线工作,及时了解教师教育教学情况,聆听学生和家长的心声。督管和督教、督学是密切联系的,以督教为主导,督管是保证,督学是目的。JS区学校积极推进教育督导室建设,在较为完善的制度框架下,立体推动教育发展。

题项"家长、社区参与教育督导的方式主要有哪些?"的统计分析结果如表3-12所示,88.4%的教师选择"通过家长座谈会",72.6%的教师选择"到课堂听课",69.5%的教师选择"找学生、教师或学校管理人员了解情况",81.2%的教师选择"通过家长委员会或家长联盟等家长组织与学校、教育管理部门协商"。JS区学校定期召开家长座谈会,组织家长或社区代表到课堂听课,积极与家长组织协商沟通,以获得社会上更多的支持。同时JS区政府致力于建立多元主体参与督导机制,制定家长、社会公众和社会组织参与教育督导的管理办法,同时培育教育监测与评估的社会服务机构,引入竞争机制,购买高质量服务。

表 3-12　教师对家长、社区参与教育督导的主要方式了解情况统计表

调查内容	选　项	选中频率
家长、社区参与教育督导的主要方式	通过家长座谈会	88.4%
	到课堂听课	72.6%
	找学生、教师或学校管理人员了解情况	69.5%
	通过家长委员会或家长联盟等家长组织与学校、教育管理部门协商	81.2%

总体而言,JS区政府和学校能够定期组织共同交流方式,而且政府不定期组织行政人员进入学校调查、督导,并建立由政府代表、学校代表组成的联席会议制度,对学校的领导班子、民主管理及校务公开情况、学校纪律建设情况进行监督,不过对学校的财务监督涉及较少。另外,在体制上尝试建立与教育行政部门并行的教育督导评估机构,健全学校自我评估制度,建立第三方评估制度,同时重视督导人员引导作用。学校通过组织教师到课堂听课、召开教师座谈会,找学生或家长了解情况,督促处室、年级部的工作等形式履行督导职责;通过召开家长座谈会、组织家长到课堂听课等形式加强学校与家长的沟通联系。但是在建立多元主体参与督导机制,制定家长、社会公众和社会组织参与教育督导管理办法上还存在一些欠缺。JS区政府在区政治经济发展常规化的基础上培育教育监测与评估的社会服务机构,引入竞争机制,购买高质量的服务。同时由JS区教育局和办学实力较强的学校牵头,开展学区化办学,实现校际联盟,促进政府学校之间交流,实现优质学校集群式发展。针对社区相较于学校主动搭建桥梁积极性不高的问题,需要JS区政府部门采取激励措施,宣传"大家办教育"的思想,加强现代化教育理念宣传,发挥正确的舆论导向作用,努力形成全社会关心重视教育事业的氛围,为学生创造第二学堂。同时学校为获得社会、家长的支持,要对学校的办学特色加大宣传。

(二)教育制度创新:自主性多元性观念萌生,具体操作细节期待落地

题项"您认为您所在学校在办学体制上有哪些优势?"的调研结果表明,教师认为主要的优势是政策扶持力度大、教育资源集中,其次是学校有较多的办学自主权(财务、人事、课程设置等)以及学校引进了高水平师资,最后是学校能够吸引高质量生源。JS区政府积极转变政府职能,提升现代教育的治理能力;转变教育管理模式,推行管、办、评分立联动的机制,逐步减少不必要的行政干预,在加大政策扶持的基础之上,落实学校办学的自主权。JS区学校在办学体制的创新方面,大力创造学区品牌,这是一

种无形资产,为学区各学校带来了实质性的附加值,在引进优质师资方面形成一股引力。

题项"您认为您所在学校在办学体制上有哪些劣势?"的调研结果表明,教师认为学校在办学体制上存在的主要劣势是招生质量受限。JS区政府在学校发展方面,应将公共教育资源根据区域内学校发展情况实现均衡分配,实现各基础教育阶段学校均衡发展。只有当各学校实现均衡发展,学生家长的"择校热"才会有所降温。因此,JS区致力于学区化办学,强校带领弱校发展,推动教学水平整体推进,基于学区建设特色实现学校办学体制创新。

题项"您认为未来基础教育办学体制是否应走向多元化?"的调研结果表明,81.9%的教师认为"非常有必要,这是办学体制改革所趋",说明大多数教师对于学校办学体制改革保持积极的态度,同时认同其作用。教师在学校办学体制改革过程中是主要角色,他们作为学生学习的引导者,是学校办学体制改革顺利进行的推动者,是提高学校教育教学质量的践行者。调动教师改革的积极性是改革顺利推进的重要前提。根据题项"您是否经历了所在学校办学模式的转变?"回答情况的分析,60.9%的教师选择"没有"。同时对于题项"您认为哪种办学模式更有利于您自身的发展?",教师回答主要是"集团化办学模式"、"学区化办学模式"、"合作办学模式"。

根据表3-13和表3-14的数据分析结果,可以发现,教师对未来基础教育办学体制是否应走向多元化的看法与教师认为学校办学模式变革对日常教学工作的影响程度具有相关性,且为正相关,相关系数 $r=0.117$。这说明当学校老师受到学校办学模式变革的影响越大时,对于学校进行办学模式变革的肯定程度就越大。学校要想得到教师的支持,就应该在对学校办学模式进行宏观规划时充分考虑教师群体的相关利益,多方面考虑教师在学校的主体地位,分析学校办学模式变革对教师可能产生的影响。如学校在进行教师绩效工资改革时,不仅要考虑教师平时授课的数量、学生对教师教学效果的反馈情况,同时还要考虑教师在学校的教龄、对学校发展的贡献等因素,最大程度地保护教师的相关利益。

对于已经开展办学体制改革的学校,要对改革经验进行及时总结,并根据改革之初设立的改革目标制定改革评价标准,对改革的效果进行合理的评价。题项"您认为学校办学模式的转变给您带来了哪些影响?"的数据分析结果如表3-15所示,教师认为学校办学体制的转变对教师工作带来的影响主要是教学理念的变化。学校改革通常是先改革教学,从思想理念上改革原有的教学模式,探索提高教学效果的新形式,致

表 3-13 交叉分析表

		教师认为学校不同的办学模式对日常教育教学工作的影响程度				合计
		影响很大	有一定影响	影响较小	没有影响	
教师对未来基础教育办学体制是否应走向多元化的看法	非常有必要,这是办学体制改革所趋	76	214	46	16	352
	保持中立,维持现状	5	35	6	6	52
	无所谓,办学体制不影响日常工作教学	2	16	5	3	26
合计		83	265	57	25	430

表 3-14 对称度量表(相关分析)

		值	近似值 Sig.
按标量标定	φ	0.166	0.066
	Cramer 的 V	0.117	0.066
有效案例中的 N		430	

表 3-15 教师认为学校办学模式转变给其带来的影响统计表

调查内容	选项	选中频率
教师认为学校办学模式的转变给其带来的影响	管理模式的变化	57.7%
	教学理念的更新	83.7%
	自主设置教学课程	48.4%
	教学技术的更新和掌握	56.3%
	其他	0.5%

力于加强学生的学习主动性,提高学生学习效率是办学模式改革的最高追求。JS 区学校从学区发展特点出发,逐步推进教学理念改革。其次,教师认为办学体制改革对学校的管理模式、现代化教学技术的引进更新和相应的培训工作力度产生影响。第四次工业革命是基于互联网的革命,数据信息的爆炸使得学生不再是从教师这里单方面地获得知识,基于此学校办学体制改革势在必行。JS 区学校从学校的管理模式的重新思考到引进多媒体教室,考虑信息数量大爆炸以及技术改革对原有学校办学体制的挑战。学校定期组织教师学习多媒体技术,展开观摩教学,提高教师的教育技术能力,

但同时也应该建立相应的评价模式以及反馈机制，以评估培训效果并及时反馈。JS区学校办学体制改革还需要政府给予更多的自主权，使学校可以根据本校的学校文化建设自主设置特色课程，促使学生全面发展。除了特色课程设置外，政府更应该在学校整体管理和发展上，转变以往由政府下发文件、学校去执行的关系，更多地发挥支持作用，引导学校自主发展。

总体而言，JS区学校办学自主权、办学体制多元化意识逐步加强。目前JS区学校办学政策扶持力度大、教育资源集中，但学校办学自主权（财务、人事、课程设置等）以及学校引进的高水平师资等方面还有不足，需要政府加大关注力度。学校办学体制的劣势主要在于招生质量受限。在学校发展方面，政府应将公共教育资源根据区域内学校发展情况实现均衡分配，实现各基础教育阶段学校均衡发展。教师在学校办学体制改革中的参与度还不够，同时学校办学体制改革主要涉及教学理念的更新，在教师教学自主权建设方面涉及仍然不够。学校领导在初步决策时可以选择参与性决策，明确参与的目的与作用，同时也要注意到非正式组织在学校变革中的作用，利用"走访管理"来多方面收集教师的建议。在大部分教师认识到学校办学体制多元性趋势的前提下，加大学校办学自主权以及教师组织教学、参与学校管理的权利是推进学校办学体制创新的关键所在。根据分析，教师对学校变革的认可程度与教师参与程度呈正相关，所以学校要重视教师在学校变革中的参与程度。

（三）教育质量：家长总体满意度高，不同学校间差异明显

基于对家长回答情况的分析，题项"您对学校教师的教育教学能力和水平感到"的调研结果如图3-6所示，题项"您对您孩子的老师的教育教学水平感到"的调研结果

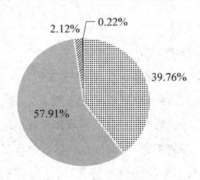

图3-6　家长对学校教师教育教学能力和水平的满意程度

如图 3－7 所示。家长对于目前老师的教育教学整体水平是基本满意的,说明家长对子女所在学校的整体教育教学状况是基本满意的。关于学生家长对学校总体工作的评价,除对学校教师教育教学水平的评价以外,还主要从以下几个维度展开(基于学生家长对问卷的回答情况):学校教学设施设备质量(63.9％的家长选择基本满意,33.6％家长选择非常满意);学校基础设施条件(65.3％家长选择基本满意,31.8％家长选择非常满意);学校班主任与家长的联系和沟通程度(60％的家长选择非常满意,37.8％的家长选择基本满意)。

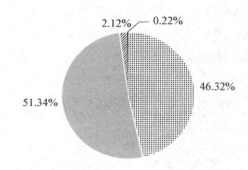

图 3－7 家长对其孩子的老师的教育教学水平的满意程度

表 3－16 显示,家长对学校教师教育教学能力和水平的满意程度与其子女的学校所在区域公共教育资源的充足程度具有相关性,且为正相关。公共教育资源量的充足在一定程度上可以促进学校教师教育教学能力的提高,对教师的教育教学起到一定的辅助作用。学校应该及时改善学校教师的备课、上课环境,尽最大的努力提升教师的

表 3－16 相关分析表

		家长对其子女学校所在区域的公共教育资源充足情况的满意程度	家长对学校教师教育教学能力和水平的满意程度
家长对其子女学校所在区域的公共教育资源充足情况的满意程度	Pearson 相关性	1	0.561**
	显著性(双侧)		0.000
	N	1796	1796
家长对学校教师教育教学能力和水平的满意程度	Pearson 相关性	0.561**	1
	显著性(双侧)	0.000	
	N	1796	1796

注: ** 表明在 0.01 水平(双侧)上显著相关。

教育教学水平。同时也要加强对教师的培训,使有限的资源发挥最大作用,提高资源利用率。

　　题项"您对学校总体工作的满意程度是"的数据分析结果如图3-8所示,57.85%的家长选择基本满意,40.65%的家长选择非常满意。家长满意度是一种主观心理感受,影响家长满意度的因素来自社会、政策、学校、个人等层面。家长对于当前JS区学校的整体工作情况是基本满意的,学校在硬件设施建设方面投入了大量的财政资金,同时逐步意识到社会群体参与学生教育教学过程的重要性,特别是学生家长在学生学习生活中的重要地位。区域内学校逐步加强班主任与家长的沟通力度,做到家校联合,共同为学生创造良好的学习氛围。同时学校为学生提供丰富的学习生活体验,提供多样化的可选择的活动。根据以往的调查结果,家长参与学校管理的程度越高,家长对教育改革和发展的总体水平的满意程度就越高。JS区政府以及学校应更多倾听家长的声音,让家长参与教育教学改革的评价,参与学校课程的开发和管理。

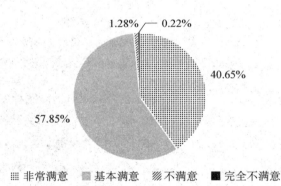

1.28%　0.22%

40.65%

57.85%

▦ 非常满意　▨ 基本满意　▨ 不满意　■ 完全不满意

图3-8　家长对学校总体工作的满意程度

　　基于相关分析表(如表3-17所示),可以发现,学生家长对学校总体工作的满意程度和学校班主任与家长的联系频率、质量具有相关性,且呈正相关。班主任与家长之间的及时沟通可以激发家长参与学生学校学习的积极性,同时也会使家长具有参与感。班主任与家长的沟通已经成为家长对学校总体满意程度的关键点。故为了提高家长的满意程度,学校应该定期召开家长会,鼓励班主任与家长多交流。同时班主任也要增强与家长交流的意识,注意自己的言行,避免与家长在沟通过程中由于行为与举止的过失,使交流效果适得其反。

表 3 - 17　相关分析表

		学校班主任与家长的 联系频率、质量	学生家长对学校总体 工作的满意程度
学校班主任与家长的联系频率、质量	Pearson 相关性	1	0.603**
	显著性（双侧）		0.000
	N	1796	1796
学生家长对学校总体工作的满意程度	Pearson 相关性	0.603**	1
	显著性（双侧）	0.000	
	N	1796	1796

注：** 表明在 0.01 水平（双侧）上显著相关。

　　题项"您认为您的子女所就读的学校与同类学校相比有哪些不足之处？"的调研结果如表 3 - 18 所示，26.5% 的家长选择"学校的教学质量"，32.5% 的家长选择"学校的设施与环境"，22.3% 的家长选择"教师教学水平"，26.4% 的家长选择"学校的管理模式"，39.2% 的家长选择"不了解"，5.8% 的家长选择"其他"。基于家长对相应选项的选择比例，可以看出，家长在比较自己孩子就读学校与其他学校时，主要考虑学校的硬件设施建设和学校的物理环境以及文化环境建设。JS 区为缩小各学校之间的差距，已进行了一些实践探索。比如 JS 区学校通过学区化办学实现骨干教师流动，按照"总量不变、结构合理、促进均衡、盘活优化"的原则，探索建立"骨干教师流动蓄水池"，盘活学区内骨干教师资源。另外，JS 区各学校之间的教学质量和管理模式差距逐步减少，同时各学校教师的教育教学水平逐步实现均等化，说明 JS 区政府积极推进教师柔性流动、学科基地建设、联校教研开展、特需教师配送等工作，鼓励骨干教师由优质校流向一般校，实现教育教学经验的有效沟通。但分析结果也说明，区域教育部门在

表 3 - 18　家长认为其子女所就读学校与同类学校相比存在的不足之处统计表

调查内容	选　项	选中频率
家长认为其子女所就读的学校与同类学校相比存在的不足之处	学校的教学质量	26.5%
	学校的设施与环境	32.5%
	教师教学水平	22.3%
	学校的管理模式	26.4%
	不了解	39.2%
	其他	5.8%

公共教育资源配置方面还没有完全达到公平性要求,各学校自身对获得资源的配置也不尽相同。同时,有一部分家长对于各学校之间在各方面的差距不了解,这在一定程度上说明区域内各学校建设情况的公开透明程度不够。

学生家长的满意度是评价学校总体工作情况的一个基本标准。根据调查,学生家长对于学校教师的教育教学能力和水平基本满意,这与家长对学校总体工作满意程度呈正相关。学校应该及时改善学校教师的备课、上课环境,尽最大的努力提升教师的教育教学水平。同时也要加强对教师的培训,使有限的资源发挥最大作用,提高资源利用率。另外,学生家长对学校总体工作的满意程度和学校班主任与家长的联系频率与质量呈正相关。为了提高家长的满意程度,学校应该定期召开家长会,鼓励班主任与家长多交流。家长认为同级学校的差距主要体现在学校的教学质量、学校的设施与环境、教师教学水平、学校的管理模式等方面。整体而言,当前 JS 区学校总体建设情况良好。

(四) 教育均衡:"硬实力"趋于均衡,"软实力"仍需提升

1. 公共教育资源的配置

题项"您子女的学校所在区域的公共教育资源充足吗?"的数据分析结果如图 3-9 所示,66.04% 的家长认为比较充足,说明家长对于当前 JS 区教育行政部门所分配的公共教育资源的整体数量是较为满意的。

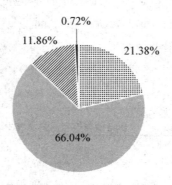

0.72%

11.86%

21.38%

66.04%

▥ 非常充足　▦ 比较充足　▨ 不太充足　■ 不充足

图 3-9　家长认为子女就读学校所在区域公共教育资源的充足情况

由表 3-19 可知,小学学生家长和初中学生家长中分别有 88% 和 87% 的家长认为其孩子学校所在区域的公共教育资源较为充足。因此,在家长看来,目前小学阶段和初中阶段的公共教育资源分配相对均衡。

表 3-19　不同学段学生家长认为其子女学校所在区域公共教育资源的充足情况分析表

		家长认为其子女学校所在区域公共教育资源的充足情况								合计
		非常充足		比较充足		不太充足		不充足		
		个数	百分比	个数	百分比	个数	百分比	个数	百分比	
家长孩子所在的学龄段	小学	188	27%	429	61%	79	11%	7	0.9%	703
	初中	196	18%	756	69%	133	12%	6	0.5%	1091
	高中	0	0	1	50%	1	50%	0	0	2
合计		384		1186		213		13		1796

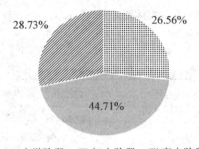

28.73%　26.56%
44.71%

▦ 小学阶段　■ 初中阶段　▨ 高中阶段

图 3-10　家长对各阶段公共教育资源配置差距的认识情况统计图

题项"您认为在下面哪个阶段公共教育资源配置的差距最大?"的数据分析结果如图 3-10 所示,44.71%的家长选择了初中阶段。家长的反馈一方面说明初中阶段是引导学生个性成长并促进其发展的关键时期,家长非常希望自己的孩子在这个阶段能够得到充分支持。另一方面,教育公平是社会公平的基础,具有起点公平的重要意义,JS 区政府应推动教育资源均衡发展,努力缩小学校与学校、城郊与城区之间的差距,让每一个孩子享受到优质教育。为了加强基础教育的发展,JS 区政府加大了对区域学校的财政投入力度,但是可能在初中阶段的学校间、年级间的资源分配指导程度还不够。具体可以从以下三个方面进行指导:一是在硬件方面推进均衡发展,例如启动建设新校区,协助每个学区改善办学条件等;二是在师资方面推进均衡发展,例如由骨干教师领头,带领教师进行科研学习,学区内优秀教师结对帮扶等;三是在就近入学方面推进均衡发展,严格执行义务教育阶段的就近入学原则。

题项"您认为公共教育资源配置的差异主要体现在"的调研结果如表 3-20 所示,"师资力量不平衡"的选中率是 61.3%,"教学设施差距大"的选中率是 30.9%,"地区录取分数线差异导致的入学差异"的选中率是 52.0%,"高收费导致的择校问题"选中率是 19.3,"其他"的选中率是 25.6%。由选项的选中率分析得出,在家长看来,学校师资力量不平衡是公共教育资源配置不均衡的主要表现。教师的职业理想、教育观念、专业知识、专业能力和教学行为对区域间的师资队伍的质量有着一定的影响,而学校间师资力量的差异性,对保证学生的教育公平具有较大的影响。因此,区域教育行政部门在加强地方学校建设投资力度的同时，对于教师培训的制度建设、学校间优秀教师经验交流引导等方面的关注力度还有待提高。同时，学校管理层人员对于教师培训过程的监督、培训结果评价分析的反馈力度尚需提高。此外，也有半数左右家长认为教育公共资源配置不均衡体现在地区录取分数线差异导致的入学差异方面。因为地区录取分数线差异导致学校招收学生的质量不同，所以为了追求较高的升学率，区域政府的教育部门以及其他相关部门在公共教育资源配置上会对区域"重点"学校有所倾斜。家长的反馈还说明区域政府采取的措施比较有效，比如对于学校收费情况的控制力度较大，对于学校的硬件设施建设的要求、建设过程监督等已形成较为具体的制度性说明，同时学校也重视本校的硬件建设水平，例如多媒体教室建设、体育馆实验室建设等。

表 3-20 家长对公共教育资源配置差异的体现形式的了解情况统计表

调 查 内 容	选 项	选中频率
家长对公共教育资源配置差异的体现形式的了解情况	师资力量不平衡	61.3%
	教学设施差距大	30.9%
	地区录取分数差异导致的入学差异	52.0%
	高收费导致的择校问题	19.3%
	其他	25.6%

　　题项"您认为影响区域公共教育资源配置公平的主要因素是什么?"的分析情况如表 3-21 所示，"学校录取制度不公平"的选中率是 31.8%，"基础教育发展不平衡"的选中率是 57.2%，"区域经济发展不平衡"的选中率是 55.5%，"教育乱收费"的选中率是 4.7%，"其他"的选中率是 25.1%。学生家长认为影响区域公共教育资源配置公平的主要因素是基础教育发展不平衡和区域经济发展不平衡。基础教育发展不平衡导

表 3-21 家长对影响区域公共教育资源配置公平的主要因素了解情况统计表

调 查 内 容	选 项	选中频率
家长对影响区域公共教育资源配置公平的主要因素的了解情况	学校录取制度不公平	31.8%
	基础教育发展不平衡	57.2%
	区域经济发展不平衡	55.5%
	教育乱收费	4.7%
	其他	25.1%

致区域政府部门在教育资源配置方面有所倾斜,为获得较高的学生入学率,教育行政部门对公共资源在学校间、各年级间的分配上将向升学率较高的学校及年级倾斜。与社会其他领域相比,在教育领域,相同的公共资源投入得到效果的速度较慢,持续性较低,同时效果保持的稳定性较差,故区域经济发展的差异性在很大程度上影响着政府公共资源被分配到教育领域中的比例。

题项"您认为教育资源配置不公平对学生的哪些方面产生影响?"的数据分析结果如表3-22所示,"学习能力"的选中率是74.9%,"道德品质"的选中率是45.4%,"社会交往"的选中率59.0%,"心理健康"的选中率是58.5%,"其他"的选中率是17.0%。结果表明,在家长看来,教育资源配置的不公平对学生学习能力的影响最大。硬件设备质量的高低对于学生的学习能力具有较强的辅助引导作用,同时教育资源配置在教师职业发展和教师职后培训的投资力度的高低影响着教师对学生学习能力提高和发展的支持力度。教育资源配置不公平同时也会在另一方面影响着各学校或各年级在整个区域的教育领域所占有的地位,进而影响学校间或年级间学生的交流主动性以及自身交往的心态。学生的心理健康和道德品质在一定程度上也受教育资源配置的影响。例如在开设心理健康咨询和道德品质引导课程方面以及具体实施情况监督方面,学校对所获得的有限的政府部门分配的教育财政经费进行再分配时,在保证学生学业水平稳步提升的基础之上,将其余教育财政经费用到该方面的比例很大程度上受教育资源配置的影响。

表3-22　家长认为教育资源配置不公平对学生的影响统计表

调查内容	选项	选中频率
家长认为教育资源配置不公平对学生产生的主要影响	学习能力	74.9%
	道德品质	45.4%
	社会交往	59.0%
	心理健康	58.5%
	其他	17.0%

研究结果表明,家长对于公共教育资源配置的关注程度逐步提高,但区域内公共教育资源配置公平性还存在较多的问题。家长认为,在基础教育阶段,公共教育资源配置主要倾向于初中阶段,同时初中阶段各学校配置差距较大。区政府部门在资源配置方面应加大对小学阶段学校建设投入,在硬件、师资等方面推进均衡发展,严格执行

义务教育阶段的就近入学原则。家长认为教育资源配置的差异主要体现在师资力量不平衡上。区域教育政府部门在加强地方学校建设投资力度的同时,对于教师培训的制度建设、学校间优秀教师经验交流引导等方面的关注力度还有待提高,并且政府要加大对学校教师交流沟通过程推进情况的关注。同时,学校管理层人员对于教师培训过程的监督、培训结果评价分析的反馈力度尚需提高。家长认为影响区域公共教育资源配置公平性的主要因素是基础教育发展不平衡以及区域经济发展不平衡,而且配置不公平会对学生的学习能力、社会交往、心理健康、道德品质产生影响。

2. 随迁子女的教育成长

题项"您认为当前随迁子女在城市学校上学面临的问题有哪些?"的统计分析结果如表3-23所示,26.4%的家长选择"公办学校高昂的借读费用",50.0%的家长选择"随迁子女学校教学条件较差",23.3%的家长选择"受到其他学生的歧视和排挤",39.3%的家长选择"教育政策的不公平性",66.8%的家长选择"户籍问题难以解决"。我国为打破社会结构的二元性问题,积极推进城乡一体化建设,促使越来越多的农村年轻人选择到城市打工,同时带动部分适龄儿童进入城市学校就读。面对随迁子女这一庞大又特殊的社会群体,JS区政府积极筹措教育经费建设随迁子女学校,但是在资金投入和具体使用监管方面的力度尚还不够,与其他公办和民办学校教学条件相比还有一定的差距。同时对于外来随迁子女的户籍问题,按照相关政策规定,随迁子女在九年义务教育完成后必须回原籍升学,这对于很多随迁子女而言初中毕业就意味着辍学。JS区政府在解决该问题上还缺乏相应的制度支持,使随迁子女难以充分享受受教育权利。面对这一相对弱势的社会群体,区政府部门在公共教育资源配置上的倾斜力度还不够,同时在同等群体中的宣传力度上还有待加强,尽可能避免让随迁子女的心理健康受到影响。

表3-23　家长认为当前随迁子女在城市学校上学所面临的问题统计表

调查内容	选项	选中频率
家长认为当前随迁子女在城市学校上学面临的问题	公办学校高昂的借读费用	26.4%
	随迁子女学校教学条件较差	50.0%
	受到其他学生的歧视和排挤	23.3%
	教育政策的不公平	39.3%
	户籍问题难以解决	66.8%

题项"您认为应该怎样解决目前随迁子女的教育问题?"的统计分析结果如表3-24所示,71.9%的家长选择"在学习生活中给予更多平等对待",32.1%家长选择"尽量满足基本物质需求",56.6%的家长选择"给予更多精神上的支持和关怀",60.4%的家长选择"结对帮扶,尽可能多地进行沟通交流"。学生家长更希望随迁子女获得更多精神上的支持与帮助,加强沟通,实现一对一帮扶,有针对性地解决随迁子女学习生活上的问题。JS区政府部门在制定相关政策时,应特别关注该群体的特殊性,在部分政策上有所倾斜,以逐步实现实质意义上的教育公平。同时各学校对随迁子女的关注程度还不够,应在对教师进行专业培训时增加关于该群体学生健康发展的宣传,使得教师在学习生活中给予更多平等对待。此外,改变公共教育资源的传统配置路径,通过引入基于随迁子女平等受教育权利的非竞争性配置环节,使学校由原来从政府手中对公共教育资源配置进行竞争转变为通过吸引随迁子女实现间接竞争力。同时,建立与随迁子女流入地教育相适应的学校,公办教育资源不足就由民办教育来弥补。由于随迁子女大多集中在城乡接合部,因此人满为患的公办学校要在资源配置过程中有所倾斜。还可以建立"义务教育登记卡",跟随学生"五证"为子女提供入学依据;建立随迁子女教育认同机制,使随迁子女真正融入流入地的生活。

表3-24　家长认为解决目前随迁子女教育问题的措施统计表

调查内容	选项	选中频率
家长认为解决目前随迁子女教育问题的措施	在学习生活中给予更多平等对待	71.9%
	尽量满足基本物质需求	32.1%
	给予更多精神上的支持和关怀	56.6%
	结对帮扶,尽可能多地进行沟通交流	60.4%

题项"你的父母或家人平时会辅导你的学习吗?"的统计分析情况如图3-11所示,只有38.68%的学生选择"经常辅导",36.69%的学生选择"有时辅导"。这说明家长对于学生学习的关注度还不够高。家长对学生学习的辅导情况体现出人们对目前教育目标的理解以及当前经济的发展状况,同时表明家庭教育具有个体性、针对性和细致性。目前大多数进城务工人员对于自己的孩子缺乏关注,表现为行为倾向和学校教育规范、诉求不一致,特别是针对完成学业、培养学习习惯以及荣誉感等方面,缺乏干预性教育行为。另外还表现为与子女缺少亲情沟通,家庭教育投入实用性较强,教育方式缺乏民主等。在解决策略上,学校单向开展家庭教育指导的做法居多,而通过

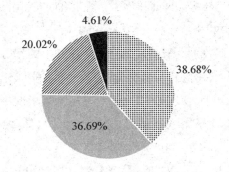

4.61%

20.02%

38.68%

36.69%

▦ 经常辅导　▦ 有时辅导　▨ 很少辅导　■ 从不辅导

图 3 - 11　学生父母或家人辅导其学习的频率统计图

家校合作制度设计进行双向互动的较少。构建学校、家庭、社会紧密协作的教育网络也需要政府作出相应努力。JS 区政府目前在大多数情况下只重视学校,对家庭教育的重视程度还不够,应根据区域经济发展状况建立家长学校,同时做好指导工作,可以设立专门的指导中心,建立经费保障机制,向参加家长学校的家长适当收费,鼓励社会赞助。教育行政部门也要制定相关政策,取消随迁子女在城市就读的"借读费"以及其他各类不合理收费项目,防止增加随迁负担。除了学校、政府、社会作出努力以外,家长自身也要提高教育意识。应与子女就读学校的老师结成对子,经常性地向老师了解子女的学习情况,把自己对子女的关心和希望通过老师转告给自己的子女。

题项"你觉得在学校接受教育时受到了不公平的对待?"的统计分析结果如图 3 - 12 所示,11.69%的学生选择"非常符合",14.18%的学生选择"比较符合",61.44%的学生选择"不符合"。JS 区政府在随迁子女入学机会方面作了很多努力,降低门槛限制,但是部分学校还存在入学手续繁杂的问题。JS 区政府应切实推进就近入学政策的实施,对学校就近入学情况进行评估,对现阶段接收随迁子女的学校进行软硬件改造支持,充实师资力量,同时建立责任追究制度,对学校接收随迁子女情况进行督查。此外,政府可以根据区经济发展情况,建立和完善随迁子女教育运行机制,首先可以建立随迁子女义务教育经费的分担机制,其次明确随迁子女输出地与输入地的教育的责任。《国家中长期教育改革和发展规划纲要(2010—2020 年)》规定,让所有的孩子享受教育是政府应履行的责任,因此此政府要切实地将随迁子女教育纳入区教育发展的总体规划。制定随迁子女教育近期和中期发展的目标和措施,把随迁子女教育从自发的发展转为井然有序的发展。不仅要让随迁子女在物质上获得公平的教育资源,而且在精神上也得到关注和重视,让他们获得"认同感"。如果随迁子女的城镇教育认同感出现问题且得不到妥善解决,则会很容易出现"认同危机",这样可能会给JS区的城镇化建设发展带来阻碍,故应建立和完善随迁子女的教育认同机制。还有,建立和完善随迁子女的教育保证机制,主要包括保障随迁子女的合法的受教育权益,保障随迁子女的教育经费。

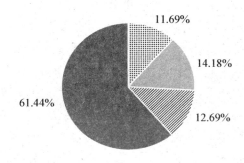

图 3－12　学生对在学校接受教育时受到不公平对待的认同程度统计图

题项"在学校中,你的老师会对你给予更多的关注?"的分析结果表明,39.3%的学生选择"非常符合",41.9%的学生选择"比较符合"。题项"当你取得进步的时候,老师会经常表扬你?"的分析结果表明,有57.6%的学生选择"非常符合",35.5%的学生选择"比较符合"。题项"在课下,你的老师会主动了解你的想法和需求?"的分析结果表明,36.3%的学生选择"非常符合",42.2%的学生选择"比较符合"。题项"当你在学习和生活上有困难时,老师会对你进行帮助?"的分析结果表明,62.3%的学生选择"非常符合",32.2%的学生选择"比较符合"。这些结果说明教师对于学生(包括随迁子女)的学习关心程度不断提高,对于学生学习生活中的困难及时给予帮助,同时也表明政府的宣传工作做得及时且有力。调查发现,不少随迁子女感觉到自己与城市学子的差别,并感受到这种差别在城市壁垒前难以逾越,他们开始出现自卑、自闭、压抑、敏感、脆弱、受不了批评等心理特征。如果不对他们进行真正有效的教育,那么将对社会产生负面影响。建立和完善随迁子女教育认同机制,让随迁子女真正地融入城镇生活,是非常必要的。教师的及时关心会激发学生的学习动机,鼓励学生产生学习兴趣,并引导学生积极主动地学习。得到教师关注、信任的学生,会感到自己是有尊严、有人格的人,在潜移默化当中增强了自信心,并且得到了前行的动力。因此,学校可以通过教师职工代表大会将关心每一个学生(特别是随迁子女)的教育思想传递给教师,并建立相应的精神奖励或物质奖励机制,对表现良好的教师及时给予奖励,以起到激励作用。

由表3-25(老师给予学生关注度与教师在学生取得进步时是否经常进行表扬的相关分析表)得出,学生认为老师表扬学生的频率与教师对学生的关注程度呈相关性,且是正相关。当教师经常关注学生的成长学习过程时,能及时地发现学生的进步,并及时地鼓舞学生,增强学生的自信心,使学生获得存在感。特别是随迁子女,在融入流入地生活的过程中,教师的及时关注会有效地减少他们与普通同学之间的隔阂。同时学生对于自身是否得到不公平的对待与教师在学生进步时是否予以表扬、课下教师是否主动了解学生想法以及教师是否在学生学习和生活上有困难时给予帮助之间具有相关性,且为负相关(如表3-26所示)。这说明教师对学生的关心程度越高,学生越不会认为自己受到了不公平对待,即对教育公平程度越认可。

表3-25 相关分析表

		在学校中,老师是否给予学生更多的关注	教师在学生取得进步时是否会经常予以表扬
在学校中,老师是否给予学生更多的关注	Pearson 相关性	1	0.494**
	显著性(双侧)		0.000
	N	804	804
教师在学生取得进步时是否会经常予以表扬	Pearson 相关性	0.494**	1
	显著性(双侧)	0.000	
	N	804	804

注:** 表明在 0.01 水平(双侧)上显著相关。

表3-26 相关分析表

		学生是否觉得在学校接受教育时受到了不公平对待
教师在学生取得进步时是否会经常进行表扬	Pearson 相关性	−0.054
	显著性(双侧)	0.124
	N	804
教师在课下是否会主动了解学生的想法和需要	Pearson 相关性	−0.071*
	显著性(双侧)	0.045
	N	804

		学生是否觉得在学校接受教育时受到了不公平对待
教师是否在学生学习和生活上有困难时进行帮助	Pearson 相关性	－0.131**
	显著性（双侧）	0.000
	N	804

注：* 表明在 0.05 水平（双侧）上显著相关，** 表明在 0.01 水平（双侧）上显著相关。

随迁子女的教育问题是当前社会、政府、学校、家庭关注的焦点。经过调查，目前随迁子女上学最主要的问题是户籍问题难以解决、随迁子女学校教学条件较差、教育政策不公平、高昂借读费以及受到其他学生的歧视和排挤等。构建学校、家庭、社会紧密协作的教育网络需要政府作出相应努力，政府应采取结对帮扶，给予随迁子女精神和物质上的帮助，以平等的观念对待他们，使他们享受到同等待遇；根据区域经济发展状况建立家长学校，同时做好指导工作，可以设立专门的指导中心，建立经费保障机制。教育行政部门还应制定相关政策，取消随迁子女在城市就读的"借读费"以及其他各类不合理收费项目，防止增加随迁负担。此外，目前学校老师对于随迁子女的关注度还不够，学校要加强制度牵制作用，在教师中加大关于促使该群体学生健康发展的宣传力度，使教师在学习生活中给予更多平等对待，保障随迁子女的心理健康发展。还有，建立与随迁子女流入地教育特征相适应的学校，可将推动民办教育建设作为公办教育资源不足的解决方式之一。学生自身的公平性体验与教师课下对学生想法和需要的关心及相应帮助具有相关性。若教师给予的关心与帮助越多，学生的公平性体验越强；反之，若教师给予的关心与帮助越少，学生的公平性体验越弱。这说明随迁子女对于教育公平程度的认可与教师的关心程度呈正相关，所以增加教师的关心程度是推进教育公平的关键途径。

第三节　经验总结及未来展望

JS 区硬性指标分析结果表明，JS 区虽在经费方面已有较多增长，但 JS 区基础教育的生师比低于平均水平 0.09 个标准差，说明师资力量仍需进一步完善与建设。JS 区基础教育拥有校园网学校占学校总数的比例低于平均水平 0.66 个标准差，因此 JS 区基础教育拥有校园网的学校比例还需进一步提升。

决策咨询调研结果表明，JS 区决策咨询方式与内容多样化，但决策咨询的民主性与科学性仍需进一步提升。根据上级教育管理部门要求、基于数据进行研究并作出决策、各个学校代表的协商等方面是教育行政部分作出重大教育决策的主要依据，在听取社会意见方面还存在改善空间。根据上级教育管理部门要求、听取教职员工代表大会的意见、基于数据进行研究并作出决策、听取家长代表大会的意见是学校作出重大教育决策的主要依据，然而也存在学校根据校长的个人经验和直觉进行决策的现象。

协调运作调研结果表明，JS区已形成教育行政部门、学校、家庭与社区协调运作的教育治理格局。区域学校基本能保证一学期至少召开一次教职员工代表大会，基本能保证一学期至少召开一次家长代表座谈会。教育行政部门不定期地组织教育行政人员进学校开展学校调查及督导活动、由教育行政部门牵头成立各个学校共同参与的协商沟通机构成为教育行政部门与学校联系的主要形式。建立由社区、学校领导及家长代表参加的联席会议制度并相互沟通情况成为学校与社区、家长联系的主要形式。

办学体制创新调研结果表明，扩大办学自主权、办学体制的多元化发展成为学校办学体制的重要关注点。政策扶持力度大、教育资源集中成为学校办学体制的主要优势，生源质量受限及缺少办学自主权（财务、人事、课程设置等）成为学校办学体制的主要劣势。大部分教师认为，未来基础教育办学体制走向多元化是非常有必要的，且是办学体制改革所趋。由此可见，在财务、人事、课程设置等方面扩大学校办学自主权，提高生源质量，推进办学体制的多元化发展，是推动当前区域办学体制创新发展的关键所在。

各级教育的家长满意度调研结果表明，家庭教育与家校沟通已成为家长衡量学校办学的重要参考点。多数家长对学校总体工作感觉满意，家长普遍意识到家庭教育的重要意义。当前JS区公共教育资源建设已取得较大进展，只有少数家长认为子女就读学校所在区域的公共教育资源并不充足，超过95%的家长对学校的教学设施设备的质量感到满意。在家校沟通方面，超过97%的家长对学校班主任与家长的联系和沟通感到满意，且学校班主任与家长联系和沟通的满意度、学校总体工作满意度这二者之间存在显著的正相关性，说明家校沟通是家长衡量学校工作实效的重要关注点。

公共教育资源配置的调研结果表明，JS区在公共教育资源配置方面还存在较多问题，较多家长认为初中阶段公共教育资源配置的差距最大。在家长看来，教育公共资源配置的差异主要体现在师资力量不平衡、地区录取分数差异导致的入学差异、教学设施差距大三个方面，影响区域公共教育资源配置公平的主要因素是基础教育发展不平衡和区域经济发展不平衡。家长认为子女就读学校所在区域公共教育资源的充足程度与家长对学校教师教育教学能力和水平的满意度之间存在显著的正相关,因此可将学校教师教育教学能力和水平作为区域公共教育资源建设的重要关注点。

随迁子女的教育成长调研结果表明,亟需给予随迁子女更多的教育投入与精神关怀。鉴于所调研区域为上海 JS 区,随迁子女主要为进城务工人员随迁子女。当前随迁子女在城市就读面临的主要问题为户籍问题难以解决和随迁子女学校教学条件较差。多数随迁子女表示得到了足够的教师关注,且在取得进步时经常受到表扬,在课下教师会主动了解其想法和需要。此外,学生对教育不公平的认同程度与教师对学生需要的了解程度、教师对学生生活的关怀程度存在显著的负相关。换句话说,教师对学生需要的了解程度与教师对学生生活的关怀程度越高,学生就越认同教育的公平性,即对教育不公平的认同程度越低。因此,为解决目前随迁子女的教育问题,学校与教师给予随迁子女更多精神上的支持和关怀极为重要。

第四章 MH区：信息化超越的新典范

第一节 MH区教育竞争力扫描

一、教育区情

MH区位于上海市地域腹部,东与徐汇区、浦东新区相接;南靠黄浦江与奉贤区相望;西与松江区、青浦区接壤;北与长宁区、嘉定区毗邻。区域面积近372.56平方公里,现有9个镇、4个街道、1个市级工业区。至2016年底,全区常住人口总数为253.98万人,其中外来常住人口为127.04万人。① 据《2015上海教育年鉴》,MH区共有小学63所,中学64所。小学阶段学生数89676人,中学阶段学生数48524人。教职工数11819人,其中专任教师9524人。②

在MH区委、区政府的领导下,近年来,MH区围绕"让MH每一个孩子健康快乐成长"的目标,以素质教育为引领,以教育信息技术为支撑,以"教育优质化、信息化、国际化"为发展路径,以教育管理和服务效能评价改革为导向,加快推进区域教育现代化。全区教育总量迅速增长,同时各级各类教育得到统筹协调发展,课程教学改革持续深化,师资队伍专业化水平不断提高,教育教学质量实现了稳步提升,教育信息化、教育国际化品牌知名度持续扩大,区域教育核心竞争力进一步增强。在推进教育综合改革的进程中,MH区政府及教育行政部门坚持"有所为有所不为"的思路,重点聚焦体制机制问题和制约区域教育转型发展的瓶颈问题,在教育竞争力的提升上主要通过

---

① 上海MH区人民政府. MH概览. [EB/OL]. [2017 – 07 – 23]. http://www.shmh.gov.cn/sites/mhgl/dyn/ViewIndex_pg.ashx.
② 上海市教育委员会. 2015上海教育年鉴[M]. 上海:上海人民出版社,2015.

保障公平、创新治理、优化生态和打造品牌四个方面进行。

在保障公平方面,MH区政府及教育行政部门为满足MH区群众的教育需求,保障不同群体的教育权益,更加重视教育的过程公平,通过优化资源配置、激发内生力等方式,办好每一所家门口的学校,实现区域教育优质均衡发展,促进不同学习兴趣、发展方向、认知风格学生全面而有个性地发展。在创新治理方面,大力推进教育综合改革实验区建设,积极推进现代学校制度,通过创新教育体制机制,增强学校办学活力,实现政府职能从指令型管理向服务型治理转型,鼓励校长从"依法规范办学"向"依法独立办学"发展。在现代教育治理体系的构建上,推进管办评分离,建设依法办学、自主管理、民主监督、社会参与的现代学校制度,建立社会、学校参与的行政管理效能测评体系,探索建立民办教育的非营利和营利分类管理机制,激发基层学校和教师的创新动力。在优化生态方面,MH区加大教育与社会的互动与沟通,营造出政府主导、部门协同、家长支持、社会参与的教育外部环境和良好生态,完善政府各部门之间的统筹协调机制,加强区委、区政府对教育改革发展的领导,建立教育综合改革的例会制度和议事制度,落实政府管理教育职责,形成推进区域教育改革发展的合力,促进教育可持续发展。在教育系统内部,形成公平和谐、多元共生、协作融合、进取超越的氛围,构建人际环境、物理环境、虚拟环境三维一体的教育内生态。在打造品牌方面,进一步增强教育信息化、教育国际化、职成教一体化和"四个结合"等重点项目和品牌项目的辐射效应,重点突破,打造一批品牌课程、品牌教师和品牌学校,凸显区域教育特色,形成MH区教育发展的新亮点。

二、施测背景及研究方法

研究所采用的数据收集和指标分析方法,与第三章阐述的调查研究一致,是在广泛选取世界银行、OECD等国际组织使用的教育指标,以及综合我国教育部重大实施项目和《2015上海教育年鉴》、《中国教育事业统计年鉴》等公开可获得数据比较指标的基础上进行的,力图使用权威的统计年鉴、官方网站和政府文件获得数据。研究聚焦于区域基础教育竞争力,以上海市MH区为调研个案,探究其区域教育竞争力现状。本书把区域教育竞争力评价指标分为硬性指标与软性指标两部分,其中硬性指标可以通过一些计算方法加以精确量化;软性指标则较难精确计算出来,其测量需借助于问卷调查。本次问卷调查共收回学生问卷1461份,主要调查学生家庭教育基本情况、教师关注情况、教育的公平性情况。共收回家长问卷1678份,主要调查该区域教育质量和资源配置均衡的相关情况。共收回教师问卷 299 份,教师问卷包括两部分:一是区域教育治理能力方面,二是区域教育制度创新方面。通过对教师在决策咨询、协调运作方面的调查来衡量该区域的教育治理能力,同时根据教师在学校办学体制创新方面的调查来衡量该区域的教育制度创新情况。

第二节 MH 区教育竞争力评价

一、投入类指标:对应人口规模增加,进入持续投入的高峰期

(一)师资配置完善,结构需要优化

MH 区基础教育的生师比=(89676+48524)/(5091+4433)=138200/9524=14.511,利用 SPSS 录入各区基础教育生师比数据,计算标准差和均值,如表 4-1 所示。MH 区的标准分数为 0.97,由标准分数比较得出,MH 区的基础教育生师比高出各区基础教育生师比均值 0.97 个标准差,说明 MH 区的基础教育学生数量不断增多。

表 4-1 各区基础教育生师比分析表

均值	N	标准差
12.5662	17	2.0128

MH 区基础教育专任教师比例=(5091+4433)/(6004+5815)=9524/11819=0.806,依据表 4-2 中各区基础教育专任教师比的标准差和均值计算得出,MH 区的基础教育专任教师比的标准分数是 0.15。由数据分析得出,MH 区的基础教育专任教师比高出均值 0.15 个标准差,与上海各区的基础教育专任教师的平均水平相接近。

表 4-2 各区基础教育专任教师比分析表

均值	N	标准差
0.7988	17	0.04843

由上述数据分析得知,MH 区教育的基本学生情况、专任教师数量、小班教学情况处于上海各区基础教育发展的平均水平。师资队伍的均衡发展是基础教育均衡发展的本质要求,MH 区应该在原有发展的基础上,增加专任教师的数量,同时加大教师的培训力度和覆盖面,提高教师的质量和水平,为实现学生个性全面发展提供师资

保障。

（二）经费投入涨幅较大，重点投入关键领域

由表4-3可以看出，MH区2014年在义务教育阶段的经费投入有所增加，尤其是初中阶段教育投入涨幅较大，其生均公用经费占比在基础教育阶段也最多。同时，高中阶段的经费投入在一定程度上有所下降。MH区政府部门要进一步加大对教育的投入力度，多渠道筹措资金，保障教学工作正常开展，保障教育投入增幅超过地方财政经常性收入增幅，规范资金使用，重点投入关键领域，在维持正常教学工作开展的同时，注重保障学生切身利益。

表4-3　MH区2014年基础教育经费投入基本情况

	生均公用经费（元）	位次	涨幅（元）	涨幅（%）	生均公用经费占比（%）
小学	6240.50	13	558.43	9.83	33.56
初中	10598.63	9	1977.22	22.93	37.39
高中	6959.58	12	−1349.11	−16.24	20.14

（三）教育环境跨越式提升，信息化平台作技术支撑

MH区基础教育的校均数＝基础教育的学生总数÷学校数＝(89676＋48524)/(63＋64)＝138200/127＝1088.189。由表4-4计算出的标准差和均值得出，MH区基础教育校均数的标准分数是1.22，即高于均值1.22个标准差，表明MH区的学校数基本上能满足该区学生入学的需求。

表4-4　各区基础教育校均数分析表

均值	N	标准差
791.0985	17	243.86914

MH区中小学计算机生均拥有量＝(14983＋19699)/(89676＋48524)＝34682/138200＝0.251。由表4-5计算得知，MH区的标准分数是−0.68，表明该区中小学计算机生均拥有量低于上海平均水平0.68个标准差。

表4-5　各区中小学计算机生均拥有量分析表

均值	N	标准差
0.3444	17	0.13617

MH区基础教育拥有校园网学校占学校总数的比例＝(45＋49)/(63＋64)＝94/127＝0.740。由表4-6计算得出，MH区的标准分数是－0.78，拥有校园网学校总数的比例低于均值0.78个标准差，由此看来MH区的学校网络普及率还不够，还需继续提高。根据《MH区"十三五"教育发展规划》，MH区未来继续以素质教育为引领，以教育信息技术为支撑，深化"电子书包"项目实验，深入探索基于数字化学习环境教学方式的转变；逐步构建起以学业质量标准为基点、以信息化平台为技术支撑的教育质量绿色评价系统；加大教育投入，提升学校网络覆盖，增加学校网络利用范围，实现网络化教学，促进校际间资源共享。

表4-6 各区校园网学校占学校总数比例分析表

均值	N	标准差
0.8348	17	0.12214

二、过程类、产出类指标：治理格局初具规模，沟通效率不断提升

（一）教育治理能力：多元参与督导初显成效，具体操作方法稍显单一

1. 决策咨询

题项"您知道教育行政部门采取了下列哪些形式听取意见和建议?"的回答情况如表4-7所示。73.6％的教师选择"设立沟通信箱"，59.9％的教师选择"接待日"，66.2％的教师选择"个别座谈"，66.2％的教师选择"召开征求意见会"，3.3％的教师选择"其他"。

表4-7 教师对教育行政部门听取意见和建议的形式了解情况统计表

调查内容	选项	选中频率
教育行政部门听取意见和建议的形式	设立沟通信箱	73.6％
	接待日	59.9％
	个别座谈	66.2％
	召开征求意见会	66.2％
	其他	3.3％

题项"您认为教育行政部门在作出重大教育决策时，主要根据?"的回答情况如表4-8所示，87.0％的教师选择"根据上级教育管理部门要求"，24.1％的教师选择"根据

教育部门领导的个人经验和直觉",81.3%的教师选择"基于数据进行研究并做出决策",61.5%的教师选择"各个学校代表的协商",35.1%的教师选择"主要听取社会的意见",0.7%的教师选择"其他"。

表4-8　教师对教育行政部门作重大教育决策时的主要根据了解情况统计表

调查内容	选项	选中频率
教育行政部门在作出重大教育决策时的主要根据	根据上级教育管理部门要求	87.0%
	根据教育部门领导的个人经验和直觉	24.1%
	基于数据进行研究并作出决策	81.3%
	各个学校代表的协商	61.5%
	主要听取社会的意见	35.1%
	其他	0.7%

MH区教育行政部门努力营造促进教育可持续发展的生态环境,充分发挥群众参与决策的积极性,通过设立沟通信箱、确立来访群众接待日、开展个别座谈、召开征求意见会等方式,积极听取来自社会各界的声音,在政策制定时充分考虑利益相关者的合法权益,做到"从群众中来,到群众中去",让人民群众充分认识到推进区域教育改革与发展的重要性、紧迫性,凝聚社会共识。加强对教育政策举措的宣传和解读,加大信息公开力度,实时监测与反馈社会对区域教育满意度状况,合理引导社会预期,赢得社会理解和支持。在进行重大教育事项决策时,首先根据上级教育管理部门发布的相关政策文件,结合当地区域政治经济发展的特点,颁布具体的实施办法。区教育行政部门着力健全教育决策机制,建立社会、学校参与的行政管理效能的测评体系,充分发挥MH区教育政策咨询委员会的作用,加强决策咨询,完善决策程序,提高决策水平,增强教育决策的科学性、有效性。

题项"一般来说,学校平均多久召开一次教职工代表大会?"的回答情况如图4-1所示,有17.39%的教师选择"一学年一次(一年一次)";有35.79%的教师选择"一学期一次(半年一次)";有14.05%的教师选择"半学期一次(三个月一次)";有17.39%和14.04%的教师分别选择"一个月一次"和"一个月两次及以上";有1.34%的教师选择"从来没有召开"。

学校教职工代表大会是教职工依法参与学校民主管理和监督的基本形式。由教师的回答情况分析得出,近几年MH区学校积极推进教职工代表大会制度,完善校务

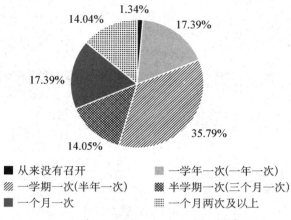

1.34%

14.04%

17.39%

17.39%

35.79%

14.05%

■ 从来没有召开　　　　　■ 一学年一次(一年一次)

▨ 一学期一次(半年一次)　▨ 半学期一次(三个月一次)

■ 一个月一次　　　　　　▥ 一个月两次及以上

图 4-1　学校召开教职工代表大会频率统计图

会、行政会、教代会等组织及运行机制,关注教师参与学校管理的主体作用;促使教师通过听取学校发展规划、教职工队伍建设、教育教学改革、校园建设以及其他重大改革和重大问题解决方案的报告,提出意见和建议。

题项"学校征求意见的事项包括?"的分析结果如表 4-9 所示。81.9%的教师选择"学校发展规划",82.9%的教师选择"学校各项规章制度",55.5%的教师选择"学校党政工团工作计划",63.9%的教师选择"学校精神文明创建工作",63.9%的教师选择

表 4-9　学校征求意见内容统计表

调查内容	选　　项	选中频率
学校征求意见的事项	学校发展规划	81.9%
	学校各项规章制度	82.9%
	学校党政工团工作计划	55.5%
	学校精神文明创建工作	63.9%
	有关人事调动、调整,干部的推荐、培养、使用和管理监督,干部培训、考核、任命、免职	63.5%
	教职工的福利、晋级晋职、评优选先	72.6%
	重大的经费开支、财务预决算、基建项目	52.2%
	政务公开工作	53.5%
	学校内部管理体制改革工作	58.2%

"有关人事调动、调整,干部的推荐、培养、使用和管理监督,干部培训、考核、任命、免职",72.6%的教师选择"教职工的福利、晋级晋职、评优选先",52.2%的教师选择"重大的经费开支、财务预决算、基建项目",53.3%的教师选择"政务公开工作",58.2%的教师选择"学校内部管理体制改革工作"。

分析结果说明,学校教职工代表大会充分发挥其作用,在学校章程草案的制定和修订、学校发展规划、教职工队伍建设、教育教学改革、校园建设以及其他重大改革和重大问题解决方案、学校财务工作、教职工福利、评议学校领导干部等方面积极听取教职工的建议和意见,激发了教职工参与治校的主人翁意识。

题项"一般说来,学校平均多久召开一次家长代表座谈会?"的回答情况如图4-2所示,有41.14%的教师选择"一学期一次(半年一次)",34.76%的教师选择"半学期一次(三个月一次)"。

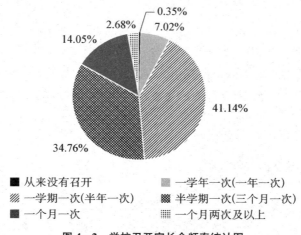

图4-2 学校召开家长会频率统计图

题项"学校在作出重大教育决策时,主要根据?"的回答情况如表4-10所示,有91.0%的教师选择"根据上级教育管理部门要求",17.7%的教师选择"根据校长的个人经验和直觉",76.3%的教师选择"基于数据进行研究并作出决策",78.6%的教师选择"主要听取教职员工代表大会的意见",37.8%的教师选择"主要听取家长代表大会的意见",1.7%的教师选择"其他"。

MH区充分调动学校、教师参与的积极性,减少不必要的行政干预,落实并加强学校办学自主权,实现学校治理自主化,并形成多样化决策模式,促进优质生成、均衡发

表 4-10　教师对学校作重大教育决策的主要根据了解情况统计表

调查内容	选项	选中频率
学校作出重大教育决策时的主要根据	根据上级教育管理部门要求	91.0%
	根据校长的个人经验和直觉	17.7%
	基于数据进行研究并作出决策	76.3%
	主要听取教职员工代表大会的意见	78.6%
	主要听取家长代表大会的意见	37.8%
	其他	1.7%

展。在教育决策能力方面,MH区的学校决策咨询形式逐步实现多样化,区教育行政部门作为领导及推进区域教育改革与发展的责任主体和决策主体,应承担起领导决策、规划制定、投入保障、督导评估等职能。既要把握国家教育改革的精神和实质,又要引领基层学校变革方向,还要横向比较、分析区域特点,凸显区域教育改革的针对性和独特性。在教育治理的理念下,教育行政部门的传统职能和作用发生了积极变化,行政和科研力量深度互动,实现了优势互补。同时,还应扩大征集社会其他领域信息的渠道和形式。学校能够定期召开教职工代表大会,对学校的发展规划、规章制度、人事调动、文化建设等方面积极征求意见,但是对学校内部管理、财政问题等方面涉及仍然不足。

2. 协调运作

题项"教育行政部门与学校联系密切吗?"的回答情况如图 4-3 所示。60.20%的

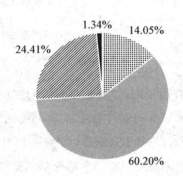

1.34%　14.05%
24.41%
60.20%

▦ 每天都联系　▨ 联系较为频繁,但不是每天
▨ 联系不太频繁,主要通过特定的学校活动、社区活动联系
■ 从来没有联系

图 4-3　教育行政部门与学校联系的密切程度

教师选择"联系较为频繁,但不是每天",24.41%的教师选择"联系不太频繁,主要通过特定的学校活动、社区活动联系"。

题项"教育行政部门与学校的联系主要通过哪种形式?"的回答情况如表4-11所示,65.9%的教师选择"由教育行政部门牵头,成立各个学校共同参与的协商沟通机构,各个学校参加并各指派一名联络员,以保持经常性联系",66.2%的教师选择"建立由教育行政人员及学校代表参加的联席会议制度,相互沟通情况,对各个阶段工作做出安排",74.9%的教师选择"教育行政部门不定期组织教育行政人员进学校,开展学校调查、教育督导活动"。

表4-11 教师对教育行政部门与学校联系的主要形式了解情况统计表

调查内容	选 项	选中频率
教育行政部门与学校联系的主要形式	由教育行政部门牵头,成立各个学校共同参与的协商沟通机构,各个学校参加并各指派一名联络员,以保持经常性联系	65.9%
	建立由教育行政人员及学校代表参加的联席会议制度,相互沟通情况,对各个阶段工作做出安排	66.2%
	教育行政部门不定期组织教育行政人员进学校,开展学校调查、教育督导活动	74.9%

MH区根据区域教育改革与发展实际,修订并实施《学校发展性督导评价方案》,以指导学校制定发展规划为起点,以监控规划实施过程为基础,以评价学校发展规划达成度为重点,进一步完善对学校发展规划的会商评审、监控调整和自评指导等工作,以实现对学校办学水平、质量的动态监测与管理。为发挥教育行政、督导部门服务与指导学校发展,促进学校发展的管理与监督效能,构建有利于中小学依法自主办学、促进基础教育均衡和内涵发展的教育督导提供了保障机制。但是在建立多元主体参与督导机制,制定家长、社会公众和社会组织参与教育督导管理办法上还存在一些欠缺。MH区教育行政部门在今后应坚持督导评估方式的多元化,推动区域学校创建内部评估和外部评估相结合的工作体系。

题项"学校与家长、社区的联系密切吗?"的回答情况如图4-4所示,30.77%的教师选择"每天都联系";55.18%的教师选择"联系较为频繁,但不是每天";13.38%的教师选择"联系不太频繁,主要通过特定的学校活动、社区活动联系"。

题项"学校与社区、家长的联系主要通过哪种形式?"的回答情况如图4-5所示,48.83%的教师选择"建立由社区、学校领导及家长代表参加的联席会议制度,相互沟

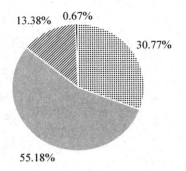

13.38% 0.67%

30.77%

55.18%

▦ 每天都联系　▨ 联系较为频繁，但不是每天
▨ 联系不太频繁，主要通过特定的学校活动、社区活动联系
■ 从来没有联系

图 4 - 4　学校与家长、社区联系的密切程度

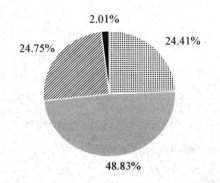

2.01%

24.75%　　　　　24.41%

48.83%

▦ 由社区牵头，成立社区、学校未成年人教育联系活动机构，双方领导
　　参加并各指派一名联络人员，以保持经常性联系

■ 建立由社区、学校领导及家长代表参加的联席会议制度，相互沟通情
　　况，对各个阶段工作做出安排

▨ 学校不定期组织教师进社区，开展社会调查、家访以及未成年人心理
　　咨询活动

■ 其他

图 4 - 5　学校与社区、家长联系的主要形式

通情况，对各个阶段工作做出安排"；24.75％的教师选择"学校不定期组织教师进社
区，开展社会调查、家访以及未成年人心理咨询活动"；24.41％的教师选择"由社区牵
头，成立社区、学校未成年人教育联系活动机构，双方领导参加并各指派一名联络人
员，以保持经常性联系"。

学校与家长、社区间的联系较为频繁,学校与家长、社区的联系主要通过建立由社区、学校领导及家长代表参加的联席会议制度,相互沟通情况,进而对各个阶段的工作做出安排。MH区政府及教育行政部门根据国家和上海市相关文件,制定了《MH区中小学校责任督学挂牌督导实施办法》,吸纳社会、家长群体中的高素质人士参与学校督导,密切联系社会力量来共同监督和指导学生课后管理和学校日常活动,加强学校对社会的开放度,提高社会对教育的满意度。同时,通过挖掘社会专业力量和资源,增加社会对教育的参与度,进一步激发了教育活力。随着信息化、网络化的推进,MH区的学校可以通过更为高效便捷的方式与社区、家长保持合作与联系,简化办事流程,提升不同利益主体间的联络成效。

题项"教育行政部门主要通过哪些方式执行监督职能?"的回答情况如表4-12所示。有73.6%的教师选择"督查校长及领导班子的在岗、出勤、听课、参与教研活动等情况",79.9%的教师选择"督查学校民主管理、校务公开的情况,了解学校重要或重大工作会办情况",70.2%的教师选择"督查学校教职工对校务公开满意度情况",63.5%的教师选择"督查学校民主管理、民主理财情况",68.6%的教师选择"督查学校严格执行师德师风建设的八项规定,督查了解有无有偿家教、乱推销、乱收费等违规行为",62.9%教师选择"督查学校对上级工作布置的执行情况和传达学习上级会议精神情况"。

表4-12　教师对教育行政部门执行监督职能的主要方式了解情况统计表

调查内容	选　项	选中频率
教育行政部门执行监督职能的主要方式	督查校长及领导班子的在岗、出勤、听课、参与教研活动等情况	73.6%
	督查学校民主管理、校务公开的情况,了解学校重要或重大工作会办情况	79.9%
	督查学校教职工对校务公开满意度情况	70.2%
	督查学校民主管理、民主理财情况	63.5%
	督查学校严格执行师德师风建设的八项规定,督查了解有无有偿家教、乱推销、乱收费等违规行为	68.6%
	督查学校对上级工作布置的执行情况和传达学习上级会议精神情况	62.9%

教育行政部门在执行监督职能时扮演好上传下达的角色,落实好定期督导和专项教育督导。在学校的综合督导过程中,重点关注了学校安全工作、课程与教学工作、学

生全面发展、教师队伍建设等内容,设计了一系列具有针对性、导向性、操作性的指标和检测工具,在深化学校发展性督导和促进教育督导自身发展方面进行了积极的探索,为发挥教育行政、督导部门服务与指导学校发展,促进学校发展的管理与监督效能,构建有利于中小学依法自主办学、促进基础教育均衡和内涵发展的教育督导提供了保障机制。另外在体制上可以尝试建立与教育行政部门并行的教育督导评估机构,健全学校自我评估制度,建立第三方评估制度。从回答情况看,当前教育行政部门在执行监督职能时,重督轻导,在指导性和服务性上还没有充分体现。

题项"学校主要通过哪些形式履行督导职责?"的回答情况如表 4-13 所示。86.3%的教师选择"召开教师座谈会",89.6%的教师选择"到课堂听课",74.2%的教师选择"找学生或家长了解情况",81.3%的教师选择"督促处室、年级部和学科组抓好教育教学工作"。

表 4-13 教师对学校履行督导职责的主要形式了解情况统计表

调查内容	选　项	选中频率
学校履行督导职责的主要形式	召开教师座谈会	86.3%
	到课堂听课	89.6%
	找学生或家长了解情况	74.2%
	督促处室、年级部和学科组抓好教育教学工作	81.3%

学校督导人员通过多种形式履行督导职能,并能深入教学一线,及时了解和反馈教师教育教学情况。学校履行督导的目的在于促进教师的发展,学校的管理者有责任帮助教师改进实践,并促使教师实现自己对教与学所作的承诺。良好的督导能促进教师更好地发展。督管和督教、督学是密切联系的,督教是主导,督管是保证,督学是目的。MH 区政府通过成立教育督导委员会,不断优化学校发展性督导,完善办学水平动态管理机制。

题项"家长、社区参与教育督导的方式主要有哪些?"的回答情况如表 4-14 所示,86.6%的教师选择"通过家长座谈会",79.9%的教师选择"通过家长委员会或家长联盟等家长组织与学校、教育管理部门协商";66.2%的教师选择"找学生、教师或学校管理人员了解情况";65.2%的教师选择"到课堂听课"。

MH 区学校定期召开家长座谈会,组织家长或社区代表到课堂听课,积极与家长组织协商沟通,以获得社会上更多的支持。同时 MH 区政府致力于建立多元主体参

表 4-14　教师对家长、社区参与教育督导的主要方式了解情况统计表

调查内容	选　项	选中频率
家长、社区参与教育督导的主要方式	通过家长座谈会	86.6%
	到课堂听课	65.2%
	找学生、教师或学校管理人员了解情况	66.2%
	通过家长委员会或家长联盟等家长组织与学校、教育管理部门协商	79.9%

与督导机制,制定家长、社会公众和社会组织参与教育督导的管理办法,同时培育教育监测与评估的社会服务机构,引入竞争机制,购买高质量的服务。

MH区全区教育督导工作紧紧围绕教育中心,聚焦区域教育综合改革,加快学区化、集团化办学,推进全区教育均衡优质发展。继续做实做强三级四类评价体系,实现区域教育转型,促进区域教育优质化、信息化、国际化、个性化发展。加强条块联动,推进教育督导部门与政府其他部门及街镇之间的协同合作,充分发挥各自职能,形成工作合力。通过落实政府教育行政部门法定职责,确保教育督导经费使用,稳妥解决专职督学发展通道问题,形成全区上下支持教育督导工作的良好氛围,推动全区教育督导事业蓬勃发展。

(二)教育制度创新:教师活力已被激发,参与深度尚显不足

题项"您认为您所在学校在办学体制上有哪些优势?"的调研结果表明,教师认为主要的优势是教育资源集中;其次是政策扶持力度大,学校有较多的办学自主权(财务、人事、课程设置等)以及学校能够吸引高质量生源;最后是学校引进高水平师资。MH区因地制宜地探索集群发展模式,义务教育均衡发展呈现新格局,目前全区学区化、集团化办学试点学校共68所,占义务教育阶段学校的60%。坚持完善教育人力资源配置机制,师资队伍建设取得新成效,教师队伍专业化水平得到提升。不断完善"希望之星"、"闵教杯论坛之星"、"区级骨干教师后备人选"、"区级骨干教师"、"学科带头人"五个系列的教师评选、培养和激励制度,有效提升了教师队伍的教育境界和专业能力。

题项"您认为您所在学校在办学体制上有哪些劣势?"的调研结果表明,教师认为学校在办学体制上存在的主要劣势是招生质量受限。MH区政府在学校发展方面,应将公共教育资源根据区域内学校发展情况实现均衡分配,加强教育均衡化发展,进一步打造"家门口的好学校"。推进"新优质学校"和"家门口的好学校"创建活动,激发学校办学的自觉性和创新特色办学的主动性,不断扩大优质资源,促进教育内

涵发展。

题项"您认为未来基础教育办学体制是否应走向多元化?"的调研结果表明,82.61%的教师选择"非常有必要,这是办学体制改革所趋",说明大多数教师对于学校办学体制改革保持积极的态度。在教育资源分布不均、教育发展水平不一致的情况下,必须确立以政府为主导、社会广泛参与、办学主体多元化、办学形式多样化的多元办学体制,创造条件满足广大人民群众对优质教育资源的需求,克服僵化教育体制对教育活力的束缚和遏制。

根据表 4-15 和表 4-16 的数据分析结果,可以发现,教师对未来基础教育办学体制是否应走向多元化的看法与教师认为学校办学模式变革对日常教学工作的影响程度具有相关性,且为正相关,相关系数 r＝0.099。这说明学校的办学体制和办学模式的变革会影响到老师的日常教学工作,且老师受到的影响越大,对学校进行办学模式变革的认同度就越高。由此可以看出,学校在对办学体制改革进行决策规划时,要充分考虑教师群体的意见和相关利益,发挥教师在学校改革中的主体地位,从多方面分析办学模式的变革对教师可能产生的影响。

表 4-15　交叉分析表

		教师认为学校不同的办学模式对日常教育教学工作的影响程度				合计
		影响很大	有一定影响	影响较小	没有影响	
教师对未来基础教育办学体制是否应走向多元化的看法	非常有必要,这是办学体制改革所趋	53	148	29	17	247
	保持中立,维持现状	9	19	7	1	36
	无所谓,办学体制不影响日常工作教学	3	7	4	2	16

表 4-16　对称度量表(相关分析)

		值	近似值 Sig.
按标量标定	φ	0.140	0.064
	Cramer 的 V	0.099	0.062
有效案例中的 N		299	

题项"您认为学校办学模式的转变给您带来了哪些影响?"的回答情况如表 4-17

所示,教师认为学校办学模式的转变对教师工作带来的影响主要是教学理念的变化。任何改革都是理念先行,结合新的时代发展特征,教师转变旧有的教学观念和教学方式,以此来面对教育教学过程中所出现的新的情况。

表 4-17　教师认为学校办学模式转变给其带来的影响统计表

调查内容	选　　项	选中频率
教师认为学校办学模式的转变给其带来的影响	管理模式的变化	62.9%
	教学理念的更新	86.3%
	自主设置教学课程	49.8%
	教学技术的更新和掌握	53.8%
	其他	0.7%

学校办学模式的转变是学校改革的重要部分,学校从教学管理到行政管理必须要符合新的办学模式的特征,进行相应的调整与重组。组织变革、人员更新,与之伴随的是新的技术的掌握和应用。尤其是目前 MH 区学校坚持内涵发展,为提升教育品质,加大数字化环境下的教育评价指标体系的应用,关注课堂教学改进和资源共享平台建设,进一步拓展面向社会的信息化公共服务功能。推进以大数据分析为特征的教育管理现代化,实现教育资源、教师研修、学生学习和教育评价的数字化管理。

(三) 教育质量:家长总体满意度高,家校联动有待提升

基于对家长回答情况的分析,题项"您对学校教师的教育教学能力和水平感到"的调研结果如图 4-6 所示,题项"您对您孩子的老师的教育教学水平感到"的调研结果如图 4-7 所示。家长对于目前教师的整体水平和对子女所在学校的整体教育教学状

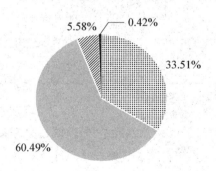

5.58%　　0.42%
33.51%
60.49%

▒ 非常满意　▨ 基本满意　▨ 不满意　■ 完全不满意

图 4-6　家长对学校教师教育教学能力和水平的满意程度

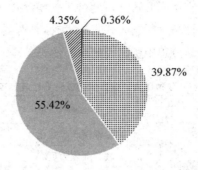

4.35%   0.36%

39.87%

55.42%

::: 非常满意　　■ 基本满意　　∥ 不满意　　■ 完全不满意

图 4 - 7　家长对其孩子的老师的教育教学水平的满意程度

况是基本满意的。

　　由表 4 - 18 得知,家长对学校教师教育教学能力水平的满意程度与其子女学校所在区域公共教育资源的充足程度具有相关性,且为正相关。公共资源在一定程度上为学校教师教育教学能力的提高提供了基本的物质保障。因此,学校为提升教师的教育教学质量,应积极创造和改善学校的教学环境。同时也要加强对教师的培训,注重新技术新资源的引进,发挥其最大效用,提高资源利用率。

表 4 - 18　相关分析表

		家长对其子女学校所在区域的公共教育资源充足情况的满意程度	家长对学校教师教育教学能力和水平的满意程度
家长对其子女学校所在区域的公共教育资源充足情况的满意程度	Pearson 相关性	1	0.527**
	显著性(双侧)		0.000
	N	1678	1678
家长对学校教师教育教学能力和水平的满意程度	Pearson 相关性	0.527**	1
	显著性(双侧)	0.000	
	N	1678	1678

注:** 表明在 0.01 水平(双侧)上显著相关。

　　题项"您对学校总体工作的满意程度是"的数据分析结果如图 4 - 8 所示,62.10％的家长选择基本满意,34.27％的家长选择非常满意。从总体上来看,家长满意度受到社会、学校及个人层面的影响。家长对于当前 MH 区学校的整体工作情况是基本满意的,说明学校在硬件设施建设和投入上是不断改善和加强的。注重家长对于学校的评价,说明学校意识到学生家长在学生学习生活中的重要地位,同时逐步提升社会群体参与学生教育教学过程。因此区域内学校逐步加强班主任与家长的沟通力度,做到家校联合,共同为学生创造良好的学习氛围。据已有的调查结果表明,家长参与学校管理的程度越高,家长对教育改革和发展的总体水平的满意度越高。MH 区政府以及学校在学校改革过程中,多聆听家长的声音,让家长参与教育教学改革的评价,参与学校课程的开发和管理。

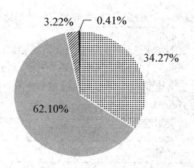

3.22%   0.41%

34.27%

62.10%

▦ 非常满意   ▨ 基本满意   ▧ 不满意   ■ 完全不满意

图 4-8   家长对学校总体工作的满意程度

基于相关分析表(如表 4-19 所示),可以发现,学生家长对学校总体工作的满意程度和学校班主任与家长的联系频率、质量具有相关性,且呈正相关。可以看出,班主任与家长之间的有效沟通,能够让家长更积极主动地关注学生在校学习情况,了解学校教育教学工作。因此,要提升家长对学校的满意程度,加强班主任与家长之间的沟通十分重要。在沟通方式上,学校除了在学期前后定期召开家长会之外,更应多为班

表 4-19   相关分析表

		学校班主任与家长的联系频率、质量	学生家长对学校总体工作的满意程度
学校班主任与家长的联系频率、质量	Pearson 相关性	1	0.640**
	显著性(双侧)		0.000
	N	1678	1678
学生家长对学校总体工作的满意程度	Pearson 相关性	0.640**	1
	显著性(双侧)	0.000	
	N	1678	1678

注:** 表明在 0.01 水平(双侧)上显著相关。

主任提供与家长交流的机会。同时班主任应加强与家长沟通交流的意识，讲求方式与方法，提高交流沟通的成效。

题项"您认为您的子女所就读的学校与同类学校相比有哪些不足之处?"的回答情况如表4-20所示，34.3%的家长选择"学校的教学质量"，21.3%的家长选择"学校的设施与环境"，27.5%的家长选择"教师教学水平"，30.9%的家长选择"学校的管理模式"，38.1%的家长选择"不了解"。

表4-20　家长认为其子女所就读学校与同类学校相比存在的不足之处统计表

调查内容	选项	选中频率
家长认为其子女所就读的学校与同类学校相比存在的不足之处	学校的教学质量	34.3%
	学校的设施与环境	21.3%
	教师教学水平	27.5%
	学校的管理模式	30.9%
	不了解	38.1%

学校教学质量是最受家长关心，也是家长认为子女所就读学校与同类学校相比差距较大的部分。一方面，区域内学校间存在差异，家长不可避免地会进行学校间的横向对比，并考量子女所就读学校的不足；另一方面，学校内部在发展与改革的过程中，也不可避免地存在需要进一步改进的空间。学校的管理模式、教师教学水平和学校整体教学质量之间是相互关联的。学校只有不断改进管理模式，提升为教师和学生的服务意识，为教师提供更为良好的教育教学环境，尽可能满足教师的教学需求，从而使得教师教学水平得以提升。教师教学水平的提升，是改善学校教学、提升教学质量的关键基础。

(四) 教育均衡：资源配置比例稍滞后于人口流动规模

1. 公共教育资源的配置

题项"您子女的学校所在区域的公共教育资源充足吗?"的数据分析结果如图4-9所示，17.28%的家长认为非常充足，58.05%的家长认为比较充足。说明家长对于当前MH区政府教育部门所分配的公共教育资源的整体数量是较为满意的。

由表4-21可知，在小学阶段学生家长中，57%的家长选择"比较充足"，17%的家长选择"非常充足"；在初中阶段学生家长中，59%的家长选择"比较充足"，18%的家长选择"非常充足"，表明目前MH区小学阶段和初中阶段的公共教育资源相对均衡。

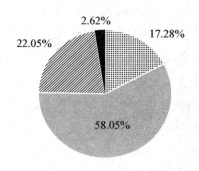

2.62%　17.28%　22.05%　58.05%

▓ 非常充足　■ 比较充足　▨ 不太充足　■ 不充足

图4-9　家长认为子女就读学校所在区域公共教育资源的充足情况

表4-21　不同学段学生家长认为其孩子学校所在区域的公共教育资源的充足情况分析表

		家长认为其孩子学校所在区域公共教育资源的充足情况								合计
		非常充足		比较充足		不太充足		不充足		
		个数	百分比	个数	百分比	个数	百分比	个数	百分比	
家长孩子所在的学龄段	小学	152	17%	511	57%	204	23%	29	3%	896
	初中	137	18%	460	59%	165	21%	15	2%	777
	高中	1	20%	3	60%	1	20%	0	0	5
合计		290		974		370		44		1678

题项"您认为公共教育资源配置的差异主要体现在"的调研结果如表4-22所示，"师资力量不平衡"的选中率60.9%，"教学设施差距大"的选中率29.7%，"地区录取分数线差异导致的入学差异"的选中率57.9%，"高收费导致的择校问题"的选中率是27.9%，"其他"的选中率是22.7%。MH区政府在2016年上半年完成了首轮9所区

表4-22　家长对公共教育资源配置差异的体现形式了解情况统计表

调查内容	选项	选中频率
家长对公共教育资源配置差异的体现形式的了解情况	师资力量不平衡	60.9%
	教学设施差距大	29.7%
	地区录取分数差异导致的入学差异	57.9%
	高收费导致的择校问题	27.9%
	其他	22.7%

级"新优质学校"创建总结,提炼了薄弱初中发展经验。目前9所初中呈现出良好的发展态势。2016年下半年启动的"新优质学校"集群发展方案,推动了教育资源均衡发展,努力缩小学校与学校、城郊与城区之间的差距,让每一个孩子享受到优质教育。通过优化资源配置、激发内生力等方式,办好每一所家门口的学校,实现区域教育优质均衡发展,满足 MH 区百姓对教育的需求,保障不同群体的教育权益。

题项"您认为影响区域公共教育资源配置公平的主要因素是什么?"的分析结果如表 4-23 所示。"学校录取制度不公平"的选中率是 45.7%,"基础教育发展不平衡"的选中率是 60.8%,"区域经济发展不平衡"选中率是 42.4%,"教育乱收费"的选中率是 8.5%,"其他"的选中率是 23.4%。说明学生家长认为影响区域公共教育资源配置公平性的主要因素是基础教育发展不平衡。基础教育发展不平衡导致区域政府部门在教育资源配置方面有所倾斜,为获得较高的学生入学率,教育政府部门对公共资源在学校间、各年级间的分配上将向升学率较高的学校及年级有所倾斜。

表 4-23 家长对影响区域公共教育资源配置公平的主要因素了解情况统计表

调查内容	选项	选中频率
家长对影响区域公共教育资源配置公平的主要因素的了解情况	学校录取制度不公平	45.7%
	基础教育发展不平衡	60.8%
	区域经济发展不平衡	42.4%
	教育乱收费	8.5%
	其他	23.4%

题项"您认为教育资源配置不公平对学生的哪些方面产生影响?"的回答情况如表 4-24 所示。"学习能力"的选中率是 75.2%,"道德品质"的选中率是 45.0%,"社会交往"的选中率 59.3%,"心理健康"的选中率是 60.3%,"其他"的选中率是 18.1%。

研究发现,家长对于公共教育资源配置的关注程度逐步提高,但区域内公共教育资源配置公平性还存在较多的问题。调查结果显示,家长认为教育资源配置不公平在很大程度上影响了学生的学习能力,同时也对学生的心理健康发展带来了较大的影响,由此也会对学生社会交往和个人道德品质产生影响。在资源配置方面,区政府部门除了强调各学段的学校在硬件设施和师资队伍建设上的投入外,还应要求学校进一

表4-24 家长认为教育资源配置不公平对学生的影响统计表

调查内容	选项	选中频率
家长认为教育资源配置不公平对学生产生的主要影响	学习能力	75.2%
	道德品质	45.0%
	社会交往	59.3%
	心理健康	60.3%
	其他	18.1%

步关注学生个体之间差异化的发展,尤其是关注学生的心理健康状况,适时予以介入和引导。

2. 随迁子女的教育成长

题项"您认为当前随迁子女在城市学校上学面临的问题有哪些?"的回答情况如表4-25所示,26.6%的家长选择"公办学校高昂的借读费用",49.8%的家长选择"随迁子女学校教学条件较差",26.5%的家长选择"受到其他学生的歧视和排挤",53.2%的家长选择"教育政策的不公平性",71.3%的家长选择"户籍问题难以解决"。

表4-25 家长认为当前随迁子女在城市学校上学所面临的问题统计表

调查内容	选项	选中频率
家长认为当前随迁子女在城市学校上学面临的问题	公办学校高昂的借读费用	26.6%
	随迁子女学校教学条件较差	49.8%
	受到其他学生的歧视和排挤	26.5%
	教育政策的不公平	53.2%
	户籍问题难以解决	71.3%

调查显示,MH区的"民二代"大都具有积极、乐观的生活态度,在城市的学习适应状况基本良好。"民二代"作为MH区新生代的一部分,他们的人际交往状况反映了他们在城市中的融合度,也体现了他们当前所占有的资源量,甚至在某种程度上决定了他们未来的发展方向。对于随迁子女教育发展和未来生活保障,MH区政府应制定相应的帮扶政策,积极推动随迁子女融入社区,重视和探索强化社区的教育平台功能,建立对随迁家长及其同住子女中的弱势群体、利益受损者的统一救助机制,把关爱服务设为工作硬指标,切实提高维权服务的质量和水平。同时,有针对性地对随迁家长进行社会融入教育,发挥市民学校的作用,通过社区宣讲、法律宣传等形式,引导随迁

家长及其同住子女树立正确的教育理念。在条件允许的情况下,建立随迁家长学校,帮助他们开拓思路,改善教育子女及配合学校教育子女的方法。

题项"您认为应该怎样解决目前随迁子女的教育问题?"的统计结果如表4-26所示,70.3%的家长选择"在学习生活中给予多平等对待",33.3%家长选择"尽量满足基本物质需求",53.8%的家长选择"给予更多精神上支持和关怀",50.5%的家长选择"结对帮扶,尽可能多地进行沟通交流"。

表4-26 家长认为解决目前随迁子女教育问题的措施统计表

调查内容	选项	选中频率
家长认为解决目前随迁子女教育问题的措施	在学习生活中给予更多平等对待	70.3%
	尽量满足基本物质需求	33.3%
	给予更多精神上的支持和关怀	53.8%
	结对帮扶,尽可能多地进行沟通交流	50.5%

可以看出,家长认为对于随迁子女在学习生活中给予更多平等对待,是解决目前随迁子女教育问题最为重要的方式。在学校管理过程中,应加强来沪学生教育监管,制定、发布统一措施。整合社会力量,如基金会、高校、志愿者等共同投入到"民二代"的教育事业中。充分发挥公益性非营利组织的社会整合功能,及时帮助来沪第二代移民解决其在迁入地社会生活过程中出现的种种不适应状况,以人文关怀提升来沪第二代移民对迁入地的认同度,并以学校为组织活动的主体,开展形式多样的团队建设活动和校园文化活动。同时注重教育资源合理分配,提升"民二代"入学机会与教育质量,使其更好地适应和融入城市生活。

题项"你的父母或家人平时会辅导你的学习吗?"的分析结果如图4-10所示,46.41%的学生选择"经常辅导",35.59%的学生选择"有时辅导",14.17%的学生选择"很少辅导",3.83%的学生选择"从不辅导"。

调查结果表明,大部分家长对于子女课后学习情况的关注程度较高,由此凸显了家庭教育对于孩子的重要意义,并起着学校教育、社会教育不可代替的作用。父母对教育的重视程度影响孩子的成长,家庭教育对孩子习惯的养成、学习态度以及学习成绩都有着重大的促进作用。孩子的成长,不是只靠学校制度的约束、老师教学的管理来完成的,还需要家庭的环境和家长的教育。家长要配合学校、老师,扎扎实实地做好家庭教育工作,是当务之需。给孩子创造更好的学习和成长氛围,是国家、

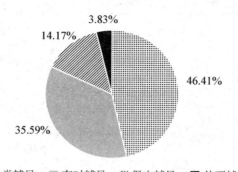

3.83%

14.17%

46.41%

35.59%

▦ 经常辅导　▨ 有时辅导　▧ 很少辅导　■ 从不辅导

图 4-10　学生父母或家人辅导其学习的频率统计图

社会、学校以及家庭义不容辞的责任。家长自身也要提高意识,主动地向老师了解子女的学习情况,对于孩子在成长过程中出现的问题,及时与学校、教师进行沟通和解决。

　　题项"在学校中,你的老师会对你给予更多的关注?"的调查结果表明,32.8%的学生选择"非常符合",46.9%的学生选择"比较符合",13.8%的学生选择"较不符合",6.6%的学生选择"不符合"。题项"当你取得进步的时候,老师会经常表扬你?"的调查结果表明,51.5%的学生选择"非常符合",42.4%的学生选择"比较符合",5.1%的学生选择"比较不符合",1.0%的学生选择"不符合"。题项"在课下,你的老师会主动了解你的想法和需要?"的调查结果表明,32.2%的学生选择"非常符合",45.4%的学生选择"比较符合",15.5%学生选择"较不符合",6.9%的学生选择"不符合"。题项"当你在学习和生活上有困难时,老师会对你进行帮助?"的调查结果表明,52.8%的学生选择"非常符合",38.3%的学生选择"比较符合",6.3%的学生选择"较不符合",2.7%的学生选择"不符合"。基于以上分析,可以发现,教师对学生(包括随迁子女)的学习关心程度不断提高,在学生遇到困难时能够及时给予帮助。在学校层面,需要加强对随迁子女的教育与管理。学校应充分肩负起责任,引导教师树立公平公正的教育意识,对随迁子女给予更多的关注。在学生取得进步时,教师应予以积极正向的表扬,树立随迁子女的学习自信心,这样能够潜移默化地影响学生的性格,使之不断进步与发展。如表 4-27 所示,经过 Kendall's tau-b 检验发现,学生是否觉得在教育中受到不公平对待与老师是否对在学习和生活上有困难的学生进行帮助及老师是否会主动了解学生的想法和需要具有相关性,且是负相关。

表 4‑27　相关分析表(Kendall's tau-b 检验)

		你是否觉得在学校接受教育时受到了不公平的对待	在课下,你的老师是否会主动了解你的想法和需要	当你在学习和生活上有困难时,老师是否会对你进行帮助
你是否觉得在学校接受教育时受到了不公平的对待	相关系数	1.000	−0.172**	−0.228**
	Sig.(双侧)	—	0.000	0.000
	N	1461	1461	1461
在课下,你的老师是否会主动了解你的想法和需要	相关系数	−0.172**	1.000	0.581**
	Sig.(双侧)	0.000	—	0.000
	N	1461	1461	1461
当你在学习和生活上有困难时,老师是否会对你进行帮助	相关系数	−0.228**	0.581**	1.000
	Sig.(双侧)	0.000	0.000	—
	N	1461	1461	1461

注:** 表明在 0.01 水平(双侧)上相关性显著。

　　城市外来务工人员的子女大部分就读于城市中的随迁子女学校,虽然近年来国家更加重视和不断加大对城市随迁子女学校的关注和投入,但是随迁子女学校在教育机制、资源配置等方面仍存在缺失。随迁子女学校大多是私立学校,收费低廉,位于流动人口聚集地区,有助于随迁子女在城市中很快地适应;而且学生大多来自农村,所以歧视和隔阂的情况比较少。但是必须看到,随迁子女学校与城市公立学校在教育水平、教育资源、教育体制上还存在差距。比如缺乏高质量的教师队伍,教师的学历和专业知识有限;学校的教育环境恶劣,学生的生活环境较差;教育管理制度不健全,学生纪律性较差,不易监管;缺少正规的教育考核机制,无法保证教学质量和学生的学习成绩。在随迁子女学校成长起来的孩子未能充分享受公共教育资源,自然就大大减少和降低了与城市居民子女竞争的机会和实力。目前,学校老师对于随迁子女的关注度还不够,教师在对待学生的态度和期望上,应该做到一视同仁,体现教育平等,热爱和关心每一位学生,而不应该厚此薄彼。学校应努力消除流动儿童进入公立学校的心理门槛,克服这一群体因为户籍等原因而产生的自卑、认命心理,培养其自立、自信、自强的心理品质,提高其适应能力。

第三节 经验总结及未来展望

MH区硬性指标分析结果表明,MH区教育的小班教学情况、专任教师数量、学生个性发展引导情况、因材施教情况都处于上海各区基础教育发展的平均水平。MH区政府应该在已有的发展基础上,增加专任教师的数量,提高专任教师的质量;同时MH区政府要进一步加大对教育的投入力度,重点投入关键领域,保障学生发展的切身利益。

决策咨询调研结果表明,MH区决策咨询方式与内容日呈多样化。学校作出重大决策的途径,除了基于本校实际进行数据研究之外,大多数情况下是根据上级教育管理部门的要求,学校仍多听命于上级教育行政部门。政府部门和教育行政部门应下放一定的权力,由学校自主决策与发展。学校决策的民主性与科学性仍需进一步提升,在听取社会意见方面还存在改善空间。

协调运作调研结果表明,MH区已形成教育行政部门、学校、家庭与社区协调运作的教育治理格局,沟通的形式不断丰富,沟通机制不断健全,沟通的效率不断提升。调研数据表明,区域学校与教育行政部门、家长和社区能够保持较为频繁的联系,并建立起相应的联席会议制度,保证了在协调运作中对各个阶段的工作进行安排和跟进。为进一步提升区域政府、学校和社区的协调运作能力,MH区政府及教育行政部门应致力于制定多元主体参与督导机制,出台家长、社会公众和社会组织参与教育督导的管理办法,同时培育教育监测与评估的社会服务机构,引入竞争机制,购买高质量的服务。

办学体制创新调研结果表明,大多数教师对于学校办学体制改革保持积极的态度。在教育资源分布不均、教育发展水平不一致的情况下,必须确立以政府为主导、社会广泛参与、办学主体多元化、办学形式多样化的多元办学体制,创造条件满足广大人民群众对优质教育资源的需求,克服僵化教育体制对教育活力的束缚和遏制。对于已经开展办学体制改革的学校,要对改革经验进行及时总结,并根据改革目标制定评价标准,对改革的效果进行合理的评价。伴随着办学体制的转变,对学校而言,从教学管理到行政管理必须要符合新的办学模式的特征,进行人员等因素的调整与重组;从学校的管理层到一线教师都需要进行理念的转变,以此来面对管理和教育教学过程中所出现的新的情况。

各级教育的家长满意度调研结果表明,只有推动区域内教育资源均衡发展,努力缩小学校与学校、城郊与城区之间的差距,让每一个孩子享受到优质教育,才能提升家长对于区域教育、对学校未来发展的满意度。因此,应通过优化资源配置、激发内生力等方式,办好每一所家门口的学校,实现区域教育优质均衡发展,满足 MH 区百姓对教育的需求,保障不同群体的教育权益。同时学校需要多聆听家长的声音,让家长也参与到学校的教育教学改革评价之中,并提升家校联合的水平,用直接便捷的方式反映家长对学校教育的需求,为学校的改进和发展提供方向与目标。

公共教育资源配置的调研结果表明,近年来,MH 区进入教育资源配置的高峰期,教育资源的配置与现实的教育需求之间存在差距。教育总量与教育投入虽然在持续扩张和增长,但由于面临着出生人口高峰、中心城区人口导入、外来人口剧增的三重压力,现有的教育资源仍难以有效满足区内常住人口的需求,教育资源配置紧缺矛盾比较突出,教育财政投入和扩大教育资源总量压力巨大。优质教育资源总量相对不足、区域间教育资源分布不均衡的问题依然存在。公共教育资源配置的差异主要体现在师资力量不平衡、地区录取分数差异导致的入学差异、教学设施差距大三个方面,影响区域公共教育资源配置公平的主要因素是基础教育发展不平衡和学校录取制度不公平。公共教育资源的配置要从"硬件"和"软件"两个方面同时抓。

随迁子女的教育成长调研结果表明,学校和社会要给予随迁子女更多的教育投入与精神关怀。大多数的进城务工人员对于自己的孩子缺乏关注,在辅导子女完成学业、培养子女学习习惯以及荣誉感等方面能力不足。区政府在重视提升学校教学质量的同时,也应重视家庭教育。根据区域经济状况建立家校合作机制,做好指导工作,鼓励社会各界力量的积极加入。在学校层面,需要加强对随迁子女的教育与管理,学校要充分肩负起责任,引导教师树立公平公正的教育意识,对随迁子女给予更多的关注。在学生取得进步时,教师应给予积极正向的表扬,帮助随迁子女树立学习自信心,这样能够潜移默化地影响学生的性格,使之不断取得进步与发展。

MH 区要结合本区域实际发展特点与经济水平,制定与 MH 区未来发展路径相一致的教育发展规划,提炼出区域所独有的核心竞争力。核心竞争力由技术核心竞争力、产品核心竞争力和人力资本核心竞争力所组成,MH 区在教育竞争力的提升方面,要找准教育发展的亮点,打造教育文化品牌,扩大优质师资队伍的力量,提升教育教学人员、研究人员与管理人员的水平。教育竞争力不应仅仅为了排名与竞争而存在,而是通过评价找寻区域教育发展的细节问题与内在问题。知不足方能促发展,区域教育竞争力的评价与比较应始终以区域教育状态的明晰与改善为首要出发点与根本落脚点,以便真正形成可持续的区域教育竞争力。

第五章　JA区：品牌效应辐射的新态势

第一节　JA区教育竞争力扫描

一、教育区情

2015年JA区总面积37平方公里,常住人口107万,下辖13个街道1个镇,地处上海市中心,周边与6个区相邻,历史文脉悠久,城市环境优美,商业商务发达,信息交通便捷,是上海对外交流的重要窗口。[①] 据《2015上海教育年鉴》,JA区共有小学15所,中学17所。基础教育在校学生21899人,其中小学生11881人,中学生10018人。基础教育教职工数2676人,其中专任教师1924人,正高教师6人,上海市教书育人楷模10人。[②] 自"撤二建一"后,JA区现有各类教育单位196家,其中公办教育机构169个,有中学52所、小学45所。现有上海市实验性示范性高中7所,在义务教育阶段建有教育学区1个、教育集团9个、上海市新优质项目学校8所。成功教育、茶馆式教育、愉快教育、创造教育、低结构活动探索、游戏教育、社区教育等多个教育品牌在全国享有较高知名度。拥有6项"基础教育国家级教学成果一等奖",曾获得"全国双基教育先进区"、"全国社区教育示范区"等多项全国性教育先进区域荣誉称号。[③]

JA区内部教育发展各具特色。JA区南部有重视教育改革的传统,相继承担多个教育部重点研究项目,用革新实践路径的方式引领区域教育内涵发展。JA区北部坚

---

① 上海JA区人民政府.上海JA——JA概览[EB/OL].[2017-07-23].http://www.jingan.gov.cn/jagl/jagl.html.

② 上海市教育委员会.2015上海教育年鉴[M].上海:上海人民出版社,2015.

③ 同①。

持教育优先发展的理念,具有一批在上海有一定影响力的教改项目和学校,各类教育总体水平跻身全市前列。整体来看,JA教育以建设优质教育集聚区、打造高端学校品牌群、构建未来教育示范体为目标,在教育质量、教育均衡、教育环境、教育治理能力、教育制度创新方面均取得了一定的成效,教育品牌初见端倪,形成具有推广意义的JA教育改革和发展举措。

在教育质量方面,重视师资建设,教育成果突出。JA区在教育发展中落实教师优先发展的地位,教育人才队伍的学历层次全市领先,并实施"菁英教师"培养计划,教育人才储备丰富,培养出一批在市、区有影响力的领军人才;JA区教育科研成果丰硕,优质教育品牌不断涌现,一些教育理念和成果在全市乃至全国范围内取得较大影响。在教育均衡方面,JA区构筑了优质均衡的教育公共服务体系:落实义务教育绿色指标体系,义务教育领域以促进教育公平为主,注重保持义务教育阶段的完成率;建立公办小学对口入学新生数据库,率先推出每户地址五年内只享有一次同校对口入学机会的新政,缓解了教育资源紧缺和适龄儿童入学人数剧增的矛盾。在教育环境方面,JA区形成了依法治教和依法治校的教育运行体系,对学校章程的建设与执行、学校安全管理和学校突发事件应急管理机制的完善方面十分重视。同时,JA区信息化水平不断提高,通过教育信息技术的应用支撑教育现代化的实现。在教育治理能力方面,JA区注重健全规范高效的区域教育治理结构,持续推进管办评分离,落实学校办学的主体地位的同时强化社会参与。立足于区域教育传统,JA区因地制宜地探索了多样的办学机制改革,推进开展集团化、学区化办学。并针对民办教育管理体制进行改革,改善政府资金对民办学校的扶持方式,扶持效益得到提高。在校外机构建设上,构建各委、办、局参与,多方协同的区域教育资源开发运用机制,建立校外联席会议制度,形成并不断完善一体化机制的框架及运作办法。在教育创新方面,JA区以问题导向和个性化导向为核心,以科研为引领,用国际先进的教育理念引导区域教育整体综合改革。区域成立实验小学教育集团,多所学校成为市教育委员会教学研究室"教育综合改革实验基地学校",共享课程建设也持续深化。JA区还注重探索区域"教育链"的辐射模式,推行"创新教育链"、"艺术教育链"和职业教育"高本贯通"等办学模式,为办学体制的突破创造新经验。

二、施测背景及研究方法

本次研究所采用的数据收集和指标分析方法,与前面的调查研究一致。数据主要来源于《2015 上海教育年鉴》及问卷调查,选取世界银行、OECD 等国际组织使用的具有通用性和可操作性的教育指标,以及从《2015 上海教育年鉴》、《中国教育事业统计年鉴》等官方公开渠道获取可用来做区域间对比的权威数据。为了保持数据具有统一的统计口径,聚焦于基础教育竞争力,研究以上海 JA 区为调研个案,通过资料收集和问卷调研的方式采集数据并进行分析,力求解读 JA 区目前的区域教育竞争力现状,并探究 JA 区教育发展中存在的不足。本书把区域教育竞争力评价指标分为硬性指标与软性指标两个组成部分,其中硬性指标可以通过一些计算方法加以精确量化,软性指标则较难精确计算出来,其测量需借助于问卷调查。根据本书研究目的,设计了教育质量与资源均衡调查问卷(家长版),共 25 小题(见附件 3);区域教育治理能力与教育制度创新调查问卷(教师版),共 22 小题(见附件 1);教育公平调查问卷(学生版),共 13 小题(见附件 2)。针对区域教育竞争力的问题,分别从家长的角度调查教育质量与资源均衡性,从教师的角度调查区域教育治理能力与教育制度创新性以及从学生的角度调查教育公平性。样本选择为上海市 JA 区基础教育中的利益相关者——家长、教师和学生,主要来自上海市 JA 区的三泉学校、彭浦初级中学、闸北第三中心小学、爱国学校等学校。最后共回收 JA 区教育质量与资源均衡调查问卷(家长版)有效问卷 1380 份,区域教育治理能力与教育制度创新调查问卷(教师版)有效问卷 205 份,教育公平调查问卷(学生版)有效问卷1653 份。

第二节　JA 区教育竞争力评价

一、投入类指标:"软""硬"兼备,实力领先

(一)师资配置:队伍质量领先全市,人才储备较为丰富

JA 区基础教育的生师比 = (11881 + 10018)/(1164 + 760) = 21899/1924 = 11.382,利用 SPSS 录入各区基础教育生师比的数据,计算标准差和均值如表 5 - 1 所示。由表中数据计算 JA 区的标准分数为 -0.59,说明 JA 区基础教育生师比低于各区基础教育生师比均值 0.59 个标准差。由于特有的地域条件和经济发展状况,"小"而"精致"是 JA 区教育的重要特征。JA 区基础教育已经基本实现小班教学,每名学生占有的教师资源相较于其他区县来说更为丰富,这为拓展和保障学生个性化成长创造了条件。

表 5-1　各区基础教育生师比分析表

均值	N	标准差
12.5662	17	2.0128

JA 区基础教育专任教师比例＝(1164＋760)/(1631＋1045)＝1924/2676＝0.719。依据表 5-2 中各区基础教育专任教师比的标准差和均值计算得出,JA 区的标准分数是－1.65。由数据分析得出,JA 区的专任教师数量水平低于均值,说明 JA 区缺乏专任教师,应加大专任教师的培训力度,以骨干队伍建设为重点,整体设计促进教师专业成长的路径。

表 5-2　各区基础教育专任教师比分析表

均值	N	标准差
0.7988	17	0.04843

师资队伍的均衡配置是基础教育均衡发展的本质要求,也是基础教育均衡发展的关键组成部分,忽视师资队伍均衡发展将影响教育公平的实现,同时也会阻碍基础教育均衡发展。根据上述分析,JA 区教育在小班教学、学生个性发展引导、因材施教等方面的情况略微领先于上海各区基础教育发展的平均水平。但 JA 区教师的专业化程度有待提高,JA 区政府应该在原有发展的基础上,增加专任教师的数量,加大教师的培训力度,继续提高专任教师的质量,在小班教学的基础之上实现学生个性全面发展。

(二) 经费投入：生均校均较为充足,投入力度仍在增强

由表 5-3 的统计情况可以看出,JA 区政府 2014 年在基础教育阶段的经费投入全市领先,并持续上涨。与其他区县相比,JA 区学校数量及学生人数偏少,但教育经费投入的力度仍在增强,在初中教育阶段和小学教育阶段表现尤为突出。结合下文 JA 区中小学学生家长对子女的学校所在区域公共教育资源充足度的评价,回答问卷的初中学生家长中 60.40％认为资源比较充足,小学学生家长中 62.32％认为资源比

表 5-3　JA 区 2014 年基础教育经费投入分析表

	生均公用经费(元)	位次	涨幅(元)	涨幅(％)	生均公用经费占比(％)
小学	12739.19	2	2486.38	24.20	33.05
初中	15522.12	3	3523.93	29.37	35.11
高中	38293.58	1	851.49	2.27	49.20

较充足。JA区政府在教育整体资源较充足的情况下,应合理配置教育资源,推动教育优质均衡发展。

(三)教育环境:依法治教依法治校,学校运行管理机制完善

JA区基础教育的校均数＝基础教育的学生总数÷学校数＝(11881＋10018)/(15＋17)＝21899/32＝684.344;基础教育的平均班额＝基础教育的在校学生总量÷基础教育的班级数＝(11881＋10018)/(384＋316)＝21899/700＝31.28。由表5－4计算出的标准差和均值得出,JA区基础教育校均数的标准分数是－0.44,JS区基础教育校均数的标准分数是0.22,MH区基础教育校均数的标准分数是1.22。由上述分析得知,JA区基础教育校均数低于均值0.44个标准差,低于JS区和MH区的基础教育校均数。同时结合基础教育平均班额的分析,JA区虽然学校数量少于其他区县,但是学校中的班级规模较小且较为合理,有利于为学生的个性化发展提供空间。

表5－4　各区基础教育校均数分析表

均值	N	标准差
791.0985	17	243.86914

JA区中小学计算机生均拥有量＝(4868＋8368)/(11881＋10018)＝13236/21899＝0.604。由表5－5计算得知,JA区的标准分数是1.91。说明JA区中小学计算机生均拥有量在上海高于于平均水平1.91个标准分数。JA区的中小学计算机生均拥有量高于上海平均水平,几乎2名学生就拥有1台计算机。

表5－5　各区中小学计算机生均拥有量分析表

均值	N	标准差
0.3444	17	0.13617

JA区基础教育拥有校园网学校占学校总数的比例＝(13＋17)/(15＋17)＝30/32＝0.938。由表5－6可知,JA区的标准分数是0.84,JA区基础教育拥有校园网学校占学校总数的比例高于均值0.84个标准差,由此看来JA区校园网普及率较高,为JA教育的现代化发展提供了支撑。

通过对师资配置、经费投入和教育环境三个方面的硬性指标分析,可以发现JA区基础教育整体发展达到市平均水平,且学校的班级规模控制良好,通过小班化教学满

表 5-6 各区校园网学校占学校总数比例分析表

均值	N	标准差
0.8348	17	0.12214

足学生个性化成长需求。在设施设备均衡配置水平上,JA 区在学生电脑、校园网络、办公设备上做到标准统一、数量一致、各校均衡,推动教育环境向信息化、数字化发展。JA 区总体的教育发展具有规模小、质量高、投入大的特点,但还需重视推进教育优质均衡发展的工作,创新教育资源分配和利用机制。

二、过程类、产出类指标:改革发展基础雄厚,三方互动有待增强

(一)教育治理能力:系统内部决策民主,社会参与形式单一

1.决策咨询

题项"您知道教育行政部门采取了下列哪些形式听取意见和建议?"的统计分析结果如表 5-7 所示,72.2%的教师选择"设立沟通信箱",60.0%的教师选择"接待日",56.1%的教师选择"个别座谈",59.5%的教师选择"召开征求意见会",3.4%的教师选择"其他"。

表 5-7 教师对教育行政部门听取意见和建议的形式了解情况统计表

调查内容	选 项	选中频率
教育行政部门听取意见和建议的形式	设立沟通信箱	72.2%
	接待日	60.0%
	个别座谈	56.1%
	召开征求意见会	59.5%
	其他	3.4%

题项"您认为教育行政部门在作出重大教育决策时,主要根据?"的数据分析结果如表 5-8 所示,87.8%的教师选择"根据上级教育管理部门要求",31.2%的教师选择"根据教育部门领导的个人经验和直觉",65.9%的教师选择"基于数据进行研究并作出决策",52.2%的教师选择"各个学校代表的协商",32.7%的教师选择"主要听取社会的意见",0.5%的教师选择"其他"。

表5-8 教师对教育行政部门作重大决策时的主要根据了解情况统计表

调查内容	选项	选中频率
教育行政部门在作出重大教育决策时的主要根据	根据上级教育管理部门要求	87.8%
	根据教育部门领导的个人经验和直觉	31.2%
	基于数据进行研究并作出决策	65.9%
	各个学校代表的协商	52.2%
	主要听取社会的意见	32.7%
	其他	0.5%

JA区政府致力于健全规范高效的区域教育治理结构,探索出了一套符合本区实际的专家、社会、学校、政府相结合的教育治理工作流程和方法。JA区政府推行的"设立沟通信箱"、"来访群众接待日"、"展开个别座谈"、"召开征求意见会"等形式具有较强的社会影响力和号召力,调动了各治理主体的参与积极性。JA区政府对区域教育质量和发展状况认识清醒,能够以服务意识推动区域教育治理变革。JA区教育行政部门作出重大决策时,注重贯彻上级政策文件精神和管理部门要求,基于数据研究展现区情实际,制定与JA区相符合的具体政策实施方法和改革举措。区教育行政部门重视各个学校代表的协商意见,充分发挥JA区教育政策咨询委员会的作用,形成一套科学有效的决策咨询系统,以区域协同探索的方式推动JA区教育发展。但是除了计量化的决策外,还存在决策者依据经验进行决策的惯性;而且社会群众对教育决策制定的参与尚还不足。如何推动教育决策中各参与主体权利的合理分配与科学流动,有赖于进一步探究。

题项"一般来说,学校平均多久召开一次教职工代表大会?"的统计分析结果如图5-1所示,14.63%的教师选"一学年一次",39.51%的教师选"一学期一次",27.80%的教师选"半学期一次"。学校教职工代表大会是教职工依法参与学校民主管理和监督的基本形式。由教师的回答情况分析得出,近年来JA区学校基本普及教职工代表大会制度,部分学校积极关注教师作为学校管理参与主体的作用。JA区向来注重干部教师队伍建设,区域形成了较为完善的优秀教师发展序列和培养机制,激发学校依法自主办学活力,应该重点激发干部教师参与学校管理的自觉性与主动性。以教职工参与学校重大事务决策、日常管理和办学诊断的方式,完善具有"走向个性化"特点的各级各类教育督导评估体系,推动学校开展自主评估工作,促进学校个性化、多样化发展,同时进一步提高学校教职工的质量,培养一批在市、区有影响的教师。

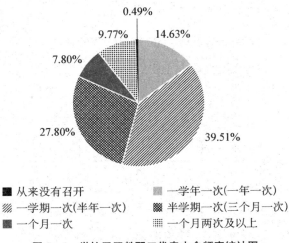

0.49%

9.77%   14.63%

7.80%

27.80%   39.51%

■ 从来没有召开　　　　　▩ 一学年一次(一年一次)
▨ 一学期一次(半年一次)　▨ 半学期一次(三个月一次)
■ 一个月一次　　　　　　▦ 一个月两次及以上

图 5-1　学校召开教职工代表大会频率统计图

题项"学校征求意见的事项包括?"的数据分析结果如表 5-9 所示,74.6%的教师选择"学校发展规划",73.7%的教师选择"学校各项规章制度",40.0%的教师选择"学校党政工团工作计划",49.8%的教师选择"学校精神文明创建工作",47.3%的教师选择"有关人事调动、调整,干部的推荐、培养、使用和管理监督,干部培训、考核、任命、免职",64.9%的教师选择"教职工的福利、晋级晋职、评优选先",45.4%的教师选择"重大的经费开支、财务预决算、基建项目",42.4%的教师选择"政务公开工作",42.9%的

表 5-9　学校征求意见内容统计表

调查内容	选　项	选中频率
学校征求意见的事项	学校发展规划	74.6%
	学校各项规章制度	73.7%
	学校党政工团工作计划	40.0%
	学校精神文明创建工作	49.8%
	有关人事调动、调整,干部的推荐、培养、使用和管理监督,干部培训、考核、任命、免职	47.3%
	教职工的福利、晋级晋职、评优选先	64.9%
	重大的经费开支、财务预决算、基建项目	45.4%
	政务公开工作	42.4%
	学校内部管理体制改革工作	42.9%

教师选择"学校内部管理体制改革工作"。在教师看来,JA区学校主要在学校发展规划和学校各项规章制度上积极听取教职工的意见,确保学校的整体发展方向和运行秩序科学合理。在教职工的福利、晋级晋职、评优选先、调动任免等学校人事工作和学校文化工作上也重视教职工的意见,体现学校管理的民主。但在学校党政工团工作、学校财务工作、学校内部管理工作及其他重大改革和重大问题方面教职工参与程度不足。应完善教职工广泛参与的学校事务管理体系,激发学校健康发展活力。

题项"一般说来,学校平均多久召开一次家长代表座谈会?"的数据分析结果如图5-2所示,61.46%的教师选"一学期一次(半年一次)",22.44%的教师选"半学期一次(三个月一次)"。JA区学校与学生家长的联系较为紧密,在对学生的教学培养过程中广泛实现家校联动,充分调动可用资源,满足学生个性化成长需求。

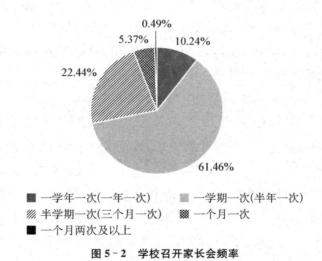

图5-2 学校召开家长会频率

题项"学校在作出重大教育决策时,主要根据?"的数据分析结果如表5-10所示,88.8%的教师选择"根据上级教育管理部门要求",26.3%的教师选择"根据校长的个人经验和直觉",62.4%的教师选择"基于数据进行研究并作出决策",63.4%的教师选择"主要听取教职员工代表大会的意见",38.0%的教师选择"主要听取家长代表大会的意见",0.5%的教师选择"其他"。JA区学校的决策模式学习了区教育行政部门决策的成功经验,在落实政策文件和上级部门指示精神基础上,立足于本校实际进行决策。学校在决策过程中探索符合本校实际的家庭、学校、社区相结合的教育工作流程和方法,听取学生家长对于学校管理与改革的建议,调动学校治理层面各参与主体的积极性。学校还可将高校专业引领和教育决策相结合,加强决策咨询,提高决策水平。

表5-10 教师对学校作重大教育决策的主要根据了解情况统计表

调查内容	选项	选中频率
学校在作出重大教育决策时的主要根据	根据上级教育管理部门要求	88.8%
	根据校长的个人经验和直觉	26.3%
	基于数据进行研究并作出决策	62.4%
	主要听取教职员工代表大会的意见	63.4%
	主要听取家长代表大会的意见	38.0%
	其他	0.5%

JA区政府在教育决策方面,注重探索教育治理体系现代化的可行路径,构建决策支持系统。以国家颁布的教育政策文件和上级重要指示为指导,积极利用数据进行决策辅助,推进区域教育信息化工作,采取多种形式收集社会教育专家群体意见,加强各个学校代表的协商沟通,完善教育决策程序,提高教育决策质量。但还需强化社会参与,发挥社会对教育的评价、监督作用。在教育治理的理念下,JA区持续深化教育领域综合改革,转变政府职能,减少了对学校的行政干预,把学校放在办学的主体地位,推进学校自主、主动发展。学校积极学习领会政策与政府部门的指示和要求,形成了较为科学合理的决策模式。但对教职工代表大会这一民主决策形式探索不足,收集教职工真实意见想法的途径单一,学校决策的民主化还需提升。经验决策的情况在各个决策层面依然普遍存在,教育行政部门需要推进决策程序的合法化和科学化,通过制度改革促进决策改革。学校可以探索多样的办学体制改革,开展集团化、学区化办学,形成多样化决策模式。

2. 协调运作

题项"教育行政部门与学校联系密切吗?"的统计分析结果如图5-3所示,13.17%的教师选择"每天都联系",56.10%的教师选择"联系较为频繁,但不是每天",29.75%的教师选择"联系不太频繁,主要通过特定学校活动、社区活动联系"。

题项"教育行政部门与学校的联系主要通过哪种形式?"的数据分析结果如表5-11所示,64.9%的教师选择"由教育行政部门牵头,成立各个学校共同参与的协商沟通机构,各个学校参加并各指派一名联络人员,以保持经常性联系";55.1%的教师选择"建立由教育行政人员及学校代表参加的联席会议制度,相互沟通情况,对各个阶段工作

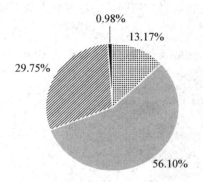

0.98%

13.17%

29.75%

56.10%

▦ 每天都联系　▨ 联系较为频繁，但不是每天

▨ 联系不太频繁，主要通过特定的学校活动、社区活动联系

■ 从来没有联系

图 5-3　教育行政部门与学校联系的密切程度

表 5-11　教师对教育行政部门与学校联系的主要形式了解情况统计表

调查内容	选　项	选中频率
教育行政部门与学校联系的主要形式	由教育行政部门牵头,成立各个学校共同参与的协商沟通机构,各个学校参加并各指派一名联络人员,以保持经常性联系	64.9%
	建立由教育行政人员及学校代表参加的联席会议制度,相互沟通情况,对各个阶段工作做出安排	55.1%
	教育行政部门不定期组织教育行政人员进学校,开展学校调查、教育督导活动	65.9%
	其他	3.4%

做出安排";65.9%的教师选择"教育行政部门不定期组织教育行政人员进学校,开展学校调查、教育督导活动";3.4%的教师选择"其他"。

JA 区政府与学校的联系较为密切,交流联系形式多样,以学校指派联络代表参加教育研讨会议及政府组织行政人员督查学校工作的形式最为重要。JA 区政府依据《上海市教育督导条例》,充分发挥了教育督导对区域教育发展状况和教育质量的评估、检测的作用,以中小学责任挂牌督学经常性督导为切入口,推进基于"学校发展规划"的发展性督导评估,并完善具有"走向个性化"特点的各级各类教育督导评估体系,推动学校开展自主评估。除了政府学校二级联动外,区教育行政部门还需完善家庭、督学、学校、社区相结合的教育督导工作流程和方法,以及督导结果向社会公示、公告的途径与实施办法,构建多元教育主体充分参与的督导机制。

题项"学校与家长、社区的联系密切吗?"的数据分析结果如图 5-4 所示,25.37%的教师选择"每天都联系",53.17%的教师选择"联系较为频繁,但不是每天",21.46%的教师选择"联系不太频繁,主要通过特定的学校活动、社区活动联系"。

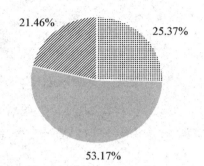

21.46%　　25.37%

53.17%

▦ 每天都联系　■ 联系较为频繁,但不是每天
▧ 联系不太频繁,主要通过特定的学校活动、社区活动联系

图 5-4　学校与家长、社区联系的密切程度

题项"学校与社区、家长的联系主要通过哪种形式?"的数据分析结果如图 5-5 所示,受调查的教师中选"由社区牵头,成立社区、学校未成年人教育联系活动机构,双方

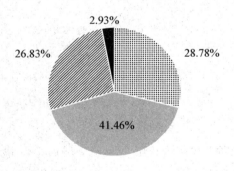

2.93%

26.83%　　28.78%

41.46%

▦ 由社区牵头,成立社区、学校未成年人教育联系活动机构,双方领导参加并各指派一名联络人员,以保持经常性联系

■ 建立由社区、学校领导及家长代表参加的联席会议制度,相互沟通情况,对各个阶段工作做出安排

▧ 学校不定期组织教师进社区,开展社会调查、家访以及未成年人心理咨询活动

■ 其他

图 5-5　学校与社区、家长联系的主要形式

领导参加并各指派一名联络人员,以保持经常性联系"的教师比例为 28.78%;选"建立由社区、学校领导及家长代表参加的联席会议制度,相互沟通情况,对各个阶段工作做出安排"的教师比例为 41.46%;选"学校不定期组织教师进社区,开展社会调查、家访以及未成年人心理咨询活动"的教师比例为 26.83%;2.93%的教师选择"其他"。

JA 区学校与社区、家长的主要联系形式为建立由社区、学校领导及家长代表参加的联席会议制度,相互沟通情况,对各个阶段工作做出安排。社区主导的指派联络人与学校联系的形式以及学校组织教师进入社区、家庭了解情况的形式作为补充。在现阶段家校互动模式的实施过程中,学校积极引导,但社区与家长多为被动参与。JA 区学校积极研发区域性公共教育资源平台,如家庭教育指导中心,通过课程内容衔接和社会实践教育实现以学生学习发展为桥梁的家校互动和联结。同时构建开放、便捷的教育服务公共交流平台,为社会公众、学生和家长提供实时的各类学习和服务信息。还设立学校专职辅导员、全员导师制等学生成长服务机制,以更有温度和人文关怀的方式激发社区、家庭参与家校互动的活力。

题项"教育行政部门主要通过哪些方式执行监督职能?"的统计分析结果如表 5-12 所示,68.8%的教师选择"督查校长及领导班子的在岗、出勤、听课、参与教研活动等情况",68.8%的教师选择"督查学校民主管理、校务公开的情况,了解学校重要或重大工作会办情况",60.5%的教师选择"督查学校教职工对校务公开满意度情况",54.1%的教师选择"督查学校民主管理、民主理财情况",62.4%的教师选择"督查学校严格执行师德师风建设的八项规定,督查了解有无有偿家教、乱推销、乱收费等违规行为",54.1%的教师选择"督查学校对上级工作布置的执行情况和传达学习上级会议精神情况",2.4%的教师选择"其他"。JA 区教育行政部门对学校的督导工作的内容涵盖了学校领导班子的工作情况、学校事务管理情况、学校民主建设状况、校纪校风建设、政策执行落实情况等。督导工作内涵丰富,具有实效。但当前教育行政部门执行监督职能时,着重工作中监督作用的体现,弱化了教育督导对区域教育发展状况和教育质量的评估、检测的职责和作用。应该完善与深化指向学校的基础性评价。在小学阶段构建"活力指标",丰富指标评价内涵,细化评价标准,促进各小学优质均衡发展。在义务教育阶段,对接绿色指标,不断完善教育教学评价,重点研究以校为本的教育质量保障体系建设。在高中阶段积极探索学生综合素质评价体系的校本建设,在进行写实记录和形成数字化档案方面积极探索有效路径,形成有区域特色的学生综合素质评价体系。此外,还应建立社会监督机制,积极引入专业机构等第三方力量促进学校科学发展、持续发展。

表 5-12　教师对教育行政部门执行监督职能的主要方式了解情况统计表

调查内容	选　项	选中频率
教育行政部门执行监督职能的主要方式	督查校长及领导班子的在岗、出勤、听课、参与教研活动等情况	68.8%
	督查学校民主管理、校务公开的情况,了解学校重要或重大工作会办情况	68.8%
	督查学校教职工对校务公开满意度情况	60.5%
	督查学校民主管理、民主理财情况	54.1%
	督查学校严格执行师德师风建设的八项规定,督查了解有无有偿家教、乱推销、乱收费等违规行为	62.4%
	督查学校对上级工作布置的执行情况和传达学习上级会议精神情况	54.1%
	其他	2.4%

题项"学校主要通过哪些形式履行督导职责?"的统计分析结果如表 5-13 所示,受调查的教师中选择"召开教师座谈会"的教师比例为 77.6%,选择"到课堂听课"的教师比例为 87.3%,选择"找学生或家长了解情况"的教师比例为 68.8%,选择"督促处室、年级部和学科组抓好教育教学工作"的教师比例为 73.7%。JA 区学校采取多种形式履行督导职责,通过召开教师座谈会,到课堂听课,督促处室、年级部和学科组抓好教育教学工作的方式实际掌握教学一线情况,通过找学生或家长了解情况的方式全面了解学校教育教学情况,强化家校互动。JA 区已经形成了层次丰富、内涵多样的立体督导体系,为教育教学和学校管理提供保障和支持。

表 5-13　教师对学校履行督导职责的主要形式了解情况统计表

调查内容	选项	选中频率
学校履行督导职责的主要形式	召开教师座谈会	77.6%
	到课堂听课	87.3%
	找学生或家长了解情况	68.8%
	督促处室、年级部和学科组抓好教育教学工作	73.7%

题项"家长、社区参与教育督导的方式主要有哪些?"的回答情况如表 5-14 所示,79.0%的教师选择"通过家长座谈会",57.1%的教师选择"到课堂听课",60.5%的教

师选择"找学生、教师或学校管理人员了解情况",70.2％的教师选择"通过家长委员会或家长联盟等家长组织与学校、教育管理部门协商",0.5％的教师选择"其他"。JA区家长、社区参与教育督导的方式主要为到校了解情况和协商会谈。家长、社区参与教育督导的方式较为传统、单一。可以通过引入专业机构等第三方力量建立社会监督机制,作为沟通家长、社区、学校和政府的桥梁。同时充分利用先进的信息化技术,构建开放、便捷的教育服务公共交流平台,让教育督导工作跨越时间空间的局限,扩展社区和家长参与教育督导的内涵。

表 5-14 教师对家长、社区参与教育督导的主要方式了解情况统计表

调查内容	选项	选中频率
家长、社区参与教育督导的主要方式	通过家长座谈会	79.0％
	到课堂听课	57.1％
	找学生、教师或学校管理人员了解情况	60.5％
	通过家长委员会或家长联盟等家长组织与学校、教育管理部门协商	70.2％
	其他	0.5％

研究结果表明,JA区政府通过由教育行政部门牵头设立联络人,组织行政人员进入学校督查,开展由政府代表、学校代表组成联席会议等形式与学校建立了较为紧密的联系,对学校领导班子的工作情况、事务管理情况、民主建设状况、校纪校风建设、政策执行落实情况等方面进行了有效监督。但可以调整监督工作的内容结构,重点督查学校的财务工作、政策落实工作,适当减弱对学校事务管理情况等方面的管控,给予学校更多自主办学的空间。同时,上级教育部门在履行职能过程中还没有充分发挥对学校的评价作用、指导作用和服务作用,有待进一步调整政府与学校间的联动机制。此外,还需着力构建各委、办、局参与,多方协同的区域教育资源开发运用机制,深化开展校外联席会议制度,形成并不断完善一体化机制的框架及运作办法。

JA区学校对于教育教学工作的督导形式丰富,例如到课堂听课、召开教师座谈会、找学生或家长了解情况等,督管、督教、督学工作有效开展。学校主要通过召开家长座谈会、协商会谈等形式增进社区和家长对学校工作的了解与认识,在建立多元主体参与督导管理的方法上还存在欠缺。可以以引入第三方评价监督机构为抓手,加强校外机构建设,完善学校、家庭和社区多方合作机制,推动区域教育协同创新。同时需

要政府与学校积极采取措施,改变社区和家庭参与教育治理的被动状况,宣扬现代化的教育理念,构建专家、社会、学校、政府广泛参与的教育环境,整合区域所有可利用的资源。

(二)教育制度创新:改革基础良好,教师参与不足

题项"您认为您所在学校在办学体制上有哪些优势?"的统计分析结果如表5-15所示,50.2%的教师选择"政策扶持力度大",67.3%的教师选择"教育资源集中",24.9%的教师选择"有较多的办学自主权(财务、人事、课程设置等)",22.4%的教师选择"吸引高质量生源",24.4%的教师选择"引进高水平师资",4.9%的教师选择"其他"。JA区教师认为自己学校办学的主要优势为教育资源集中,其次为政策扶持力度大。JA区委、区政府高度重视教育工作,始终坚持教育优先发展的理念,持续加大教育投入和完善教育政策。在促进教育发展时坚持个性化导向,给予学校较大的自主发展空间。各类教育整体水平跻身全市先进行列,在教育教学改革推进、区域和学校课程建设等诸多方面取得了一定的成效,教育品牌初见端倪,形成了具有推广意义的JA区教育改革和发展举措,吸引了众多高水平的师资和高质量的生源。

表5-15 教师对学校在办学体制上的优势了解情况统计表

调查内容	选　项	选中频率
学校在办学体制上的优势	政策扶持力度大	50.2%
	教育资源集中	67.3%
	有较多的办学自主权(财务、人事、课程设置等)	24.9%
	吸引高质量生源	22.4%
	引进高水平师资	24.4%
	其他	4.9%

题项"您认为您所在学校在办学体制上有哪些劣势?"的统计分析结果如表5-16所示,65.4%的教师选择"招生质量受限"。招生质量受限是让JA区很多学校教师感到困扰的问题。JA区推行教育改革,优质教育品牌不断涌现,已经在区域甚至全国形成影响力的学校吸引了大量优质生源,而其他获得公共教育资源相对较少的学校存在生源质量受限的情况。区域基础教育阶段学校均衡发展、教育资源均衡分配是一个热度持续不衰的问题。

表 5 - 16　　教师对学校在办学体制上的劣势了解情况统计表

调查内容	选项	选中频率
学校在办学体制上的劣势	政策支持不足	30.7%
	缺少办学自主权(财务、人事、课程设置等)	33.2%
	缺乏师资力量	30.2%
	招生质量受限	65.4%
	社会口碑不佳	6.3%
	其他	2.0%

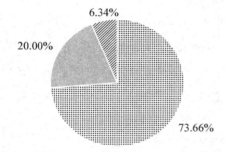

▒ 非常有必要，这是办学体制改革所趋
■ 保持中立，维持现状
▨ 无所谓，办学体制不影响日常工作教学

图 5 - 6　教师对未来基础教育办学体制
是否应走向多元化的看法

题项"您认为未来基础教育办学体制是否应走向多元化?"的统计分析结果如图5-6所示,73.66%的教师选择"非常有必要,这是办学体制改革所趋",20.00%的教师选择"保持中立,维持现状"。

将题项"您认为未来基础教育办学体制是否应走向多元化?"和题项"您认为学校不同的办学模式对您日常教育教学工作有所影响吗?"的回答情况结合统计,统计结果见表5-17,并计算线性相关系数,输出结果如表5-18所示。

表 5 - 17　　交叉分析表

		教师认为学校不同的办学模式对日常教育教学工作的影响程度				合计
		影响很大	有一定影响	影响较小	没有影响	
教师对未来基础教育办学体制是否应走向多元化的看法	非常有必要,这是办学体制改革所趋	36	87	17	11	151
	保持中立,维持现状	7	26	4	4	41
	无所谓,办学体制不影响日常工作教学	0	6	2	5	13
	合计	43	119	23	20	205

表 5 - 18　对称度量表(相关分析)

		值	近似值 Sig.
按标量标定	φ	0.282	0.012
	Cramer 的 V	0.200	0.012
有效案例中的 N		205	

数据分析结果表明,大多数教师对于学校办学体制改革保持积极的态度,认为学校要顺应改革趋势。JA 区作为教育部和上海市共建国家教育综合改革试验区,承担了多个国家级教育改革课题,在教育教学改革推进、区域和学校课程建设等诸多方面取得了一定的成效,获得了大多数教师和学校的认可。但教育改革中资源的分配要更趋于合理,学校间的竞争机制还需完善,以调动学校和教师对于教育持续改革的积极性。同时,教师对于未来基础教育办学体制是否应走向多元化与教师认为学校办学模式变革对日常教学工作的影响的线性相关系数为 0.2,说明两者之间存在较强的正相关。其相关系数检验的 Sig(2-tailed) 近似于 0。当显著性水平为 0.05 或者 0.01 时都应该拒绝原假设,认为两总体之间不是零相关的。这说明当教师感受到学校办学模式变革对其影响越大时,对学校办学模式改革就越是支持。这是对 JA 区教育体制改革的影响的一种肯定。同时,教师的反应是教育改革推行成效的重要影响因素,得到教师的支持,学校的办学模式改革才能顺利进行,各种教学改革才能深入开展。因此要重视学校办学模式转变对教师日常教学工作产生的影响,在改革过程中重视对教师群体利益的保护。处于办学体制改革中的学校在评价改革影响时,要全面考虑办学体制改革对各教育主体的影响,总结有效经验,形成多方受益的教育格局。

题项"您认为学校办学模式的转变给您带来了哪些影响?"的数据分析结果如表 5-19 所示,60.0% 的教师选择"管理模式的变化",69.3% 的教师选择"教学理念的更新",40.0% 的教师选择"自主设置教学课程",42.0% 的教师选择"教学技术的更新和掌握",2.0% 的教师选择"其他"。大多数教师认为学校办学模式改革给他们带来的影响是教学理念的更新,其次是管理模式的变化。一项改革的成功,最根本的在于观念的革新,JA 区具有一批在上海有一定影响力的教改项目和学校,教育改革的理念深入人心。教师转变教育观念带动教学模式和方法的改变,有利于提高教育教学质量。JA 区以推进地区学区化办学为平台,以推进集团化办学为抓手,创新办学机制。通过办学模式改革来影响学校的决策机制和内部管理体系,是一种对教学资源结构的调整优化。同时,JA区教育信息化水平不断提高,在区域建设了一批"苹果教室"和"未来智慧教室";区教育学院建成学科应用网站、教育教学资源库等;区域教学技术革新有力地支撑着学校对个性化教育的探索和实践。学校对于教学课程设置的自主性增加,产生了丰富的特色课程,例如引进"WAP全球使者计划国际理解课程"、"青少年国际会议联盟国际课程"等国际课程,校本课程建设总数超1200门。

表5-19 教师认为学校办学模式转变给其带来的影响统计表

调查内容	选项	选中频率
教师认为学校办学模式转变给其带来的影响	管理模式的变化	60.0%
	教学理念的更新	69.3%
	自主设置教学课程	40.0%
	教学技术的更新和掌握	42.0%
	其他	2.0%

题项"您是否经历了所在学校办学模式的转变?"的数据分析结果表明,74.6%的教师选择"没有"。与此题相关的题项"您认为哪种办学模式更有利于您自身的发展?"的数据分析结果如表5-20所示,25.4%的教师选择"集团化办学模式",25.4%的教师选择"学区化办学模式",17.6%的教师选择"联合办学模式",4.9%的教师选择"结对办学模式",15.6%的教师选择"合作办学模式"。JA区立足区域教育传统,因地制宜,深入探索多样的办学体制改革。这对区域内学校产生了巨大影响,多数尚未经历办学模式变革的学校认可区域开展的集团化、学区化办学模式,对联合办学、合作办学模式的认可度也较高,愿意寻求变革。JA区应完善工作机制,扩大优质教育资源的覆盖面积和受益人群,落实"教育综合改革实验基地学校"项目,推进教育综合改革的项目实验。

表5-20 教师认为有利于自身发展的办学模式统计表

调查内容	选项	选中频率
教师认为有利于自身发展的办学模式	集团化办学模式	25.4%
	学区化办学模式	25.4%
	联合办学模式	17.6%
	结对办学模式	4.9%
	合作办学模式	15.6%

JA区在"撤二建一"初期,南北地区教育改革实施情况有所差异。南部地区有重视教育改革的优良传统,以研究为先导,通过项目推进创新,多项教育改革成果全国知名,教育改革不断推进。北部地区在教育机制创新方面也取得了一定成效,区域内学校对于办学体制多元化发展的形式有较积极的认识。改革中的学校在思想理念上有了较为深刻的变革,在管理模式、教学技术和教学课程自主性等方面也发生了很大改变。尚未经历教育体制改革的学校对教育体制改革的趋势大体认同,认为进行改革有利于学校的发展。这就要求JA区立足区域教育传统,因地制宜,深入探索多样的办学体制改革。深入推进集团化、学区化办学,完善工作机制,不断扩大优质教育资源的覆盖面积和受益人群。落实"教育综合改革实验基地学校"项目,推进教育综合改革的项目实验。进一步探索区域"教育链"的辐射模式,深化"创新教育链"、"艺术教育链"等办学模式,为办学体制的突破创造新经验。根据线性相关分析,教师对学校变革的认可程度与改革对教师产生的影响程度呈正相关,因此学校在改革过程中要重视教师的参与程度,在改革的规划、实施和完善过程中注重保障教师群体的利益。认识到非正式组织在学校变革中的作用,推动学校民主管理工作的开展,运用信息化技术突破传统教师表达意见和建议的壁垒,让教师能够对学校的发展提出真实看法。

(三) 教育质量:优质教育集聚,品牌学校众多

题项"您对学校教师的教育教学能力和水平感到"、"您对您孩子的老师的教育教学水平感到"、"您对学校的教学设施设备质量感到"、"您对学校的基础设施条件感到"、"您对学校班主任与家长的联系和沟通程度感到"、"您对学校总体工作的满意程度是"的数据分析结果如表5-21所示。家长对于目前JA区学校的总体工作是基本满意的,主要反映在以下几个维度:学校教师的教育教学能力和水平(40.2%的家长选择非常满意,56.0%的家长选择基本满意);自己孩子老师的教育教学水平(47.2%的家长选择非常满意,49.9%的家长选择基本满意);学校的教学设施设备质量(32.6%的家长选择基本满意,63.0%的家长选择非常满意);学校的基础设施条件(30.1%的家长选择基本满意,62.5%的家长选择非常满意);学校班主任与家长联系和沟通程度(61.1%的家长选择非常满意,36.7%的家长选择基本满意)。

家长满意度是家长的一种主观心理感受,与家长对学校教育的期望值紧密相联。从家长的回答情况可以得出,JA区学校的基础设施条件和教学设施设备质量基本达到了家长的心理预期,家长对教师的教育教学水平较为认可,对于学校班主任与家长之间沟通工作的满意度较高。班主任与家长的沟通成为家长对学校总体满意程度的

表 5-21　各级教育的家长满意程度统计表

	非常满意	基本满意	不满意	完全不满意
学校教师的教育教学能力和水平	40.2%	56.0%	3.3%	0.4%
自己孩子老师的教育教学水平	47.2%	49.9%	2.5%	0.4%
学校的教学设施设备质量	32.6%	63.0%	3.8%	0.5%
学校的基础设施条件	30.1%	62.5%	6.7%	0.7%
学校班主任与家长的联系和沟通程度	61.1%	36.7%	2.0%	0.2%
学校总体工作	41.1%	56.3%	2.2%	0.4%

重要指标。班主任与家长的充分沟通有利于学生的健康全面发展,有助于家长对学校工作的理解与配合。所以学校要充分发挥"班主任"这一职业在家校联系中的桥梁作用,丰富家长会的作用和内涵,开展多样的家校联络活动,以增强家校互动。同时还可依托信息化平台,开发和提供线上线下融通、多元多层的家庭教育指导项目和活动,为家校联系创造更好的条件。

将家长对其子女的学校所在区域公共教育资源充足情况的满意程度与家长对学校教师教育教学能力和水平的满意程度进行相关分析,输出结果如表 5-22 所示。两者的线性相关系数为 0.539,说明两者之间存在较强的正相关性。其相关系数检验的 Sig(2-tailed)近似于 0。当显著性水平为 0.05 或者 0.01 时都应该拒绝原假设,认为两总体之间不是零相关的。这说明充足的公共教育资源能够促进学校教师教育教学能力和水平的提升;而且丰富的公共教育资源有助于营造氛围,不断激励优秀教师人才脱颖而出。JA 区近几年注重对领军人才及其创新团队的关怀,建立教师培训经费的

表 5-22　相关分析表

		家长对学校教师教育教学能力和水平的满意程度	家长对其子女的学校所在区域公共教育资源充足情况的满意程度
家长对学校教师教育教学能力和水平的满意程度	Pearson 相关性	1	0.539**
	显著性(双侧)		0.000
	N	1380	1380
家长对其子女的学校所在区域公共教育资源充足情况的满意程度	Pearson 相关性	0.539**	1
	显著性(双侧)	0.000	
	N	1380	1380

注:** 表明在 0.01 水平(双侧)上显著相关。

虚拟个人账户,鼓励教师跨学科选择培训课程,拓展培训内容,并先后建立了7个学科实训基地,激发了优秀教师提升教育教学水平的积极性,有力地带动了教师专业化发展。

题项"您认为您的子女所就读的学校与同类学校相比有哪些不足之处?"的数据分析结果如表5-23所示,34.2%的家长选择"学校的设施与环境",家长们主要认为学校的设施与环境还有改进空间。因此,JA区政府在硬件资源的配置上可以通过购置、置换和资源整合及改扩建等方式对教育资源布局进行优化调整。在学科专用教学仪器设备配备上,要充分考虑学校教育资源均衡配置的要求,提高配置标准,促进区域基础教育整体水平提升,扩大优质教育资源的覆盖面积和受益人群。

表5-23　家长认为其子女所就读学校与同类学校相比存在的不足之处统计表

调查内容	选项	个案百分比
家长认为其子女所就读学校与同类学校相比存在的不足之处	学校的教学质量	25.2%
	学校的设施与环境	34.2%
	教师教学水平	18.5%
	学校的管理模式	22.5%
	不了解	39.8%
	其他	6.5%

研究可知,学生家长的满意度是评价学校总体工作情况的一个基本标准。JA区学生家长对于学校总体工作感到基本满意,区域学校建设总体情况良好。家长们认为同级教育学校的差距主要体现在学校的设施与环境、学校的教学质量水平和学校的管理模式上。JA区政府和学校要推动教学设施设备配置优质均衡,通过教育环境建设来促进教育整体水平的提升;为教师提供更为良好的教育教学环境,加强对教师的培训,提升教师的教育教学水平;改进学校管理模式,让教师和家长更多地参与到学校课程的开发、教学工作的监督、教育改革的评价等管理工作中。同时根据相关性分析,学生家长对学校总体工作的满意程度与班主任和家长的联系频率、质量成正相关。学校要注重完善家校互动机制的建设,多为班主任提供机会与家长交流;班主任也要增强与家长沟通交流的意识,讲求方式与方法,提高交流的成效。

(四) 教育均衡:校际差距趋于均衡,户籍制度矛盾突出

1. 公共教育资源的配置

题项"您子女的学校所在区域的公共教育资源充足吗?"的统计分析结果如图5-7

所示,18.12%的家长选择"非常充足",61.15%的家长选择"比较充足",说明大多数受调查的家长认为其子女就读学校所在区域的公共教育资源还是较为充足的。

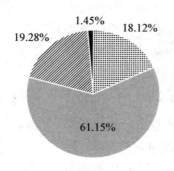

图 5-7　家长认为子女就读学校所在区域公共教育资源的充足情况

将题项"您孩子所在的学龄段为"和题项"您子女的学校所在区域的公共教育资源充足吗?"结合统计,统计结果见表5-24。小学学段家长中有22.06%的家长认为学校公共教育资源"非常充足",初中学段家长中有15.55%的家长认为学校公共教育资源"非常充足"。小学学段家长中有62.32%的家长选择"比较充足",初中学段家长中有60.40%的家长选择"比较充足"。小学学段家长中有13.97%的家长选择"不太充足",初中学段家长中有22.73%的家长选择"不太充足"。可见,在家长看来,目前JA区小学阶段的公共教育资源相对于初中阶段较为充足。区政府部门在资源配置方面应加大对初中阶段学校的建设投入。

表 5-24　不同学段学生家长认为其子女学校所在区域公共教育资源的充足情况分析表

		家长认为其子女学校所在区域公共教育资源的充足情况								合计
		非常充足		比较充足		不太充足		不充足		
		个数	百分数	个数	百分数	个数	百分数	个数	百分数	
家长孩子所在的学龄段	小学	120	22.06%	339	62.32%	76	13.97%	9	1.65%	544
	初中	130	15.55%	505	60.40%	190	22.73%	11	1.32%	836
合计		250		844		266		20		1380

题项"您认为在下面哪个阶段公共教育资源配置的差距最大?"的统计分析结果如图5-8所示,50.21%的家长选择"初中阶段"。这说明在家长看来,小学阶段的公

共教育资源分配较为均衡,而初中阶段不同学校获得的公共教育资源存在一定差距。在推进义务教育均衡发展的实践中,缩小校际差距和区域差距受到教育界及社会各界的广泛关注,是非常必要和迫切的。"撤二建一"后,新JA区的教育资源、教育发展不均衡客观存在,针对这一情况,JA区计划打造8大教育集团,构建1个教育学区,推动1个城乡一体化建设项目,来推进全区义务教育优质均衡发展。同时,进一步对教育资源布局进行调整,实施市

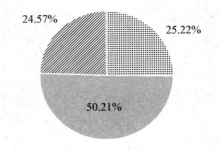

24.57%　25.22%　50.21%

▒ 小学阶段　■ 初中阶段　▨ 高中阶段

图 5 - 8　家长对各阶段公共教育资源配置差距的认识情况统计图

区两级教育综合改革,北部地区依托大批优质教育资源,从办学体制上进行创新,满足多元化的教育需求;中部地区通过集团化办学,打造优质学校品牌群;南部地区在提高基础教育设施服务效益的基础上推进教育个性化。

　　题项"您认为教育公共资源配置的差异主要体现在"的统计分析结果如表 5 - 25 所示,60.9%的家长选择"师资力量不平衡",31.2%的家长选择"教学设施差距大",46.4%的家长选择"地区录取分数差异导致的入学差异",23.1%的家长选择"高收费导致的择校问题",22.2%的家长选择"其他"。在家长看来,不同学校间师资力量不平衡是 JA 区公共教育资源差异的主要体现。同时,地区录取分数差异导致的入学差异也是公共教育资源不均衡的一个重要体现。此外也存在教学设施差距教育大、高收费导致的择校问题等教育资源分配上的差异。师资队伍作为教学过程中最重要的软件资源,对一个学校的教学质量具有核心影响力。JA 区要重视加强师资队伍的建设,提升教师整体素养,保障区域义务教育优质均衡发展具有充足的人力资源。新 JA 区设立后,随着考生人数上升,竞争会比以往更激烈,给学生带来很大的冲击。同时随着竞争人数增加,学校的选择面也更多。另外,由于众多名校发展特色教育并已形成品牌,学生为了获取优质资源,择校问题层出不穷。在硬件资源的配备上,要充分考虑学校教育资源均衡配置的要求,以"综合高效、可持续性、规范性"的原则给予配置。学科专用教学仪器设备、学生电脑、办公设备等做到标准统一、数量一致、各校均衡,同时强化信息化、数字化。提高创新实验室建设,中小学专用教室的仪器设备,以及中小学心理咨询室、卫生保健器材等的配置标准,使设施设备的配置服务于课改进程。

表 5-25　家长对公共教育资源配置差异的体现形式的了解情况统计表

调查内容	选项	选中频率
家长对公共教育资源配置差异的体现形式的了解情况	师资力量不平衡	60.9%
	教学设施差距大	31.2%
	地区录取分数差异导致的入学差异	46.4%
	高收费导致的择校问题	23.1%
	其他	22.2%

　　题项"您认为影响区域公共教育资源配置公平的主要因素是什么?"的数据分析结果如表 5-26 所示,42.9%的家长选择"学校录取制度不公平",56.6%的家长选择"基础教育发展不平衡",38.2%的家长选择"区域经济发展不平衡",6.8%的家长选择"教育乱收费",26.4%的家长选择"其他"。学生家长认为影响区域公共教育资源配置公平的主要因素是基础教育发展不平衡、学校录取制度不公平以及区域经济发展不平衡。当前 JA 区的公共教育资源配置还不平衡,公办强校林立,占据了众多优质资源。学生需要通过考试进入民办学校或具备学区对口资格进入公办学校,而且学校还注重招收特长生和重点考察学生在开放日的表现,因此学生间竞争激烈。同时 JA 区与长宁区、普陀区相邻,这两区的生源涌入也加剧了升学竞争。

表 5-26　家长对影响区域公共教育资源配置公平的主要因素了解情况统计表

调查内容	选项	选中频率
家长对影响区域公共教育资源配置公平的主要因素的了解情况	学校录取制度不公平	42.9%
	基础教育发展不平衡	56.6%
	区域经济发展不平衡	38.2%
	教育乱收费	6.8%
	其他	26.4%

　　题项"您认为教育资源配置不公平对学生的哪些方面产生影响?"的统计分析结果如表 5-27 所示,70.8%的家长选择"学习能力",44.6%的家长选择"道德品质",53.3%的家长选择"社会交往",58.9%的家长选择"心理健康",19.3%的家长选择"其他"。JA 区家长认为教育资源分配不均会对学生的学习能力产生非常大的影响,许多从教育资源丰富的名校毕业的学生,在升学及后续学习的发展中都展现出高人一等的能力。大多数家长认为,所就读学校具有的教育资源不同,学生接受的教育和训练方

式不同,在获得的能力、接触的同伴、承受的考验等方面都会有所不同,进而对学生的成长和发展产生深远影响。

表5-27　家长认为教育资源配置不公平对学生影响的统计表

调查内容	选项	选中频率
家长认为教育资源配置不公平对学生产生的主要影响	学习能力	70.8%
	道德品质	44.6%
	社会交往	53.3%
	心理健康	58.9%
	其他	19.3%

研究表明,家长对于公共教育资源配置的关注程度逐步提高,但区域内公共教育资源配置公平性还存在着一些问题。家长认为,JA区的公共教育资源在初中阶段不同学校配置的差距较大。家长认为教育资源配置差异主要体现在师资力量不均衡上。对此,JA区教育行政部门应在加强地方学校建设投资力度的同时,通过见习教师规范化培训、学科教学实训工作室研训、优秀青年骨干研训班、名师工作室带教、高级研修班学习等形式细化专业发展分类课程,完善全覆盖、多层次、序列发展、有效衔接的培训体系,打造师德高尚、业务精湛、具有持续发展动力的教师队伍。家长认为影响教育资源配置公平的主要因素是基础教育发展不平衡、学校录取制度不公平以及区域经济发展不平衡,教育资源配置不均会对学生的学习能力、社会交往、心理健康、道德品质等方面产生广泛影响。

2. 随迁子女的教育成长

题项"您认为当前随迁子女在城市学校上学面临的问题有哪些?"的数据分析结果如表5-28所示,22.1%的家长选择"公办学校高昂的借读费用",38.5%的家长选择"随迁子女学校教学条件较差",21.6%的家长选择"受到其他学生的歧视和排挤",39.3%的家长选择"教育政策的不公平",65.4%的家长选择"户籍问题难以解决"。随着流动人口涌入城市的数量不断出现新的高峰,流动人口随迁子女的数量也在持续增加。针对流动人口随迁子女这一庞大又特殊的社会群体,JA区建立了义务教育阶段公办学校招收本区外来务工人员子女入学,让他们享受和本区学生的同等待遇的制度。但随迁子女在义务教育期满后必须回原籍升学,导致大批随迁子女升学面临巨大困难,往往初中毕业即辍学。JA区政府在解决该问题上还缺乏相应的制度支持。此外,在家长看来,没有城市户籍成为随迁子女获得平等教育权利的最大阻碍。区政府部门对这一情况的关注度还不够,在公共教育资源配置上的倾斜力度还不充分,宣传力度不够,导致随迁子女的教育面临培养模式缺乏、成长通道不畅、心理问题频发等问题。

表5-28　家长认为当前随迁子女在城市学校上学所面临的问题统计表

调 查 内 容	选　　项	选中频率
家长认为当前随迁子女在城市学校上学面临的问题	公办学校高昂的借读费用	22.1%
	随迁子女学校教学条件较差	38.5%
	受到其他学生的歧视和排挤	21.6%
	教育政策的不公平	39.3%
	户籍问题难以解决	65.4%

题项"您认为应该怎样解决目前随迁子女的教育问题?"的统计分析结果如表5-29所示,59.2%的家长选择"在学习生活中给予更多平等对待",24.8%的家长选择"尽量满足基本物质需求",53.6%的家长选择"给予更多精神上的支持和关怀",48.5%的家长选择"结对帮扶,尽可能多地进行沟通交流"。学生家长希望对随迁子女在学习生活中给予更多平等对待和更多精神上的支持和关怀。区域教育行政部门在制定相关政策时,应关注该群体的特殊性,在政策上适当倾斜,逐步实现真正意义上的教育公平。由于随迁子女大多集中在城乡接合部,JA区政府对于这些区域的公办学校要在资源配置过程中有所倾斜。建立与随迁子女情况相适应的教学模式,如果公办教育不足,就通过发展优质的民办教育来弥补。学校应加强对教师宣传正确的教育理念,引导教师对随迁子女的学习和生活给予更多关注。

表5-29　家长认为解决目前随迁子女教育问题的措施统计表

调 查 内 容	选　　项	选中频率
家长认为解决目前随迁子女教育问题的措施	在学习生活中给予更多平等对待	59.2%
	尽量满足基本物质需求	24.8%
	给予更多精神上的支持和关怀	53.6%
	结对帮扶,尽可能多地进行沟通交流	48.5%

题项"你的父母或家人平时会辅导你的学习吗?"的统计分析结果如图5-9所示,

43.69％的学生选择"经常辅导",36.39％的学生选择"有时辅导",15.51％的学生选择"很少辅导",4.41％的学生选择"从不辅导"。目前JA区家长对于学生学习情况的关注度还有待进一步提高,家庭辅导的状况在很大程度上反映出JA区居民的教育观念和经济状况,而且家庭辅导的专业性也不强。大多数进城务工人员由于经济、精力等原因,对于自己的孩子缺乏关注,对进入较深层级的家校联系感到困难,对孩子的辅导往往也停留在作业的完成情况上,家庭干预性教育、情感教育、道德教育等方面缺失,同时对作业的辅导也需要一些专业性的指导。在解决策略上,学校单向开展家庭教育指导的做法居多,而通过家校合作制度设计进行双向互动的较少。这就需要JA区政府深化家庭教育指导机制探索,基于随迁子女的发展需求,依托信息化平台,开发和提供线上线下融通、多元多层的家庭教育指导项目。发展纵向上衔接学段和年级,横向上构建课堂内外、学校—家庭—社会三位一体的德育一体化网络。除了学校、政府、社会作出努力以外,家长自身也要提高自身意识,多向老师了解子女的学习情况,向老师沟通自己的教育期望。

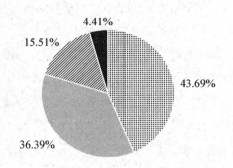

图5-9 学生父母或家人辅导其学习的频率统计图

题项"你觉得在学校接受教育时受到了不公平的对待?"的统计分析结果如图5-10所示,12.31％的学生选择"非常符合",9.35％的学生选择"比较符合",11.35％的学生选择"较不符合",66.99％的学生选择"不符合"。随迁子女不仅要在物质上获得公平的教育资源,在精神心理健康上也应得到学校和社会的关注,特别是政府部门的重视。上海自2008年起降低了随迁子女进入公办学校就读的条件,从原来需要"五证"变为"两证",即提供父母的农民身份证明和上海市居住证或就业证明就可以入读公办学校。然而进入公办学校后,随迁子女可能会受到歧视和排挤,这会对他们的身心成长带来不利的影响。而一旦面临升学,随迁子女将面对更大的鸿沟。他们不能参加所在城市的中考进入普通高中,只能通过"借考"、"借读",进入所在城市的中等职业技术学校学习与劳务行业相对应的专业,或者仍然回到原籍,参加当地的中考,这就会遇到教学内容不同的问题。对于随迁子女来说,他们依然面临着"长大了也只是打工",成为二代随迁的宿命,这对他们的心理会产生巨大影响。

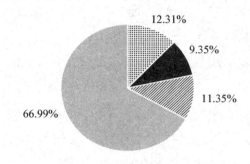

图 5 - 10 学生对在学校接受教育时受到不公平对待的认同程度统计图

结合题项"你觉得在学校接受教育时受到了不公平的对待?","当你取得进步的时候,老师会经常表扬你?","在课下,你的老师会主动了解你的想法和需求?","当你在学习和生活上有困难时,老师会对你进行帮助?"进行相关性分析,结果如表 5 - 30 所示。教师对于学生(包括随迁子女)的关注程度与学生是否感受到不公平对待之间呈负相关。即老师对学生的关注度提高,学生觉得受到不公平对待的感受就会减少。随迁子女普遍能够感觉到自己与城市学子的差别,容易出现自卑、压抑、敏感、脆弱等心理特征。如果不对随迁子女的心理问题加以重视,可能就会产生社会负面影响。因而非常有必要建立和完善随迁子女教育认同机制,让随迁子女真正地融入城镇生活。教师在学生的心理引导方面能够发挥重要作用,通过主动了解学生的想法和需要、当学生取得进步的时候经常给予表扬、当学生在学习和生活上有困难时进行帮助等行动,让学生无差别地感受到教师对自己的关注,有利于增强学生的自尊心和自信心,使他们产生学习兴趣,获得朝目标前行的动力。学校要重视通过教师职工代表大会向教师宣传多关注学生成长的思想,并建立相应的精神奖励或物质奖励机制,鼓励教师关心每一个学生,托起教育质量的底线,真正成为"家门口的好学校"。

表 5-30　相关分析表

		学生是否觉得在学校接受教育时受到了不公平的对待
教师在课下是否会主动了解学生的想法和需要	Pearson 相关性	-0.050*
	显著性(单侧)	0.020
教师在学生取得进步时是否会经常进行表扬	Pearson 相关性	-0.046*
	显著性(单侧)	0.029
教师是否在学生学习和生活上有困难时进行帮助	Pearson 相关性	-0.102**
	显著性(单侧)	0.000

注：* 表明在 0.05 水平(双侧)上显著相关，** 表明在 0.01 水平(双侧)上显著相关。

　　流动人口随迁子女的教育问题一直备受关注。调查分析可知,目前 JA 区随迁子女上学面临的最主要问题是户籍问题难以解决。上海近年来降低了随迁子女进入公办学校就读的门槛,但公办学校资源是有限的,更多的随迁子女教育需求需要通过民办学校来解决。但民办学校面临身份尴尬,常因达不到办学标准而被关停。在确实存在就学需求的情况下,民办学校在教育设施、教育质量、管理模式等方面与城市公办学校差距大的问题应当由政府进行解决,实施帮扶和补助。JA 区政府应改革民办教育管理体制,对非营利性民办学校进行试点研究。完善政府资金对民办学校的扶持方式,提高对民办学校的扶持效益。同时鼓励民办学校特色办学,激发学校的自主办学活力,提升办学质量。除此之外,政府要加大对民办学校管理工作的监管力度,不让不合理的费用增加随迁家庭的教育负担。同时,随迁子女对于教育公平程度的认可与教师的关心程度呈正相关。目前学校老师对于随迁子女的关注度还不够,学校要加强对教师的宣传力度,让教师树立公平公正的教育意识,引导他们对随迁子女给予更多的关注,服务于每一个学生的健康成长。

第三节　经验总结及未来展望

　　硬性指标分析结果表明,JA 区教育经费投入在全市范围内处于领先水平,基础教育的师生比例、班级规模等教育资源的结构较合理,但师资队伍的专业化水平仍需进一步提升。JA 区基础教育的学校拥有计算机和校园网的比例高于上海平均水平,教育环境整体较好,但在教育资源的配置上还需进一步支持教育公平性发展。

决策咨询调研结果表明,JA区的决策咨询内涵丰富、形式多样,但在决策的民主性和科学性方面还存在着不足。教育行政部门作出重大决策时,主要以国家颁布的教育政策文件和上级重要指示为指导,通过数据及各学校代表间协商沟通来辅助决策,还需进一步提升教育的社会治理水平。学校作出重大决策主要是根据上级教育管理部门要求,教职工代表大会等民主决策的途径还需进一步构建。经验决策的情况在各个决策层面依然存在,需要推进体制机制改革,探索多样的决策模式。

协调运作调研结果表明,JA区建立了由教育行政部门、学校、家庭、社区共同参与的教育治理体系,联席会议等协商沟通机制是参与主体间相互沟通的主要形式。教育行政部门通过对学校各方面工作进行有效监督展开管理工作,但工作的内容方式可以进行适当调整,给予学校更多自主发展空间。社区、家长参与学校互动方式仍然较为传统,积极性不足,可以凭借第三方机构和平台完善多方合作机制,推动区域教育协同创新。

办学体制创新调研结果表明,尽管JA区内部教育改革实施情况有所差异,大多数学校都认同办学体制的多元化发展的趋势。教育资源丰富、政策扶持力度大是JA区进行教育体制改革的主要优势。JA区要深化集团化、学区化等模式的办学体制改革,扩大优质教育资源的覆盖面积和受益人群。学校在改革过程中还需重视教师的参与程度,认识到非正式组织在学校变革中的作用,推动学校民主工作建设。

各级教育的家长满意度调研结果表明,JA区学生家长对于学校总体工作感到基本满意,区域学校建设总体情况良好。但区域间学校设施与环境、学校的教学质量与水平和学校的管理模式都存在一定差异。JA区要以数字化、信息化为方向提升学校的设施设备均衡配置水平,做到标准统一、数量一致、各校均衡。由于教育教学水平与区域公共教育资源的充足度成正比,通过提升教学环境、主动营造氛围,能够促进区域教育教学水平的总体提升。JA区要重视"学科实训基地"的建设,以培训带动教师发展。学校需要完善家校互动机制,了解家长对教育的心理预期,从而为学校的改革提供方向,获得来自家庭、社区的资源和支持。

JA区教育资源分布不均衡的问题依然存在,特别是初中阶段的各学校配置差距较大。影响区域公共教育资源配置公平的主要因素是基础教育发展不平衡,并主要体现为学校间师资力量存在差距。统筹协调区域发展、提升学校教师教育教学能力和水平应该是今后公共教育资源分配的重点,教育行政部门应该出台文件和规定,通过重视提升教师整体素养,来有效保障区域义务教育优质均衡发展。

随迁子女的教育成长调研结果表明,JA区目前随迁子女上学面临的主要问题有户籍问题难以解决、学校办学条件差、教育政策不公平等。尽管JA区降低了公办学校入学门槛,使有条件的随迁子女能够进入公办学校接受平等的教育,但公办学校资源是有限的。对此,政府应深化民办教育管理体制改革,完善扶持方式,提高民办学校办学质量,并加强规范化监管,办好每所"家门口的好学校",托举JA教育整体发展水平。同时,要重视随迁子女的心理健康发展,这有赖于教师树立公平公正的教育意识,对这些学生予以更多关注。

随着社会的不断发展,作为社会的子系统,教育面临诸多新挑战。如何更为有效地管理教育,促进教育发展,提升教育竞争力,成为当前教育管理变革不可忽视的一大难题。本书从区县视角入手,通过对JA区的教育质量、教育均衡、教育环境、教育治理能力、教育制度创新等方面进行系统化的指标分析,对JA区的教育竞争力水平作出一个较为清晰和全面的梳理和评价,希望为JA区建设"中国特色"现代教育,全面深化教育综合改革,促进教育内涵发展提供帮助。

第六章　区域教育竞争力提升路径

在时代发展过程中,上海市教育紧随教育部的号召,不断探索改进方式途径,完善教育发展过程,但还有许多问题尚未解决。区域教育竞争力的提高是推动上海市教育整体水平提高的源动力;提高区域教育竞争力需要政府的积极引导,也需要学校的主动配合,同时还需要教学活动实施主体教师的积极参与,以及社会上其他利益相关者的积极响应。本书以 JS、MH 以及 JA 区为调研对象,以问题发现与现状剖析为出发点,尝试探寻区域教育竞争力的提升对策。

JS 区虽在经费方面已有较多增长,然而,JS 区基础教育的师生比例在上海接近于平均水平,略低于平均水平 0.09 个标准差,师资力量仍需进一步完善与建设。JS 区基础教育拥有校园网学校占学校总数的比例低于平均水平 0.66 个标准差,说明 JS 区基础教育的学校网络普及率还需进一步提升。区域决策咨询方式与内容多样化,但决策咨询的民主性与科学性仍需进一步提升。区域已形成教育行政部门、学校、家庭与社区协调运作的教育治理格局。扩大办学自主权、办学体制的多元化发展成为学校办学体制的重要关注点。教育资源集中、政策扶持力度大成为学校办学体制的主要优势,招生质量受限,缺少办学自主权(财务、人事、课程设置等)成为学校办学体制的主要劣势。家校沟通已成为家长衡量学校办学的重要参考点。区域在公共教育资源配置方面尚存在较多问题,多数家长认为初中阶段公共教育资源配置的差距最大;公共教育资源配置的差异主要体现在师资力量不平衡、地区录取分数差异导致的入学差异及教学设施差距大等方面;影响区域教育公共资源配置公平的主要因素是基础教育发展不平衡和区域经济发展不平衡。在随迁子女教育问题上,需要给予随迁子女更多的教育关注与精神关怀。

MH 区教育的小班教学情况、专任教师数量等都处于上海各区基础教育发展的平均水平,MH区政府应该在已有的发展基础上,增加专任教师的数量,提高专任教师的质量。MH区的决策咨询方式与内容日趋多样化,但学校决策的民主性与科学性仍需进一步提升,在听取社会意见方面还存在改善空间。区域学校与教育行政部门、家长和社区能够保持较为频繁的联系,并建立起相应的联席会议制度,保证了在协调运作中对各个阶段的工作做出安排和跟进。大多数教师对于学校办学体制改革保持积极的态度。在教育资源分布不均的情况下,必须确立以政府为主导、社会广泛参与、办学主体多元化、办学形式多样化的多元办学体制,创造条件满足广大人民群众对优质教育资源的需求。只有推动区域内教育资源均衡发展,努力缩小学校与学校、城郊与城区之间的差距,让每一个孩子享受到优质教育,才能提升家长对于区域教育、对学校未来发展的满意度。近年来,MH区进入教育资源配置的高峰期,但教育资源的配置与现实的教育需求之间仍存在差距。公共教育资源配置的差异主要体现在师资力量不平衡、地区录取分数差异导致的入学差异及教学设施差距大等方面。此外,学校和社会要给予随迁子女更多的教育投入与精神关怀。

JA区基础教育的师生比例、班级规模等教育资源的结构较合理,但师资队伍的专业化水平仍需进一步提升。JA区建立起了由教育行政部门、学校、家庭、社区共同参与的教育治理体系,联席会议等协商沟通机制是参与主体间相互沟通的主要形式。区域决策咨询内涵丰富、形式多样,但在决策的民主性和科学性方面还存在着不足。尽管JA区内部教育改革实施情况有所差异,但大多数学校都认同办学体制的多元化发展的趋势。学生家长对于学校总体工作感到基本满意,区域学校建设总体情况良好。在教育信息化与教育公平的背景下,JA区要以数字化、信息化为方向提升学校的设施设备均衡配置水平,做到标准统一、数量一致、各校均衡,同时也需关注当前随迁子女上学面临的主要问题(例如,户籍问题难以解决、随迁子女学校教学条件差、教育政策不公平等)。

根据对相关区域教育竞争力的调查分析,区域在区域教育治理能力的提升、学校办学体制创新性的提高、区域内学校均衡化发展的推动、随迁子女教育公平的推进等方面仍需努力。在区域教育治理能力的提升方面,应建立教育决策咨询委员会,拓宽信息收集渠道;完善社会参与机制,激发社会参与教育治理的积极性;加大社会组织的建设力度,提升社会的教育治理能力;进一步提升教育决策信息化水平;扩大教师与家长参与教育治理的力度与广度。在学校办学体制创新性的提高方面,需重视学校管理中的教师参与,明确政府在学校自主办学中的责任。尽管上海市致力于推行"学区化"、"集团化"办学,但是学校办学体制创新的内生动力不足。在区域学校均衡化发展的推进方面,需树立全面的教育平等观念,建立合理的教育资源配置机制,完善义务教育的管理体制。目前教育均衡发展方案与策略的科学性仍需提升,社会群众或社会专家参与教育均衡发展方案设计的力度还不够。在随迁子女教育公平的推进方面,需避免教育均衡发展的认识误区,完善随迁子女义务教育保障机制,完善随迁子女家长与学校的沟通协作机制,在关怀随迁子女利益的基础上优化教育服务体系。区域应在入学制度上向随迁子女有所倾斜,在随迁子女家庭教育、心理健康、档案管理等方面予以着重关注。

第一节　突出区域治理的思维导向

教育治理与教育管理的区别在于,教育治理是多方参与、共同协商、提出政策的过程。提升区域教育治理能力的关键在于:首先,建立教育决策咨询委员会,拓宽信息收集渠道;其次,完善社会参与机制,激发社会参与教育治理的积极性;第三,加强社会组织的建设力度,提升社会的教育治理能力。

一、建立教育决策咨询委员会,拓宽信息收集渠道

作为一种咨询组织,教育决策咨询委员会应成为具有独立性的机构。独立地开展研究是保证决策咨询科学性和客观性的前提。教育决策咨询委员会的运转经费可先由政府全额承担,逐步过渡到半额承担,并通过建立基金或基金会为其提供经费保障。但无论是全额承担还是半额承担,政府都不应该通过经费的提供来试图影响咨询委员会的独立性和公正性。教育决策咨询委员会保持独立性运作,结论公开,并接受社会的监督和评价,以确保其工作的实效性。教育决策咨询委员会成员应包括与教育有关的各方面人士,要求他们思想素质高、专业能力强、富有实践经验、社会责任感强,对国内外教育和社会发展的情形比较熟悉,富有真知灼见并善于归纳表达。其产生可以从以下两个方面考虑:第一,从设有教育研究机构的高等院校、各级教育研究所、大中小学校长、学生及家长等各个层面来推选人员;第二,由教育行政部门根据需要任命部分成员,安排吸收一些在教育方面富有见地的人大代表、政协委员加入委员会。委员会成员任期 5 年一届,可连选连任。人员队伍组成采用专职和兼职相结合。按照地方教育发展的实际情况,确定教育决策咨询委员会的内容。如根据上海教育发展的特点,

由于随迁子女人数较多,随之带来的教育公平性问题较为严重。所以教育决策咨询委员会要对具有特殊性的问题进行及时论证,提出解决方案。同时对于区域经济发展情况、学校建设水平均衡程度、教育资源分配等问题,要广泛听取社会各界人士的建议。

二、完善社会参与机制,激发社会参与教育治理的积极性

社会力量不仅有助于优化教育决策的方案,也能够聚集大量教育资源支持学校教育。在区域教育治理过程中,需完善社会参与机制,激发社会参与教育治理的积极性,鼓励社会力量共同关注与参与教育,以便为区域教育发展营造更为宽广的空间。首先,在制度安排中减少限制。对于社会组织的管理,要在承认并肯定社会组织重要性的基础上,逐步构建分类管理、资源引导和行为控制的新型管理体制。所谓分类管理,就是根据社会组织的活动领域及其作用,将其划分为不同的类别,制定不同的法规和相应的制度框架,并采取不同的监管政策。资源引导,就是通过政府采购等方式提供公共资金,明确表达政府的意图和目标,用资源引导社会组织。行为控制,就是通过评估、监督等有效机制,密切关注社会组织所开展的各种活动,对其行为过程及结果加以有效控制。其次,在经费上予以持续支持。社会组织通常具有非营利性,因此必然需要足够的经费支持。必要的经费投入应该集中在三个方面:一是社会组织内部运作的投入,主要是日常行政费用和工资性支出费用;二是建立社会组织参与教育行动和实践的预算制度,确保社会组织在具体行动中的费用;三是增加教育智库等专业性思想库的经费投入,更好地发挥其专业职能,发挥更大的效益。因此要给予一些草根组织、支教团体、关注弱势群体教育的组织以及专业类组织一定的经费支持,提升参与的动力。

三、加大社会组织的建设力度,提升社会的教育治理能力

社会组织在教育竞争力的提升方面具有极为关键的支持作用,可通过决策、资源、评价等多个方面为区域教育发展提供关键支持。加大社会组织的建设力度,提升社会的教育治理能力,具有重要意义。首先,需重点培育和发展一批社会组织。区域政府部门要有重点、有计划地培育一批能够积极、合法参与公共服务和教育服务的社会组织,加强对它们的咨询、培育、评估和监管,发挥它们在促进教育进步和社会进步中的作用。例如,重点建设一批以教育智库为代表的专业类社会组织,使之与高校研究、政府机构研究相结合,三方研究共同致力于形成科学、高效的教育决策;进一步出台优惠

政策和补助政策,支持草根类组织,如大学生支教团、益微青年等致力于贫困地区和乡村教育的社会组织。其次,需提升社会组织的专业素养。教育需要志愿主义的情怀和乐善好施的品德,但是教育政策本身是用于解决教育问题的,要求社会组织具备解决相关问题的专业知识。区域政府部门可以根据区域内社会组织发展的情况,激发其参与学习的积极性,加大相关学习型活动的宣传力度,鼓励社会组织参与学习,提升专业素养。再者,规范社会组织的参与机制。社会组织参与教育还包括秩序的建设,也就是说,社会组织或其他组织要与政府就教育问题达成共识。不同的教育政策在制定和实施的过程中需要构建大量的社会组织之间的工作关系。作为利益代表的社会组织在参与教育决策时,一方面要参与各个组织之间的沟通协调,另一方面也要全面反映组织所代表的群体的利益。一旦在教育决策上达成共识,不同的利益相关者也需要投入到制定有效可行的政策方案及其实施的过程中。而且随着政策的推进,还需要建立长效机制以确保更专业和更全面的专业人员参与进来,提升政策实施的效果。

第二节 鼓励学校办学体制的创新探索

要有效进行学校管理,优化学校的组织氛围,提高教师工作的积极性,就必须改进学校的管理方式,提升教师的参与能力和水平,实现学校办学制度创新。提升学校办学体制的创新性,不仅需要重视学校管理中的教师参与,而且需要明确政府在学校自主办学中的责任。

一、重视学校管理中的教师参与

教师参与管理,可以激发其主人翁意识和工作责任感,提升自我价值和工作效率,同时也将增加学校管理的透明度、可信度,增强教师对学校整体发展的认同感、信赖感和责任感,使教师的个人发展与学生整体发展密切联系起来,进而提升教师的工作使命感和成就感。尊重教师,其实质就是尊重和培养教师的参与意识和创造能力,使教师的才能得到充分发挥。一方面,需提升教师参与学校管理的程度和水平,为教师搭建平台、寻找路径。只有让教师多渠道地进行参与,提出意见和建议,教师才能不断提升自己的参与能力和水平。可利用网络环境突破教代会参加条件,将参加人员范围突破本校的限制,扩大到整个区以及社会其他人员;利用匿名留言或其他方式,使教师敢于表达自身诉求与观点。另一方面,需提升教师参与学校管理的积极性。要让教师以多种方式参与学校管理,学校管理者还需考虑三个因素,即:"教师可利用的时间和他们可能接触的各种资源、信息","教师的切身利益和他们应优先考虑的事项","教师对在学校管理工作的心理认可及应承担的基本义务"。学校管理者必须同时考虑这三个因素,以促使教师的积极性和参与热情有所提升,既使教师有所参与、畅所欲言,又不损害教师参与的积极性、有效性。

二、明确政府在学校自主办学中的责任

首先,学校办学自主权是一种复合的权利(力),一方面要求政府不干预、不侵犯、不损害学校办学自主权,另一方面要求保护学校师生实行自主权的基本权利,是学校内部权力和行政权力的集合。其次,学校办学自主权也是一种法定权利(力),需要有明文规定来细化学校办学自主权的行使范围。最后,学校办学自主权是一种公共权利(力),是教育利益相关者的让渡,既要扩大办学自主权,又要规范这种自主权。基于以上对学校办学自主权的分析,政府要明确自己的责任,在对学校统一领导的过程中,适度放权,推动学校自主化发展。首先,履行承认责任,肯定学校办学自主权的法律地位。实现学校办学自主权,首当其冲的是改变传统的行政思维方式,取而代之以法律思维的方式,以法律形式确认学校办学自主权。区域政府应该在当地经济发展的背景之下,根据学校建设发展的实际情况,通过制定相关的制度文件来明确规范和限制学校办学自主权的范围,避免出现自主权虚化和权力交叉现象。其次,履行尊重责任,坚持依法行政,违者必究。尊重学校办学自主权的基本要求就是依法行政。区域政府根据国家相关规定,严格遵守国家对学校自主权的具体设置,坚持越权无效原则、比例原则、行政公正原则等。同时对干涉、妨碍、侵犯和损害学校办学自主权的部门及相关负责人进行严厉惩治。再者,履行保障责任,维护学校办学自主权的执行。政府必须采取积极措施,为学校办学自主权的实现提供和创造各种有利条件与环境,为此政府要扮演好监督者和服务者这两种角色。一方面,政府应该是服务者,改变传统"管"的思维方式,从直接管理走向宏观管理,为学校实行办学自主权提供足够的教育经费、实物资源、制度资源和服务性资源。另一方面,政府也是学校行使办学自主权的监管者。政府既不能不管,也不能乱管。政府管好学校办学方向,按照教育规律去办学,保证学校成为育人的地方。但是对于学校如何发展、教师如何发展、学生如何培养等都应该由学校来做。政府只有做到依法监管,才能保障学校合法行使办学自主权,有效防止政府监督权的滥用。

第三节 建立区域教育质量的标准体系

努力实现区域内学校均衡发展，缩小学校间教育水平差距，保障义务阶段青少年受教育的权利，削弱"择校热"现象发生的频率，使适龄儿童都能享受到优质的教育资源。实现区域内各学校教育水平均衡发展，提高教育公平性推进，是政府和学校的共同职责。政府必须采取一系列坚定的、长期的促进各学校教育均衡发展的政治措施，制定优惠政策，建立相应机制，加快制度创新，加大对区域内薄弱学校发展的教育支持，逐渐实现区域内学校教育的均衡发展。本书建议，区域学校均衡化发展的推进可以采用以下策略。

一、树立全面的教育平等观念

区域各学校教育水平差异主要体现在培养的学生质量上，而学校生源质量是影响其结果的重要因素。学校生源不统一这一现象的产生与学生家长观念上的偏差存在一定程度的关联性，他们普遍认为，好学生上好学校，差学生上差学校，好像是天经地义，根据学生的智商，把学生送到不同的学校，就完全合理合法。因此，要加大宣传力度，树立全面的教育平等观念。一方面，政府需树立教育均衡化价值导向。教育均衡发展是教育平等的问题，也是人权的问题，树立全面的而不仅仅是入学教育机会平等的教育平等观念，应该是社会各界尤其是区域政府制定基础教育均衡发展的基本的价值导向。政府在资源配置过程中，要坚持向发展相对薄弱学校以及弱势群体倾斜，以资源配置为引导，推进区域内各学校均衡发展。同时政府部门在学校教学过程监督、教学水平评测等方面要有所倾斜，对于存在问题较多的学校或者教育群体要积极引导，及时监督整改，必要时提供相应的政策资金支持。另一方面，需在社会群体之间加强教育平等宣传力度。在实现学校教育均衡化发展的基础之上，政府要发挥舆论导向作用，通过互联网、电视、广播等多种媒体途径，积极协助教育水平提高的学校宣传教育成果水平，在家长及其他社会群体中形成学校均衡化发展的正确舆论氛围，引导家长合理选择学校，避免"天价学区房"等社会现象的产生。

二、建立区域教育质量标准意识

标准是衡量事物的准则和尺度，教育发展和改革也需要依照明确的标准来进行。

就教育质量而言,既需要建立国家层面的质量标准体系,更需要结合区域的经济、社会、历史、文化发展情况,加快构建区域为本的教育质量标准。有了标准,意味着能够按照准则或尺度来规范教育质量,这样不仅能在追求目标的过程中力求把区域教育办好,也能用标准来清晰地认识和动态监测区域教育的优势与劣势,进而有助于不断调整和提升区域教育发展目标与策略的科学性和有效性。区域作为一个相对的地理空间概念,区域之间以及区域内部会因为经济以及其他方面的制约而呈现不同的发展形态与状况。如何科学、有效、准确地整合政府、学校和社会的教育资源,科学制定区域教育规划,提升区域教育质量,促进区域教育公平,实现区域教育的均衡发展,首先需要建立区域教育质量的标准意识。区域是社会的细胞,区域教育质量提升是国家和民族整体教育质量提升的组成和基础,区域对上承接和落实国家与地方的教育方针政策,对下指导和监测学校的教育教学实践,是教育质量推动工作承上启下的关键环节和重要抓手。建立区域教育质量的标准意识,需要注意以下方面:一是标准的建立要以全体学生的全面发展为根本追求。面向全体学生,使每个孩子共同享有人生出彩的机会;还要以促进学生的全面发展为准则,使教育实现其内在本质,即人的自我实现和全面发展。二是注重标准设计的系统性、综合性。区域教育无论是规划研制还是贯彻落实,都是一项复杂的社会系统工程,因而只有通过整体性的思维和系统性的设计才能真正实现区域的教育管理创新,总结和推广区域的创新实践。三是承认不同区域间以及区域内部发展模式的差异,通过差异化思维和差别化政策,赋予不同发展程度与阶段的区域一定的自主空间。要杜绝关于区域优质均衡发展的错误的"零和思维",要建立起这样的认识:区域优质均衡发展不是此消彼长的,而是共同发展、一起进步的;不是低水平发展的,而是相互促进的、高位均衡的;不是千篇一律的,而是个性纷呈的。运用区域质量标准引领实现区域教育的优质均衡发展,应该是一个边监测、边对照、边改进的动态提升过程。

三、构建合理的教育资源配置机制

政府是教育资源配置的主体。长期以来,我国在教育发展思路上走的是一条差异发展,而不是均衡发展的道路。教育资源采用差异或不均衡的分配方式,在一定程度上造成目前义务教育非均衡发展的状态。要实现区域教育均衡发展,政府应再度审视自己的教育理念,依据基础教育尤其是义务教育平等的原则,从纠正以往的教育资源配置观念入手,形成基础教育均衡发展的价值取向,设计适合区域发展的基础教育资源配置政策,建立合理的教育资源配置机制。一方面,资源配置向弱势学校和群体倾斜。政府在制定资源配置相关政策时,要充分考虑弱势学校和群体在发展过程中的教育需要,特别是随迁子女的入学问题。优质学校引导相对较为薄弱的学校群体发展,同时政府提供公共教育资源支持,提供政策制度上的扶持帮助。另一方面,采用"资源共享"战略。在确定办学标准时,可以着重考虑实行公共教育设施(例如,劳动技术设施、信息网络设施、图书馆等)的区域共享。由优质学校领头,实现优秀教师在区域内学校之间合理流动,传播优质教学经验;通过互联网,在学校之间实现教学过程互通,使学生们共同享受优质学习资源,实现智力资源共享。可遵循利益最大化原则,保障薄弱学校的教育利益,逐步缓解教育差异,以便保证教育弱校也能拥有足够的优质教育资源,进而推动基础教育均衡发展。

四、完善义务教育管理体制

完善义务教育管理体制,是政府和全社会的共同职责,有利于教育管理过程能够充分兼顾教育发展的现实背景、义务教育的发展目标等多种教育因素,以便促进义务教育均衡发展目标的实现。首先,在办学体制上,坚持公办和民办相结合,平等性与差异性相统一。政府有责任在确定教育现代化目标时,承诺减少公立学校之间的不合理差距。其次,在师资管理机制上,建立合理的人才培养和流动机制,促进师资合理流动。对义务教育阶段的教师采取经常性的轮换制度,既有城乡间的轮换,又有不同学校间的轮换。同时,还必须重视义务教育阶段教师培训工作,特别是加大对薄弱学校的师资的培训力度,建立机制,保障经费。可以采取"走出去"措施,把薄弱教师送到优质学校去培训,或"请进来"措施,请优质学校的优秀教师到薄弱学校传经送宝等,让教师之间结成师徒关系,使薄弱学校与优质学校对口帮扶。第三,推进薄弱学校改造工程。一方面,政府要以对全体公民负责的态度,采取向薄弱学校倾斜的有效政策和实际行动,把推进薄弱学校的改进与教育的布局调整结合起来综合考虑,有效地改变薄弱学校的弱势处境。另一方面,薄弱学校自身也必须抓住政策的机遇,积极寻求和拓展发展的空间,走内涵式发展道路。政府在配置新的教育资源时,必须坚持"补救办学"与"防御措施"相结合,防止和杜绝少数优势学校依靠行政手段或不合理的市场化手段。

第四节　关注弱势群体的机会公平

在目前城乡"二元社会结构"尚未根本改变的背景下,随迁子女还难以充分享受与城市儿童相同的教育机会,如何促进随迁子女教育公平,需关注以下四个方面。

一、避免"教育均衡发展"的认识误区

均衡发展是一种理想的状态,而且也只能是相对均衡发展。我们在讨论教育均衡发展问题时,要避免在这一问题上可能出现的认识误区。

首先,不能把均衡发展看成同步发展。教育均衡发展所体现的教育公平、公正原则,需要在义务教育的实践中得到贯彻。根据我国现行的教育体制,基础教育由地方负责,一级政府在教育均衡上所能做的是:从本地的财力状况出发,在辖区内均衡地配置资源。即便做到这一点,也难以避免更大区域范围内的不均衡。因此,均衡本质上是各级政府决定公共财政时必须遵守的原则,衡量政府是否遵循这一原则的关键是看其公共政策的意图及实施效果,即政府是否重点关注在发展中处境不利的地区和人群,通过行政手段配置资源的措施是否有利于缩小而不是扩大各学校之间的差距。教育均衡不是试图一夜之间改变长期以来客观存在的,由于各地区的自然、历史、经济、文化背景的差异而形成的教育差异。对于地方政府而言,只要在辖区内遵循了教育均衡发展的原则并且实施有方,立足原有基础加快发展教育,而形成教育优势地区的努力也是值得肯定和提倡的。

其次,均衡发展不等于学校之间办学水平的划一化。在学校办学层面,不应该也不可能对所有的学校提出无差别的要求。教育均衡发展的原则不主张政府及其教育行政部门运用公共资源的支配权,集中本该均衡配置的教育资源,用来创办"窗口学校"、"重点学校"。在学校的配置水平与当地经济、社会发展水平不相适应,或者学校之间配置水平差异过大的情况下,此类违背教育公平、公正原则的行为,只会衍生出诸多矛盾,加剧社会不公。然而,在政府对学校的配置水平基本均衡的前提下,社会各界不仅应该面对学校之间存在的客观差异,而且应该鼓励和提倡学校之间开展符合教育科学规律的办学水平竞争,创建办学特色,不断提升办学水平。对于这种基于学校自身发展内在机制的差异,我们应该看作是教育整体发展的动力。教育行政部门往往也是在整个群体"平衡——不平衡——平衡"这样一个循环的动态过程中,不断地运用激励或扶持手段去推动发展,促进平衡,从而实现事物的螺旋式发展。

二、完善随迁子女义务教育保障机制

随迁子女作为城市同龄受教育群体中的弱势群体,需要政府的资金补助来弥补家

庭对其教育成本担负方面的不足,同时政府也需对随迁子女大量流入的地区和学校予以建设发展的资金支持。

首先,建立流出地政府和流入地政府之间的区域协作机制。对随迁子女义务教育来说,随着随迁子女迁徙规模增大,越来越多地呈现出"外部性"、"无界化"的特点,早已超越了地方公共产品的范畴,成为区域性的公共问题,而传统的科层制内向行政和单边行政的治理模式显然不能较好地应对复杂性、多元化、不确定性和风险激增的随迁子女义务教育。因此,需要建立地方政府间的协作机制,协调流入地政府和流出地政府之间的利益矛盾,在随迁子女义务教育产品联合生产等方面展开协作,共同促进随迁子女义务教育问题的解决。有些流出地政府和流入地政府合作,采用委托办学、设教学点等办法解决当地外出务工人员随迁子女在流入地的就学问题。上述做法都属于尝试性的协作方式,制度化程度不高,区域政府间的协作也缺乏法律保障。对随迁子女义务教育问题的解决不能单纯地强调流入地政府的责任,而无视另一利益主体流出地政府的责任和义务。要通过恰当的制度设计,促进流入地政府和流出地政府之间协作共赢,共同致力于随迁子女义务教育问题的解决。

其次,在流入地不同层级政府之间建立起合理的成本分担机制,成本分担机制的完善有利于从经费结构与经费责任的角度规范相关部门的职责与权力。一方面,政府考虑直接控制代理人的机会主义行为,在随迁子女义务教育经费保障上要根据事权和财权相统一的原则明确各级政府的分担比例,减少相互推诿和扯皮现象。另一方面,考虑通过问责机制降低激励不相容和信息不对称的程度,建立起随迁子女义务教育经费保障督导评价制度。可以做好以下几项工作:其一,建立一套科学的随迁子女义务教育经费督导评估考核指标,使代理人明确自己的目标责任;其二,完善随迁子女义务教育经费督导评估报告制度和信息公开制度,降低委托人和代理人信息不对称的程度;其三,评价代理人责任目标实现的程度,并且根据考核结果给予相应的奖励和惩罚,必要时也应当将其纳入对政府和干部工作业绩进行考核评价的指标体系,作为官员晋升的重要参考指标。

三、完善随迁子女家长与学校的沟通协作机制

家长与学校的沟通协作有利于促进学校教育的健康可持续发展,同时也对学生的社会生活教育奠定了基础。学校加强与家长的合作,形成家校联盟,引导随迁子女家长参与学校治理,提高家长的知识涵养水平,从而更为有效地提升学生培养质量。

首先,完善家校合作的政策及制度,确保随迁子女家长参与学校治理的合法权益。家长参与学校管理不足或者根本没有参与,是当前较为突出的问题。政府应出台相应的规章制度,弥补现有法律法规的不足,明确利益相关者在家校合作中的权利和义务,其中家长参与学校教育既是家长应尽的义务,又是其应该享有的权利;明确家校合作的理念、目的、原则、内容与方式、组织机构及工作机制。同时,各级政府及教育行政主管部门要依法制定切实可行的教育政策与制度,积极推进现代学校制度建设,确保家长、师生等弱势群体有效参与、深度参与,促进家校合作顺利实施。在教育治理背景下,当务之急是以各级政府和教育行政管理部门为主导,推动与鼓励学校、教师、家庭、社会各界积极参与,建立由地方政府和学校构成的区域性的家校合作组织机构,健全筹备、准入、运行、管理、保障、监督、评价与问责等工作机制,并在教育规章制度中予以明确。只有各级家校合作组织目标一致、权责一致、分工协作、运行规范,才能共同促进学生健康、快乐、幸福地生活与成长。

　　其次,创新家校合作的模式,提升随迁子女家长与学校的沟通成效。家校合作的终极目的指向学生身心的全面、和谐、健康发展。家校双方需要从过于关注儿童学业问题的狭隘思维中解放出来,全面关心孩子的成长,丰富与完善家校合作内容。完善和创新家校合作方式,要依托现代信息技术,针对随迁家庭的共同特征,融入新的沟通与交往方式;依据不同家庭不同家长的不同气质类型,在家庭与学校之间实现多形式、多内容的有效链接,更好地提高合作效能,推动家校合作发展;举办新式家长会,由教师与家长协商确定家长会召开的次数、时间、地点、会议主题及开会方式等,改变以往的"教师一言堂"的局面,使家长由被动变为主动,拥有更多的话语权、参与权和决定权;成立地方、学校不同层级的家长教师委员会,明确其权利义务关系及工作机制,同时确定其监督与问责机制,确保家长教师委员会工作的实效性;开展丰富多彩的家长开放日活动,建立网络平台,使不能场内参与的家长进行场外参与;积极开展有针对性的个体沟通方式;开发与完善校通讯的多项功能,实现与家长的多方互动与沟通,对特殊家庭实施家访与校访相结合;经常邀请家长参与学校开展的校内、校外活动,并鼓励家长做义工等,以便家长更多地了解、理解、配合、支持、参与、促进学校工作,实现家庭教育、社会教育与学校教育的和谐统一。

　　再者,提高教师与随迁子女家长的家校合作能力。教师作为专业人员,在家校合作的实践中担当重要角色,提高教师的专业知识与技能是成功开展家校合作的关键措施。教师提升家校合作专业素养的途径主要有两个方面:一方面,进行专业课程学习。借助于我国一体化的教师在职培养、入职培养、职后培训过程，教师可进行家校合作相关的专业理论知识的学习。另一方面，教师可在家校合作的实践中不断锻炼、反思、学习、提高，进而掌握家校合作的理论知识和实践智慧。作为影响儿童健康成长的关键要素，家长教育素养的优劣在某种程度上决定着家庭教育及家校合作的成败，因此切实做好指导和推进家庭教育工作尤为重要。一方面，需建立起政府主导、社会各界积极参与的各级各类家庭教育指导机构，并从制度上明确各级各类指导机构的责任分配。另一方面，需加强家庭教育指导宣传阵地建设，注重与各媒体管理部门的联系和合作，深入、广泛、持久地宣传家庭教育的正确观念和科学方法，以便为广大家长提供专业化的家庭教育指导，切实提升家长的教育素养。

四、在关怀随迁子女利益的基础上优化教育服务体系

政府应根据随迁子女群体的特点，对于制度建设、资源分配等方面，在原来制度的基础之上进行调整，优化教育服务体系，促进教育公平发展。

首先，建立适应随迁子女频繁流动特点的学籍管理网络系统，为其学籍转移提供必要的便利。一方面，建立以常住人口为主的基础教育管理体制，将流动人口特别是随迁子女作为流入地公办学校的服务对象。同时，对随迁子女学校进行规范管理和必要支持，帮助他们提高办学质量，从而为随迁子女提供更多的教育机会。另一方面，要规范随迁子女的入学转学手续及相关的管理程序，建议在义务教育阶段建立全市都能共享的统一的学生电子学籍管理网络系统。这样既有利于随迁子女及时办理相关的转入和转出手续，不因管理制度的人为限制而错失教育机会，同时，也利于教育行政部门加强对学校招生的计划调控和学校对学生的常规管理。

其次，在教育过程中坚持补偿原则，努力缩小和消除随迁子女在教育和发展上的差距。学校应正视随迁子女与流入地儿童在语言习惯、学习方式和期望水平等方面存在的差别，并给予积极的差别对待，即在教育活动中给予随迁子女更多的关爱、照顾和补偿。在具体的实施过程中，教师应给予他们特殊关注，进行特别辅导，积极改善其教育条件，弥补和纠正随迁子女教育中的不足，不断提高他们的学业成绩和社会适应能力。同时对于随迁子女入学教育要实现平等就学、混合编班、混合编组。政府教育部门要出台政策规定，不再单独设随迁子女学校，同等对待随迁子女与城市子女的就学问题，要让他们就近入学并且混合编班。让随迁子女能够以"平等的身份真正实现就近入学、平等入学，实现随迁子女和城市子女的'同参与、同管理、同教育、同服务'"，实

现真正的教育融合。在班级管理上，不能单独把随迁子女安排在某一块区域，要合理安排座位，并且倡导混合编组，提供给学生更多的互动机会，使随迁子女无差别地融入整个教学过程。

再者，制定和完善随迁子女接受义务教育后在流入地参加升学考试的办法，为其实现学段间的衔接创造必要条件。随迁子女接受义务教育后，在流入地升学困难，主要受到我国现行城乡二元结构的制约，因此，要从根本上解决这一问题，必须深化户籍制度改革。为此，可以有以下基本路径：一是实行暂时性升学考试改革，政府相关部门可根据当地社会经济和教育发展的状况采取一些暂时性升学考试改革措施。例如，允许为流入地作出特殊贡献的进城务工人员随迁子女报考；以进城务工人员家庭在流入地居住年限、纳税多少以及随迁子女学业成绩为准入标准，满足条件的随迁子女可以报考等。二是对进城务工人员随迁子女开放一部分高中教育，大力推广职业技术教育，通过扩展随迁子女的入学空间与入学选择，切实为随迁子女能够在流入地享有更多教育权益提供支持。

附 件

一、调查问卷类

附件1：区域教育治理能力与教育制度创新调查问卷（教师版）

第一部分 区域教育治理能力

您好！非常感谢您的参与,该问卷是关于区域教育治理能力方面的研究,希望您能花几分钟认真填写一下,您的回答对我们的研究很有价值。请认真阅读下面的题目,选出最符合您实际情况的选项,答案无对错之分。本问卷采用不记名的方式,请放心填写。填写完后请检查是否有多选或漏选的题目,感谢您的参与!

1. 您所在学校的名称是？［填空题］［必答题］

_____

2. 您知道教育行政部门采取了下列哪些形式听取意见和建议？［多选题］［必答题］

□设立沟通信箱　　□接待日　　□个别座谈

□召开征求意见会　□其他_____

3. 您认为教育行政部门在作出重大教育决策时,主要根据？（请选择您认为最主要的三项）［多选题］［必答题］

□根据上级教育管理部门要求　　□根据教育部门领导的个人经验和直觉

□基于数据进行研究并作出决策　□各个学校代表的协商

□主要听取社会的意见　　　　　□其他_____

4. 一般说来,学校平均多久召开一次教职员工代表大会？［单选题］［必答题］

○从来没有召开　　　　　　　　○一学年一次（一年一次）

○一学期一次（半年一次）　　　○半学期一次（三个月一次）

○一个月一次　　　　　　　　　○一个月两次及以上

5. 学校征求意见的事项包括？［多选题］［必答题］

□学校发展规划　　　　　　　　□学校各项规章制度

□学校党政工团工作计划　　　　□学校精神文明创建工作

□有关人事调动、调整，干部的推荐、培养、使用和管理监督，干部培训、考核、任命、免职

□教职工的福利、晋级晋职、评优选先

□重大的经费开支、财务预决算、基建项目

□政务公开工作　　　　　　　　□学校内部管理体制改革工作

6. 一般说来，学校平均多久召开一次家长代表座谈会？［单选题］［必答题］

○从来没有召开　　　　　　　　○一学年一次（一年一次）

○一学期一次（半年一次）　　　○半学期一次（三个月一次）

○一个月一次　　　　　　　　　○一个月两次及以上

7. 学校在作出重大教育决策时，主要根据？（请选择您认为最主要的三项）［多选题］［必答题］

□根据上级教育管理部门要求　　□根据校长的个人经验和直觉

□基于数据进行研究并作出决策　□主要听取教职员工代表大会的意见

□主要听取家长代表大会的意见　□其他＿＿＿＿＿＿＿＿＿

8. 教育行政部门与学校的联系密切吗？［单选题］［必答题］

○每天都联系　　　　　　○联系较为频繁，但不是每天

○联系不太频繁，主要通过特定的学校活动、社区活动联系

○从来没有联系

9. 教育行政部门与学校的联系主要通过哪种形式？［多选题］［必答题］

□由教育行政部门牵头，成立各个学校共同参与的协商沟通机构，各个学校参加并各指派一名联络人员，以保持经常性联系

□建立由教育行政人员及学校代表参加的联席会议制度，相互沟通情况，对各个阶段工作做出安排

□教育行政部门不定期组织教育行政人员进学校，开展学校调查、教育督导活动

□其他_____

10. 学校与家长、社区的联系密切吗？[单选题][必答题]

○每天都联系　　　　　○联系较为频繁,但不是每天

○联系不太频繁,主要通过特定的学校活动、社区活动联系

○从来没有联系

11. 学校与社区、家长的联系主要通过哪种形式？[单选题][必答题]

○由社区牵头,成立社区、学校未成年人教育联系活动机构,双方领导参加并各指派一名联络人员,以保持经常性联系

○建立由社区、学校领导及家长代表参加的联席会议制度,相互沟通情况,对各个阶段工作做出安排

○学校不定期组织教师进社区,开展社会调查、家访以及未成年人心理咨询活动

○其他_____

12. 教育行政部门主要通过哪些方式执行监督职能？[多选题][必答题]

□督查校长及领导班子的在岗、出勤、听课、参与教研活动等情况

□督查学校民主管理、校务公开的情况,了解学校重要或重大工作会办情况

□督查学校教职工对校务公开满意度情况

□督查学校民主管理、民主理财情况

□督查学校严格执行师德师风建设的八项规定,督查了解有无有偿家教、乱推销、乱收费等违规行为

□督查学校对上级工作布置的执行情况和传达学习上级会议精神情况

□其他_____

13. 学校主要通过哪些形式履行督导职责？[多选题][必答题]

□召开教师座谈会　　　　　□到课堂听课

□找学生或家长了解情况　　　□督促处室、年级部和学科组抓好教育教学工作

□其他_____

14. 家长、社区参与教育督导的方式主要有哪些？[多选题][必答题]

□通过家长座谈会　　　　　□到课堂听课

□找学生、教师或学校管理人员了解情况

□通过家长委员会或家长联盟等家长组织与学校、教育管理部门协商

□其他_____

第二部分　区域教育制度创新

您好!非常感谢您的参与,该问卷是关于区域教育制度创新方面的研究,希望您能花几分钟认真填写一下,您的回答对我们的研究很有价值。请认真阅读下面的题目,选出最符合您实际情况的选项,答案无对错之分。本问卷采用不记名的方式,请放心填写。填写完后请检查是否有多选或漏选的题目,感谢您的参与!

1. 您目前所在学校的类型是?〔单选题〕〔必答题〕

　○公办学校　　　○民办学校　　　○公办民助　　　○民办公助
　○联合办学　　　○企业办学　　　○教育集团办学

2. 您认为您所在学校在办学体制上有哪些优势?〔多选题〕〔必答题〕

　□政策扶持力度大　　　□教育资源集中
　□有较多的办学自主权(财务、人事、课程设置等)
　□吸引高质量生源　　　□引进高水平师资
　□其他＿＿＿＿＿＿＿＿＿＿＿

3. 您认为您所在学校在办学体制上有哪些劣势?〔多选题〕〔必答题〕

　□政策支持不足　　　□缺少办学自主权(财务、人事、课程设置等)
　□缺乏师资力量　　　□招生质量受限
　□社会口碑不佳　　　□其他＿＿＿＿＿＿＿＿＿＿＿

4. 您认为未来基础教育办学体制是否应走向多元化?〔单选题〕〔必答题〕

　○非常有必要,这是办学体制改革所趋　　□保持中立,维持现状
　○无所谓,办学体制不影响日常工作教学

5. 您是否经历了所在学校办学模式的转变?〔单选题〕〔必答题〕

　○有,至题8
　○没有,至题6

6. 您认为学校不同的办学模式对您日常教育教学工作有所影响吗?〔单选题〕〔必答题〕

　○影响很大　　　○有一定影响
　○影响较小　　　○没有影响

7. 您认为学校办学模式的转变给您带来了哪些影响?〔多选题〕〔必答题〕

　□管理模式的变化　　　　□教学理念的更新

□自主设置教学课程　　　□教学技术的更新和掌握

□其他＿＿＿＿＿＿＿＿＿

8. 您认为哪种办学模式更有利于您自身的发展？［单选题］［必答题］

○集团化办学模式　　　○学区化办学模式

○联合办学模式　　　　○结对办学模式

○合作办学模式　　　　○您的理由是（至少一点）＿＿＿＿＿＿＿＿

附件2：教育公平调查问卷（学生版）

你们好！为了研究有关教育公平的问题，需展开问卷调查，希望得到同学们的支持和帮助。本调查问卷不用填写姓名和个人信息，若无特别说明，每个问题只需选一个选项。所填答案没有正确、错误之分，请你根据实际情况选择即可。感谢你在百忙之中抽空填写这份问卷。

1. 你的性别是：［单选题］［必答题］

○男　　　　　　　　　○女

2. 你所在的年级是：［单选题］［必答题］

○四年级　　　　　　○五年级　　　　　　○六年级

○七年级　　　　　　○八年级　　　　　　○九年级

3. 你的出生地在：［单选题］［必答题］

○农村　　　　　　　○城区

4. 你所就读学校所在地区的类型：［单选题］［必答题］

○农村（请跳至第6题）

○城区（请跳至第5题）

5. 你和你的父母或家人在这座城市生活多久了？［单选题］［必答题］

○不到半年　　　　　○半年至一年

○一年至三年　　　　○三年以上

6. 你就读的学校名称是：［填空题］［必答题］

＿＿＿＿＿＿＿＿＿＿＿＿＿＿＿＿＿＿＿＿＿＿＿＿＿＿＿＿＿＿＿＿

7. 你的父母或家人平时会辅导你的学习吗？［单选题］［必答题］

○经常辅导　　　　　　○有时辅导

○很少辅导　　　　　　○从不辅导

8. 接受教育为你的家庭带来了经济上的负担？［单选题］［必答题］

○负担很重　　　　　　○有点负担

○基本无负担　　　　　○完全没负担

9. 你觉得在学校接受教育时受到了不公平的对待？［单选题］［必答题］

○非常符合　　　　　　○比较符合

○较不符合　　　　　　○不符合

10. 在学校中,你的老师会对你给予更多的关注？［单选题］［必答题］

○非常符合　　　　　　○比较符合

○较不符合　　　　　　○不符合

11. 当你取得进步的时候,老师会经常表扬你？［单选题］［必答题］

○非常符合　　　　　　○比较符合

○较不符合　　　　　　○不符合

12. 在课下,你的老师会主动了解你的想法和需要？［单选题］［必答题］

○非常符合　　　　　　○比较符合

○较不符合　　　　　　○不符合

13. 当你在学习和生活上有困难时,老师会对你进行帮助？［单选题］［必答题］

○非常符合　　　　　　○比较符合

○较不符合　　　　　　○不符合

附件3：教育质量与资源配置均衡调查问卷(家长版)

您好！非常感谢您的参与。希望您能花几分钟认真填写一下,您的回答对我们的研究很有价值。请认真阅读下面的题目,选出最符合您实际情况的选项,答案无对错之分。本问卷采用不记名的方式,请放心填写。填写完后请检查是否有多选或漏选的题目,感谢您的参与!

1. 您的性别：［单选题］［必答题］

○男　　　　　　　　　○女

2. 您的年龄：[单选题][必答题]

○25—35 岁　　　　○36—45 岁　　　　○45—55 岁

○56—65 岁　　　　○65 岁以上

3. 您的学历：[单选题][必答题]

○小学及初中　　　○高中　　　　　　○中专

○大专　　　　　　○本科　　　　　　○硕士及以上

4. 您的户籍为：[单选题][必答题]

○本地城市户籍　　　○外地城市户籍

○外地农村户籍

5. 您孩子所在的学龄段为：[单选题][必答题]

○小学　　　　　　○初中

○高中

6. 您的孩子所在学校的名称是：[填空题][必答题]

___

7. 您希望您孩子的学历达到什么程度？[单选题][必答题]

○初中　　　　　　○高中　　　　　　○大学本科

○硕士研究生　　　○博士研究生

8. 您认为子女的教育情况与家庭教育的关系是：[单选题][必答题]

○有很大关系　　　○有一定关系

○关系较小　　　　○没有关系

9. 您的子女在接受教育过程中是否存在以下问题：[多选题][必答题]

□家庭教育较为缺乏　　　　□经济生活水平较低难以支持

□就读学校设施条件较差　　□政府教育政策支持不足

□没有以上问题的存在

10. 您会主动了解和关注公共教育资源分配的问题吗？[单选题][必答题]

○非常关注和了解　　　○有一定的关注和了解

○不太关注和了解　　　○完全不关注

11. 您认为在下面哪个阶段公共教育资源配置的差距最大？[单选题][必答题]

○小学阶段　　　　　　○初中阶段

○高中阶段

147

12. 您认为公共教育资源配置的差异主要体现在：[多选题][必答题]

□师资力量不平衡　　　　　□教学设施差距大

□地区录取分数差异导致的入学差异

□高收费导致的择校问题

□其他

13. 您认为影响区域公共教育资源配置公平的主要因素是什么？[多选题][必答题]

□学校录取制度不公平　　　　□基础教育发展不平衡

□区域经济发展不平衡　　　　□教育乱收费

□其他

14. 您认为公共教育资源配置不公平会对学生的哪些方面产生影响？[多选题][必答题]

□学习能力　　　　　□道德品质　　　　　□社会交往

□心理健康　　　　　□其他

15. 您子女的学校所在区域的公共教育资源充足吗？[单选题][必答题]

○非常充足　　　　　　○比较充足

○不太充足　　　　　　○不充足

16. 您对学校教师的教育教学能力和水平感到：[单选题][必答题]

○非常满意　　　　　　○基本满意

○不满意　　　　　　　○完全不满意

17. 您对您孩子的老师的教育教学水平感到[单选题][必答题]

○非常满意　　　　　　○基本满意

○不满意　　　　　　　○完全不满意

18. 您对学校的教学设施设备质量感到：[单选题][必答题]

○非常满意　　　　　　○基本满意

○不满意　　　　　　　○完全不满意

19. 您对学校的基础设施条件感到：[单选题][必答题]

○非常满意　　　　　　○比较满意

○不满意　　　　　　　○非常不满意

20. 您对学校班主任与家长的联系和沟通程度感到：[单选题][必答题]

○非常满意　　　　　　　　○基本满意

○不满意　　　　　　　　　○完全不满意

21. 您对学校总体工作的满意程度是：［单选题］［必答题］

○非常满意　　　　　　　　○基本满意

○不满意　　　　　　　　　○完全不满意

22. 您认为您的子女所就读的学校与同类学校相比有哪些不足之处？［多选题］

［必答题］

□学校的教学质量　　　　　□学校的设施与环境

□教师教学水平　　　　　　□学校的管理模式

□不了解　　　　　　　　　□其他_____

23. 您认为当前随迁子女在城市学校上学面临的问题有哪些？［多选题］［必

答题］

□公办学校高昂的借读费用　□随迁子女学校教学条件较差

□受到其他学生的歧视和排挤　□教育政策的不公平

□户籍问题难以解决

24. 您认为应该怎样解决目前随迁子女的教育问题？［多选题］［必答题］

□在学习生活中给予更多平等对待

□尽量满足基本物质需求

□给予更多精神上的支持和关怀

□结对帮扶，尽可能多地进行沟通交流

25. 您比较认可以下哪些方案解决教育资源配置公平问题？［多选题］［必答题］

□加大对基础教育资源的财政投入

□教育资源共享，实行教师轮岗制

□省重点学校办分校扩大优质教育资源的利用

□在升学相对落后的地区采取优惠政策

□均衡区域内学校办学条件的差距

□推行城区学校、优质学校与农村学校、薄弱学校结对帮扶

□对薄弱学校实行教育资源倾斜政策

二、区域教育规划类

附件4：A区教育事业改革与发展"十三五"规划

一、序言

"十三五"时期，是上海加快建设"四个中心"和社会主义现代化国际大都市的重要时期，也是新A区把握机遇建设"国际A区 圆梦福地"的关键期，更是A区教育建设"中国特色"现代教育，全面深化教育综合改革，促进教育内涵发展，激发人生命活力的重要时期。

"撤二建一"初期，我区南北地区教育发展各具特色。南部地区有重视教育改革的优良传统，育才中学"茶馆式教学"、一师附小"愉快教育"、南西幼儿园"游戏教育"等全国知名，区域以研究为先导，通过项目推进创新，以区域协同探索的方式将A区教育发展不断推向新的水平。"九五"、"十五"、"十一五"和"十二五"期间，分别聚焦"素质教育"、"课程教学改革"、"减负增效"和"个性化教育探索"四个主题，相继承担了四个教育部重点研究项目，站在更高起点上不断探索教育规律，革新实践路径，引领A区教育内涵发展。

北部地区始终坚持教育优先发展，各类教育整体水平跻身全市先进行列。闸北八中"成功教育"、和田路小学"创造教育"、芷江中路幼儿园"低结构活动探索"以及"社区教育"等品牌在全国具有较高声誉，并有一批在上海有一定影响力的教改项目和学校。坚持立足区情，优化资源配置；坚持科研引领，保障优质均衡；坚持以人为本，倡导终身学习。先后获得"全国义务教育先进区"、"全国幼儿教育先进区"、"全国特殊教育先进区"、首批"全国社区教育示范区"等多项荣誉。

"十三五"时期，A区教育任重而道远，要立足"撤二建一"区情实际，打造与国际A区相匹配的现代教育。要聚焦课堂领域，注重资源融合，重视教育改革，不断探索未来教育的特征，构筑内涵更加丰富的精品教育体系，搭建有内涵、有结构的教育国际化形态，形成市民满意的优质均衡教育格局，实现更高水平的教育现代化。

二、回顾与展望

"十二五"时期，原A区紧紧抓住教育部和上海市共建国家教育综合改革实验区契机,以国家级课题"走向个性化:发达城区教育内涵提升的实证研究"的实施为抓手,提出教育走向个性化的发展方向,在教育教学改革推进、区域和学校课程建设等诸多方面取得了一定的成效,"十二五"目标任务基本完成,教育品牌初现端倪,形成具有推广意义的 A 区教育改革和发展举措。

一是科研成果丰硕。完成国家教育部重点课题的结题,并以实施国家级龙头课题引领深化区域教育教学改革。在首届全国基础教育教学成果评选中,获得三个一等奖和一个二等奖。二是教育公共服务水平不断提升。建立公办小学对口入学新生数据库,率先推出每户地址五年内只享有一次同校对口入学机会的新政,缓解教育资源紧缺和适龄儿童入学人数剧增的矛盾。研发区域性、直接指向学生个体的公共教育资源平台(家庭教育指导中心、英语实训中心等载体)的扁平化运作方式,支持学生课外和校外学习。三是信息化水平不断提高。在区域建设一批"苹果教室"和"未来智慧教室",在市西高中启动"智慧校园"网络建设工程,在区教育学院建成学科应用网站、教育教学资源库等,有效支撑个性化教育的探索和实践。四是特色课程丰富。引进"WAP 全球使者计划国际理解课程"、"青少年国际会议联盟国际课程"等国际课程;深入开展"做中学"、"社会性和情绪能力养成"等前沿性项目的实证研究,强化英语、游泳等区域优势学科的地位。校本课程建设总数超 1200 门。五是学校德育工作力度不断加大。涌现一批道德实践示范群体,如市一中学婷婷敬老服务队、市西中学"星火相传"爱国主义教育基地义务讲解队等。六是素质教育项目不断深化。原 A 区中小学校科技特色校的比例达近 70%,获奖达 5000 多项。学生身心健康水平不断提高。5年来,共有 5 万名学生参加免费游泳课程。建立区学生体质健康监测中心,完成学校心理辅导室标准化配置等。七是终身教育体系不断完善。形成了区、街道和居委的三级社区教育(老年教育)网络,居民小区学习点达标率达到 80%。成立"学习资源联盟",开办了"A 区学习网",为市民提供近 3600 门网络学习课程,基本满足市民多样化的学习需求。

"十二五"时期,原闸北区委、区政府高度重视教育工作,始终坚持教育优先发展的理念,着力推进"优质教育区"建设,区域教育资源配置更加合理,人民教育需求得到进一步满足;教育改革持续深化,教育质量进一步提升;"名师孵化工程计划"进展有序,师资队伍水平进一步提高;教育服务社会功能增强,终身教育体系进一步完善。区域教育保持高位稳定的发展态势。

一是均衡发展水平得到高度肯定。2012 年通过了上海市人民政府教育督导室对原闸北推进教育现代化工作的综合督政;2014 年通过了国家督导检查组对原闸北义务教育均衡发展的督导认定工作。二是机制创新迈出坚实步伐。成立实验小学教育集团;四所学校成为市教育委员会教学研究室"教育综合改革实验基地学校";共享课程建设进一步深化。三是优质教育品牌不断涌现。2012 年召开了全国创造教育实践研讨会;2014 年三项课题获国务院认定的国家级教学成果(基础教育)一等奖;辐射成功教育理念和成果的委托管理在全市乃至全国范围内取得较大影响。四是领军人才培养成绩卓著。2012 年五名校长被评为特级校长,2014 年一名校长被评为上海市教书育人楷模。

"撤二建一"后的新 A 区拥有教育机构 168 个,全区在校学生总数超过 9 万人,教职员工超过 1 万人。新的历史时期,全体教育人要在区委、区政府"国际 A 区、圆梦福地"的战略目标指引下,走优质均衡发展之路,促进区域民生改善,为建设创新创业的活力城区、均衡均质的和谐城区、精品精致的美丽城区、开明开放的国际城区、宜居宜业的幸福城区而不懈努力。

三、"十三五"时期指导思想、发展目标、关键指标以及发展思路

(一)指导思想

我区教育的改革和发展,要深入贯彻党的十八大,十八届五中、六中全会,习近平总书记系列重要讲话精神以及市委对新 A 区提出的"成为中心城区新标杆、上海发展新亮点"的要求,全面落实上海市中长期教育改革与发展规划纲要,积极投身上海市教育整体综合改革,围绕区域"一轴三带"的发展战略,坚持素质教育的基本理念,着眼于教育内涵建设,大胆突破瓶颈和障碍,努力提升精品教育水平,积极引领教育改革发展,促进教育的转型发展,办好让人民满意的教育,实现"让教育激发人的生命活力"的教育理想。

(二)发展目标

"十三五"期间,A 区教育事业发展的总体目标是:以围绕打造更高品质的教育国际化、更高水平的教育现代化为目标,建设优质教育集聚区,形成高端学校品牌群,构筑面向未来的教育示范体。其内涵包括以下几个方面:

构筑优质均衡的教育公共服务体系。按照普及、普惠的要求,扩大公共教育服务的覆盖面,实现各级各类教育优质发展,为每一个 A 区市民提供平等的受教育机会,提供同样优质的教育服务。

健全规范高效的区域教育治理结构。进一步推进管办评分离。加快政府职能转变,创新学校治理方式;落实学校办学的主体地位,激发学校健康发展活力。强化社会参与,发挥社会对教育的评价、监督作用。

把握未来特征的教育发展态势。继承发扬重视教改的优良传统,以学生全面而富有个性的持续发展为核心,以科研为引领,不断探索,以国际先进的教育理念引导区域教育整体综合改革,使我区的改革思想和改革举措在全市教育中发挥示范引领作用。

搭建有内涵、有结构的教育国际化形态。不仅要引进国际学校、国际课程,办国际班等,更要注重对人的培养,培养具备国际视野和本土情怀、文化自信和文化自觉的现代学生。

打造促进素质教育实施的教师队伍。加强政策导向,落实教师优先发展地位,建立合理有效的教师绩效激励机制,增强教师投身教育改革的主动性和积极性。

(三)关键指标

在具体指标上,义务教育领域以促进教育公平为主,继续保持义务教育阶段的完成率、残疾儿童义务教育入学率的巩固和质量提升,满足人民群众需要的优质教育资源布局更趋合理和完善。此外,要大力提升教育人才队伍学历层次,不断优化教师专业技术职务的结构和比例。

A区"十三五"教育发展主要指标

序号	指　　标	2015 年	2020 年
1	3—6 岁儿童入园率(%)	99	99.8
2	义务教育入学率(%)	100	100
3	残疾儿童义务教育阶段入学率(%)	100	100
4	教师本科及以上学历人员比例(%)	幼儿园 79.2%;小学 84%;初中 99%	全市领先

(四)发展思路

"十三五"期间,通过区域教育整体综合改革,实现区域教育现代化的共享共生,形成"机制创新、课程多样、品牌辐射、区域普惠"的教育生态。一是坚持战略导向。立足区域经济社会建设大局,配合"一轴三带"发展战略,科学架构精品教育格局。二是坚持需求导向。不断满足群众对优质教育的需求,为社会各个群体的发展提供充分、可选择的学习资源,不断创新人才培养体系。三是坚持问题导向。突破制约区域教育进一步转型发展的瓶颈问题,切实加大改革创新力度。四是坚持个性化导向。从多元选择的课程和差异发展的理念出发,进行改革探索,保障每个学生的充分持续发展。

四、人口与学校布局

人口问题是教育发展进程中的一个重要因素,对基础教育资源的配置以及教育的发展带来很大影响。据预测,未来我区户籍新生人口维持在人口出生高峰周期波动,未来人口分布将呈现"南部减、中部增、北部较稳"的发展趋势。依据"一轴三带"的区域发展战略,优质教育资源布局、优秀师资配置以及部分地区学校硬件设施仍需进一步优化提升。

北部彭浦地区人口稠密,教育机构种类齐全,但教育整体水平与南部和中部地区相比,仍需进一步提升。中部苏河湾地区正在全力推进旧区改造,教育设施布点面临较大幅度调整。大宁地区随着新建高档楼盘不断增加,人口总量预计将逐年上升,各学段教育设施都需增加。南部地区人口居住呈现"北密南疏"地区性特征,随着"人户分离"政策的实行,导致小学招生入学问题主要集中在部分街道和部分小学。

"十三五"期间,要围绕区域"一轴三带"发展战略,进一步完善教育配置,保持和扩展优质资源,确保重点项目的建设,改善基础教育办学条件,为教育改革和发展提供坚实的硬件基础。在北部地区依托教育资源种类齐全的优势,以推进彭浦地区学区化办学为平台,创新办学机制,集聚大批优质教育资源,满足市民多元化的教育需求;在中部地区围绕苏河湾地区开发、旧改推进以及服务大宁国际社区的发展需求,以推进集团化办学为抓手,强化优质教育资源的辐射功能,打造优质学校品牌群。南部地区以推进教育个性化为契机,在基础教育设施用地总量规模增加不大的基础上,提高基础教育设施的服务效益,推进个性化学校建设,探索未来教育特征,促进精品教育发展。

五、改革与发展领域

(一)促进学生个性与共性和谐发展的德育工作

我区在学生道德素养培育、学科德育推进、家庭教育指导等方面形成了具有区域特点且卓有成效的机制和举措,区域具备丰厚的历史文化积淀,为德育工作更加深入地关注到多样的发展需求奠定了基础。"十三五"时期,要落实立德树人根本任务,加强未成年人思想道德建设。要紧密围绕社会主义核心价值观和中华优秀传统文化教育,结合市级要求和区域特色,以培养未来公民为整体目标,以个性化教育为逻辑起点,以机制创新为改革路径,将重视共性与尊重个性有机结合,让每个孩子充分自由地发展。

1. 构建德育一体化网络

以学生发展为本,纵向上结合各年龄段学生不同需求,优化学段衔接和年级衔接,横向上构建课堂内外、学校家庭社会三位一体的联动机制,形成全员、全学科、全领域的育人环境,凝聚立德树人的强大合力。依托市区合作、区校联动、高校引领,加强研究,完善机制,增强合力,推动区域和学校一体化德育整体实施。

2. 积极培育和践行社会主义核心价值观

以社会主义核心价值观为引领,重点推进中华民族优秀文化教育,以政治认同、国家意识、文化自信和公民人格培育为目标,以深化进教材、进课堂、进课外、进网络、进队伍建设和进评价体系等"六进"为抓手,开展各具特色的学校文化建设,丰富学校内涵品质,实现文化育人。引导学生从兴趣、乐趣、情趣出发,向志趣发展,逐步养成具有民族情怀、国际视野,具有大格局、大境界的现代公民品质。

3. 深入推进学科育人工作

深入开展学科育人研究,逐步形成分学段、分学科的学科德育实施指导手册。发挥德育优质校的示范辐射作用,建设一批德育实训基地,形成完善的管理办法和运行机制。通过课程内容的衔接等,实现学生课内学习和课外活动的结合;通过社会实践教育等,实现校内教育与校外教育的结合;通过公民教育、创新教育等,实现学生当下成长与终身素养奠基的结合。

(二) 均衡优质、特色发展的各类教育

我区一直以来坚持教育优质均衡发展,以学校内涵建设为核心,注重顶层设计和区域整体推动,推进学校自主办学、主动发展。"十三五"时期,A 区将通过扩大学前教育的普惠性,落实义务教育绿色指标体系,深化高中阶段教育特色建设,探索适合上海经济转型发展的职业教育,促进各类教育实现高位、优质、特色发展,为学生提供充分发展的教育服务,真正以学生为中心,尊重个体差异,充分挖掘潜能,为每一位学生的个性、全面、终身发展服务。

1. 推进办学机制革新探索

立足区域教育传统,因地制宜,深入探索多样的办学机制改革。深入开展集团化、学区化办学,完善工作机制,不断扩大优质教育资源的覆盖面积和受益人群。落实"教育综合改革实验基地学校"项目,推进教育综合改革的项目实验。进一步探索区域"教育链"的辐射模式,深化"创新教育链"、"艺术教育链"和职业教育"高本贯通"等办学模式,为办学体制的突破创造新经验。

2. 建设区域和学校校本课程建设及推广实施推进机制

制定分层推进策略,规划建设一批义务教育阶段的拓展课程,为学生的全面发展提供课程支持。建设区域"快乐300分"课程校本实施的新机制,深化"科技大本营"等一批共享课程的研发,进一步丰富共享课程资源,增加课程总量。通过区域购买服务、专家和优秀教师走校授课、学生跨校选课、预约制学习等多种方式,努力扩大区域课程的学校覆盖面。努力提升学校校本课程建设的前期审核、过程指导、成效评估等规范性制度建设水平,鼓励和支持学校开发建设一批品牌校本课程。

3. 推进学前教育高品质发展

实施学前教育三年行动计划,构筑优质均衡的教育公共服务体系,加强与优化学前教育资源配置,积极应对入园高峰。遵循幼儿身心发展规律,创新学前教育教养模式,促进学前教育内涵发展,抑制"小学化"倾向。构建并完善区域"活力开端"积点制保教质量监控评价机制,支持幼儿园园本课程精品化、品牌化发展。在进一步加强硬件建设的基础上,努力建立一支高素养、专业化教养队伍,促进学前教育高品质、高水平发展。

4. 推进高中多样化办学

进一步鼓励和支持高中多样化、特色化办学,积极探索高中课程改革新机制,重点支持学校建设自主选择、分层学习的课程体系,实施高中学程和学分管理,满足学生个性化成长需求。鼓励和支持学校建设具有学校特色的校本课程,特别是创新实验室及其课程建设,探索建立跨校选修和学生共育的区域联盟机制。逐步探索和建立高中专职辅导员和全员导师制结合的学生成长服务机制,提升高中学生职业生涯辅导教育水平。

5. 建立健全特殊教育多方合作体系

进一步完善市、区、校三个层级的特殊教育管理网络,以医教结合为抓手,推动区域特殊教育协同创新。建立教育、医疗、家庭和社区多方合作机制,推进特殊教育国际交流与合作,实现高校专业引领和教育教学实践相结合。积极开展普特融合试点工作,为特教儿童提供高质量和个性化的教育、康复与保健服务。

6. 加强优质教育资源辐射力度

以素质教育为导向,立足实际,着眼未来,进一步完善教育配置,确保义务教育阶段公办学校资源配置标准化、均等化、优质化水平,使设施设备的配置有效服务于课改进程,推进义务教育城乡一体化发展,提升公共教育服务水平,为深化教育改革,促进教育内涵发展提供坚实的基础。

7. 深化民办学校办学与管理体制改革

深化民办教育管理体制改革,探索非营利性民办学校试点研究;完善政府资金对民办学校的扶持方式,提高扶持效益;鼓励民办学校特色办学,激发学校办学活力,提升学校办学质量。

8. 推进教育信息技术应用

深化区域教育信息化工作,实现各级各类教育资源衔接融通、教育管理服务的高质高效和教育决策的开放科学,支撑教育现代化的实现。探索具有强针对性的学业诊疗系统,为不断改进教学提供支持。构建开放、便捷的教育服务公共交流平台,为社会公众、学生和家长提供实时的各类学习和服务信息。尝试建立线上线下、学校内外学习成果互认的学习体系,以更多样的课程、更个性化的学习模式和更丰富的学习方式培养学生的学习能力和创新素养。

(三) 学生综合素养培育

我区前期进行的教学减负增效研究为进一步拓展学生成长空间创造了条件,区校所进行的作业设计与实施机制已有一定的经验。"十三五"时期,我区将以创新精神、实践能力和社会责任感的培养为总体要求和基本方向,突出创新能力、高阶思维培养和训练的载体建设。以课堂内外贯通、学校内外联动为特点,架构学生综合素养培育的系统设计,创建高效顺畅的一体化运作机制,拓展和保障学生个性化成长时空。

1. 推进学生综合素养校内外一体化机制建设

加强校外机构建设,提升培养青少年艺术、人文、科学、创新能力等多方面素养在工作中的地位和作用。探索 STEM 校外学习平台建设,加强基于科学、工程及学科类创新实验室建设。着力构建各委、办、局参与,多方协同的区域教育资源开发运用机制,建立校外联席会议制度,形成并不断完善一体化机制的框架及运作办法。进一步完善"社会性和情绪能力"、"健康运动处方"、"N 项活动"、饮食文化和形体礼仪、财经能力等课程。

2. 提升学生美育能力

实施面向人人的艺术普及教育,引导每位学生至少具有一项艺术爱好、掌握一项艺术技能。优化艺术素养评价机制，推进社会艺术场馆、专业院团与学校艺术教育的有效结合，充分利用海上文化中心等社会资源，开展文教结合项目，确保在校学生每年观摩一次文化公益演出。

3. 打造体育项目品牌特色

深入推进"小学兴趣化、初中多样化、高中专项化"的体育教学改革。做好体育创新团队建设，打造校园体育组、联盟项目组、项目中心组的立体学校体育工作架构。开发区级校园足球联盟共享课程，完善校园足球的校内、校际和区三级赛事模式。继续打造市北中学排球、民立中学游泳、回民中学台球等品牌，完善相关扶持激励政策，加快后备人才梯队培养。

4. 搭建区域青少年科普活动与创新平台

依托"创意梦工厂"、"少年科学院"等品牌，开发一系列科技创新课程与科普活动项目，建设"炫动 3D 创意屋"、"希望星空遥测站"等流动科学实验站，开发学生科普类创新实践课程。进一步办好区青少年科技节、青少年创新大赛、"明日之星"评选活动等，不断提高活动的内涵和质量，培养更多的科技创新少年英才。

5. 提升教育国际化水平

深化高中国际融合课程的实践与探索。加强国际理解教育师资建设，鼓励和选送优秀教师参与市教委组织的学习研修，支持教师出国研修和研读学位。逐步完善与国（境）外学校合作交流机制，支持学校开展形式多样的中外交流。鼓励有条件的优质民办高中举办国际课程班，引进国外先进课程体系。

（四）促进个性化教育实施的评价体系建设

我区长期关注学习生活质量的调查与反馈，探索基于学业质量和生活质量的两维评价，积累了一定的数据与实施经验。"十三五"时期，我区仍要以正确的质量观、评价观为指导，系统构建评价体系，开展以评价撬动改革的尝试。通过试点和深化，进一步强化两维评价的理念与操作，构建以学生为本的教育评价体系，形成保障区域教育质量整体提升和个性化教育实施的长效机制。

1. 建设基于学生个体连续成长的数据库

依据市综合素质评价的指导思想和学生综合素质评价服务平台，完善本区数据平台，对本区幼儿园、小学、初中、高中学生连续不断成长数据进行记录，完善个体连续成长数据库，形成区域三到十八周岁学生成长图谱，探索形成具有 A 区特点的学生综合素质评价方案与操作办法。

2. 完善与深化指向学校的基础性评价

修订和完善对学业质量和生活质量两维评价所涉及的指标。在学前阶段打造"活力开端"评价体系,通过积点制的评价,引领幼儿园释放活力,实现各园的个性化发展定位。在小学阶段构建"活力指标",丰富指标评价内涵,细化评价标准,促进各小学优质均衡发展。在义务教育阶段,对接绿色指标,不断完善教育教学评价,重点研究以校为本的教育质量保障体系建设。在高中阶段积极探索学生综合素质评价体系的校本建设,在进行写实记录和形成数字化档案方面积极探索有效路径,形成有区域特色的学生综合素质评价体系。在集团化办学和学区化办学实践中,建立社会监督机制,积极引入专业机构等第三方力量,通过指导和帮助,促进学校科学发展、持续发展。

3. 以教育督导评估引导教育发展

贯彻落实《上海市教育督导条例》要求,研究区级教育督导机构设置的规范性,切实发挥教育督导对区域教育发展状况和教育质量开展评估、检测的职责和作用。以中小学责任挂牌督学经常性督导为切入口,探索符合本区实际的家庭、督学、学校、社区相结合的教育督导工作流程和方法,以及督导结果向社会公示、公告的途径与实施办法。推进基于"学校发展规划"的发展性督导评估,完善具有"走向个性化"特点的各级各类教育督导评估体系,推动学校开展自主评估工作,促进学校个性化、多样化发展。

(五) 推进教育人才培养机制建设

确立教育人才队伍优先发展的战略思想,大力倡导以实施素质教育为导向的干部教师专业素养和职业道德境界,区域形成了较为完善的优秀教师发展序列和培养机制。"十三五"时期,教育人才的培养要以骨干队伍建设为重点,整体设计促进教师专业成长的路径,既注重阶梯式通道设计,更关注扁平化、跨越式的人才发现和培养机制建设。要加强现代学校制度建设,鼓励学校人才队伍特色化建设,激发学校依法自主办学活力。要激发干部、教师的专业发展自觉性与主动性,探索和实践符合我区当代教师实际情况的发展模式。要加强教师培训机构建设,为区域教师培训提供更加有力的基础与保障。

1. 创新干部队伍培养机制

完善我区教育拔尖人才培养项目实施办法,根据区情实际,分层选好重点培养对象,制定个性化培养举措。按照后备梯队、初任岗位、成熟发展、优秀骨干等不同任职阶段,有针对性地实施校长培训。集聚市、区资源,完善区域校长专业指导委员会机制,以专家个别指导,学员团队和个体研修,以及学校办学诊断的方式,进一步提高骨干校长高级研修班的质量,培养一批在市、区有影响力的骨干校长。

2. 完善教师培训机制建设

基于教师需求的课程与教育,基于教师发展的评估与管理,科学规划教师专业发展路径,根据教师成长规律,针对见习期、职初期、成熟期、经验期等不同阶段,通过见习教师规范化培训、学科教学实训工作室研训、优秀青年骨干研训班、名师工作室带教、高级研修班学习等形式细化专业发展分类课程,完善全覆盖、多层次、序列发展、有效衔接的培训体系,打造师德高尚、业务精湛、具有持续发展动力的教师队伍。

3. 大力实施教师能力素养提升项目

建立区教师专业发展指导委员会,组建校本研修基地,发挥辐射效应,提高校本研修质量。积极开发教师培训课程、学科教学知识培训课程,配合实施教师信息化教学力提升计划,逐步形成我区教师学科教学知识和综合素养提升的培训课程体系。实施教师学术休假制度、教师培训"虚拟账户"、"四期四奖"工作机制等,创新教师培养方式,激发教师专业发展的自觉性和主动性。实施"菁英教师"培养计划,激励青年教师专业成长,加强教育人才储备。

(六) 优质多元、开放融通的终身教育体系建设

我区终身教育突出区位、人文和历史等特点,形成了"白领学堂"、"乐龄讲坛"、"感悟生命"等品牌项目。学习型组织建设逐步深化,各类学习型团队逐步扩大,形成了良好的终身学习环境和优质的社会教育效益。"十三五"期间,我区将以提高市民思想道德素质和科学文化素质为目标,以完善优质多元的继续教育体系和市民终身学习公共服务保障体系为重点,构筑起学习体系健全、学习网络完善、资源配置科学,具有浓厚的"人人皆学、时时能学、处处可学"学习氛围的学习型城区,提升市民的幸福指数和身心健康水平。

1. 构建衔接融通的终身教育体系

从市民终身学习需求与能力监测制度、社区教育管理队伍、第三方评价、终身学习成果认证等方面系统设计终身教育保障体系,形成相关的运行机制和管理办法。助力建设老年友好型城区,实现养教结合的全覆盖,完善社区(老年)教育三级网络(社区学院—社区学校—居村委教学点)能力提升项目。注重提升各级各类教育的衔接融通,深化0—3岁早教项目,充实丰富白领学堂学习内容,实施提升老年教育能级计划,集聚整合各类社会教育资源,构建学校教育、远程教育和社会教育相结合的终身教育体系,以满足市民个性化、多样化学习需求。

2. 完善终身教育发展的体制机制

根据终身教育的发展趋势和社区教育开展活动的实际需要,组建社区教育社工队伍,以提高社区教育的专业化和职业化水平,建立社区教育专业能力培训制度,开通终身教育教师职称晋升通道,建立终身教育研究所,充分发挥社区教育的科研引领作用,大力开展终身教育领域的科研和实验项目工作,加强学分银行的学分互认和学习成果激励作用。

3. 开发具有区域特色的学习活动载体和品牌

实施市民素质提升工程,持久开展"文化A"系列文化活动,开展全民阅读活动,推广"感悟生命"特色项目,提升市民文明素养、科学素养。改建提升"A学习网"功能,建设移动学习平台和微信学习终端,进一步推广网校分校的数字化学习形式,全面促进市民数字化学习。

4. 促进教育培训机构的健康有序发展

按照"积极鼓励、大力支持、正确引导、依法管理"的方针,建立健全规范、科学的审批、评估、年检等长效管理机制。引进第三方评估,实现办学资质、办学水平、办学风险评估的标准化和社会化。通过购买第三方服务的方式,加强对教育培训机构的指导服务,促进教育培训机构的可持续发展。

5. 建立现代职业教育体系

进一步优化区域职教集团运作机制。根据产业发展和产业布局,制定区域职业教育规划。加强职前教育与职后培训和继续教育的一体化建设,探索职业教育与市场需求和劳动就业紧密结合的机制。充分整合区域资源,深化校企结合,依靠行业、企业发展职业教育。进一步推进职业学校体制改革,加强体现区域特点的"双师型"教师队伍培养。推进"普职融合",在义务教育及高中阶段开设职业教育体验课程,增强学生的职业体验。

(七) 推进支撑优质教育公共服务的机制建设

我区高度重视教育对于区域经济社会发展的支持和促进作用,出台了一系列扶持政策,建设了多个教育公共服务机构,着力为市民提供高质量、公平均衡的教育公共服务,打造宜居宜业的幸福城区。"十三五"时期,要按照普及、普惠的原则,建立多元化和扁平化的教育资源供给体系,确保我区教育均衡化和公正性。

提供面向社会的专业教育服务

整合资源,完善机制,发挥优质资源辐射功能,为社会大众提供高品质的教育公共服务。一是发挥 A 区中小学心理健康教育发展中心的功能,形成具有区域特色的心理健康教育系列课程和丰富多样的心理健康教育载体。二是深化家庭教育指导机制探索,基于学生发展需求,依托信息化平台,开发和提供线上线下融通、多元多层的家庭教育指导项目。三是推进"英语实训中心"建设,面向全区学生开放英语实训场馆,实现预约式服务,进一步改革传统课堂教学模式,丰富学生英语学习体验。加强政策、资源和发展方向的引导,探索公共教育资源在个别化教育理念下的配置方式,研发区域性的、直接指向学生个体的公共教育资源平台,支持学生的课外和校外学习。

(八) 教育结构布局优化

要立足区域特点,结合对全区人口发展及新一轮教育设施需求的预测,加强顶层设计,通过新建、改建等多种方式,科学调整教育资源布局,扩大优质教育资源辐射范围,以满足学生和家长对优质教育资源的需求。

1. 完成部分学校校舍改建工程

在闸北八中新建一幢高中部教学楼,建筑面积 5188 平方米。通过新楼的建设,有效改善学校教学环境,提升办学质量。改建康定路 733 弄 70 号,用作常德书法幼儿园分部,有效缓解江宁地区学前教育阶段教育用房紧缺的困境,满足户籍幼儿的入园需求。

2. 完成部分校园新建工程

完成海防路 440 号新建工程,教育局将重视建设周期,合理布局,有效缓解江宁地区教育用房紧缺的困境。建设大悦城二期南地块配套幼儿园和汇众地块配套幼儿园,两所幼儿园均为新建,完成后将作为配套幼儿园满足当地居民的入学需求,进一步优化教育资源布局。完成 80 号地块(南块)新建工程,用作九年一贯制静教院附校教学用房,有效扩大优质教育资源受益人群。

六、政策保障与政策储备

(一) 充分发挥党组织的政治保障作用

加强党组织建设和党员队伍建设,充分发挥党组织的政治核心作用,进一步健全党风廉政建设责任制,从制度上保证对干部权力运行的有效监督和制约。坚持以党内民主促进校园民主,推进校务公开,加强群众监督,充分调动民主党派和党外知识分子的积极性,构建和谐校园。

（二）保障教育经费投入

坚持教育优先发展，不断加大投入，依法、合规、有效地规划安排教育资金，保证 A 区教育优质、持续、高效发展。

区政府教育拨款的增长高于财政经常性收入的增长，并使按在校学生人数平均的教育经费逐步增长，保证教师工资和学生人均公用经费逐步增长。

加大教育用地的基础性投入，加大基础设施的配套建设工作，加大对教育、教学设备的高端投入，进一步推进网络信息化建设工作，继续加大对学生素质教育的投入。

逐步调整优化教育经费结构，加强经费的绩效评价和监管，提高教育经费的使用效益，进一步加强公共教育财政支出预算公开化、透明化。

（三）健全教育发展的环境和氛围

完善教育体制机制，形成依法治教和依法治校的运行体系。落实学校章程建设与执行，促进学校正确行使办学自主权。加强安全教育和学校安全管理，加强校园网络管理和周边治安综合治理。推动学校与相关部门和社区的合作，完善学校突发事件应急管理机制，建设平安校园。加强学校、家庭、社会和司法联动保护机制，有效预防未成年学生犯罪，为青少年身心健康创造良好环境。妥善处理政府、学校、社会之间的关系，为教育发展营造良好的制度环境。

附件 5：A 区教育整体综合改革方案（2015—2020 年）

一、基础背景与统领思路

（一）基础背景

A 区历任区委区府对教育高度重视，坚持教育优先发展战略，对于当前的教育综合改革全力支持、关注与期望，在区委办公会上专门讨论。作为中心城区，A 区普通市民对优质教育有着很高的期盼与认同，这是教育改革的重要推动力。

个性化是未来教育的重要特征，教育走向个性化是我国特别是上海市教育改革深化发展的重要方向和内容（上海市教育综合改革方案中 10 处提到个性化）。一个区域对个性化教育实施的整体探索具有先导性和前瞻性，对其他地区具有重要的引导、辐射和带动作用。

走向个性化的教育改革不是一个特色性质的点上探索，而是需要在整体上从观念目标、内容设计、过程方法、技术支持、资源配置、机制保障等方面所进行的全方位革新。

A区教育走向个性化的区域探索于2012年正式启动,形成了以龙头项目引领、区域整体布局、多方协同实施的局面,并在宣传发动、数据库建设、机制探索等方面已有重要进展。

(二) 统领思路

基于区委区府的统筹、协调,基于A区经济、社会发展的形势与要求,确立A区教育综合改革的总体思路,注重基于有思想、思路统领的综合——教育走向个性化,强调分类型而不是分等级的均衡,突出全面而有个性发展的基础价值。

走向个性化作为A区教育整体改革的总体思路,其基本特征是:以学生个性持续发展为核心,通过个性化学习机会的提供,个体潜能和优势的发现与培养,个别化教育的设计与服务,不同类型学校的多样化发展,以及多元评价和长效机制的建设,实现个体充分持续发展。

二、总体目标和发展愿景

(一) 总体目标

A区教育整体综合改革的总体目标是:聚焦未来教育特征,完善A区精品教育体系(指"十个化",即教育目标精品化、教育决策科学化、教育管理民主化、教育队伍精湛化、教育设施精良化、教育手段现代化、教育环境优良化、教育发展特色化、教育质量优质化、教育交流国际化),以深入探索教育走向个性化为抓手,推进区域教育整体综合改革,向更高水平的教育现代化迈进。

(二) 发展愿景

具体表现在如下七个方面的愿景:

课程:形成具有区域特征,学校个性化实施的丰富多彩、富有挑战的课程体系。

教学:形成精准针对个体差异的课堂教学策略与方法,以及与个性化教育相匹配的课程管理模式。

评价:形成以学生综合素养培育发展为目标的综合评价体系。

资源:构建丰富、优质的资源集群和多元化、扁平化的公共资源配置机制,更加符合个性化的要求。

队伍:建设一支以素质教育为导向、胜任个性化教育的师资队伍。

学生：培养以自觉践行社会主义核心价值观为特征，具有个性鲜明、身心健康、适应未来挑战的Ａ区学子。

终身教育：形成活动多元、组织多样、服务全面的终身教育体系，推进"人人皆学、时时能学、处处可学"的学习型城区建设。

三、改革要点和重点项目

Ａ区教育综合改革的总体实施方略是：以多元选择的课程和差异发展的理念出发，进行改革探索；以学校育人为支点、以考试评价为杠杆，撬动立德树人的深化和师资队伍的建设；以学校各有个性的整体改革和扎根、实证为基础，进行有特色的全区综合改革规划布局。具体的改革要点和重点项目如下。

（一）促进学生个性与共性和谐发展的德育工作

1. 面临问题与未来挑战

立德树人是教育的根本任务，德育工作要基于对未来公民应具备的基本素养的整体把握，在促进学生个性化发展与作为现代公民的共性要求之间建立和谐统一的连接。目前区域和学校的德育工作对共性关注比较多，但对学生个性化的成长需求关注不够，尚未形成精准针对个性差异的德育工作推进实施的长效机制。

2. 工作基础与实施条件

Ａ区在学生道德素养培育、学科德育推进、家庭教育指导等方面形成了有区域特点的卓有成效的机制和举措，区域内更是拥有丰厚的历史文化积淀，各部门之间形成了整体育人的合力机制，为德育工作更加深入地关注到多样的发展需求奠定了基础。

3. 改革项目与要点

紧密围绕社会主义核心价值观，结合市级要求和区域特色与基础，营造家庭、学校、社区一体化的浓厚的育人氛围，形成合力，创新机制，探索以人为本的具有针对性、实效性的德育新路径，形成具有Ａ区特色的德育新品牌，落实立德树人的根本任务。深入推进的项目有：

项目一：大力加强优秀历史文化传承

以社会主义核心价值观为引领，以中华民族优秀文化传承为己任，以政治认同、国家意识、文化自信和公民人格培育为目标，挖掘区域历史文化传统，开展各具特色的学校文化建设，丰富学校内涵品质，实现文化育人。在综合改革中后期，各校形成校本化实施、开发的德育特色课程，形成个性化的德育活动设计与实施的操作办法。

项目二：深入开展学科德育研究

强化教师育德意识，提高学科育德能力，将学科德育实施情况作为课堂教学评价的重要内容，定期表彰教书育人优秀教师。分学段分学科深入开展学科德育研究，举办相关研讨活动。积极配合市级要求落实中小学德育一体化内容体系实施工作。到2020年末，形成分学段分学科的学科德育实施指导手册。

项目三：开展基于个性化发展需求的心理健康教育探索

发挥A区中小学心理健康教育发展中心的功能；探索医教结合的心理健康服务体系；深化学生职业生涯教育等项目；提高心理健康教育教师队伍专业化水平，培养学生良好的心理品质。到2020年末，形成具有区域特色的心理健康教育系列课程和丰富多样的心理健康教育载体，初步建成科学有效、力量整合的心理健康教育与服务体系。

项目四：个别化教育理念指导下的家庭教育指导机制探索和制度建设

进一步完善和发挥A区家庭教育指导中心的公共服务职能，汇聚更多优质资源，基于学生个性化发展需求，充分依靠信息技术平台，开发和提供线上线下融通、多元多层多形式的家庭教育指导项目，开发家长能力提升项目。激发学校家庭教育指导创新实践。到2020年末，形成A区家庭教育指导工作新品牌。

项目五：建设学科德育实训基地

发挥学校德育优质资源的示范辐射作用，建设一批德育实训基地，到综合改革中期，形成完善的管理办法和运行机制，培训和培养一批德育骨干教师。

(二) 关注个体差异的课程教学优化

1. 面临问题和未来挑战

随着教育改革的深入、学习资源的丰富、家庭教育的提升，学习的多样化与个性化愈加明显，学校如何打破传统时空的限制，为学生提供满足多样需求的机会与服务，这是一个前瞻性探索，涉及到理念的转变和管理机制的变革。

在课堂教学改革中，A区100％的学校对个性化理念已基本认同，但具体的操作上尚待突破，譬如，怎样更精准地把握学生的学情，怎样更好地关注学生的差异需求，怎样更快速地进行课堂评价与反馈，等等。

A区信息化建设已达一定水平，100％的学校运用互联网于管理与教学中。但面对未来的挑战，如何利用信息化技术支持个性化教育的实施，需要我们进行大力的研究和探索。

2. 工作基础和实施条件

本区确立了"走向个性化"的教育改革与发展目标,目前在个性化教学实施、个性化学校建设上已有一定的探索,形成了区域层面的小学课程标准执行手册、教学前端分析案例集,这是进一步深化改革的基础。

本区在点上已形成一些成果,如育才中学的个性化学程设置和实施已有系统经验,静教院附校的后茶馆式教学、愉快教育研究所的支架式教学、市西小学的个别化学习机会提供与活动规则设计等实践探索已取得重要进展,这是改革的重要支撑。

3. 改革要点和突破项目

以个性化教育实践为基础,探索形成基于学生个性化需求和个性化成长的课程设置、教学实施、课程管理、课程评价一体化制度与机制,探索形成支持个性化教育实施的信息技术应用、科研支持、资源配置等政策和机制,探索形成具有区域特点的学前、特教、学科发展等特色化、精品化发展态势与格局。期望突破的重点项目有:

项目一:推进个性化学程与学分制管理

在本区育才中学探索经验的基础上,区域整体推进个性化学程的实施,到 2020年,全区所有高中和部分初中实施个性化学程和学分制管理,形成资源共享、跨校选修、学分互认等机制。通过试点形成实践游学的总体方案、申请流程、评估办法,所有高中、部分初中和个别小学得到落实。

项目二:探索区本化的学科学习目标研制

形成分层的学科学习水平认定标准和配套办法,为促进学生个性化发展提供必要的学科专业评估依据和重要支撑。到 2020 年,基本形成相应的标准和实施的指导手册。

项目三:支撑个性化教育的信息技术应用

积极推进体感技术、学习分析技术、云计算、移动互联等新技术在学校教育教学中的应用。基于新技术的应用,特别是大数据时代的背景,探索实践慕课、翻转课堂、微课等未来教学模式。提升基础网络建设水平,构建良好的泛在学习环境。在综合改革探索的中期(2016—2018 年),建成线上线下互通的个性化学习平台,基于生物学科实验建成二次学习平台并扩展应用,在 2020 年得到完善和全区推进。

项目四:探索适应学生个性化发展的教学管理机制

大力推进免修、免考制度,争取在 2020 年末全区 60% 学校有相关制度并实施。为满足部分特需学生的个性化成长需求,试点探索基于学习结果的评估机制。到 2020

年,形成基本的方案和初步的实施经验。

项目五：基于品牌化、成果化视野的学前教育发展

在进一步促进学前教育特色化发展的基础上,支持幼儿园把园本课程向精品化、品牌化发展,把经过检验的、具有成效的成果,通过知识产权申请、教玩具的商品开发等形式成果化。到 2020 年,60％以上的幼儿园品牌有成果化的体现,并形成基本经验。

项目六：进一步加强特教资源中心建设,建立健全特殊教育多方合作体系

区域内集中建立学前教育特教康复指导中心、中小学特殊教育资源教室,配备具有特殊教育专业资格的巡回指导老师、资源教师和普通学校内的专职特教教师。积极探索医教结合,积极开展普特融合的试点工作。进一步发挥专门学校育人、转化的功能,支持专门学校在研究学生、转化学生上的投入和实验。在 2020 年,形成比较完善的制度和机制。

项目七：科研品质提升与服务优化

进行教育科研制度的整体设计,更好地适应教育科研发展及区域教育改革的新形势与新要求,更好地发挥科研引领的作用。加强教育科研实施的系统优化,拟建立"科研流动站",促进成果共享完善。在综合改革初期,完成制度设计与发布,并在实施中不断完善。

（三）学生综合素养培育和个性化成长

1. 面临问题和未来挑战

学生综合素养的培育和个性化成长,需要充分的时空保障,目前学生成长的时空还有待拓展。

面向未来,学生的需求更加多元化和个性化,但在资源的载体建设,特别是跨部门间的协同机制上还需完善,譬如基于学生需求的非教育部门的场馆开放、资源开发等。

2. 工作基础和实施条件

A 区前一时期进行的教学减负增效研究为进一步拓展学生成长空间创造了条件,区校所进行的作业设计与实施机制已有一定的经验。

具有区域特征、立足学生未来适应的课程与活动建设,如培育学生科学素养的"做中学"课程、培养学生良好情绪能力的"社会性和情绪能力"课程、指向学生人文素养提升的中小学生需要经历的"N 项活动"项目、基于诊断的运动和营养指导的"健康运动处方"课程,已有坚实的基础。

3. 改革要点和突破项目

以创新精神、实践能力和社会责任感培养为总体要求和基本方向,突出创新能力、高阶思维培养和训练的载体建设。以课堂内外贯通、学校内外联动为特点,架构学生综合素养培育的系统设计,创建高效顺畅的一体化运作机制,拓展和保障学生个性化成长的时空。期望突破的重点项目有:

项目一:基于学生综合素养培育的校内外一体化机制建设

加强青少年活动中心工作,打造区域校外素质教育最佳实践基地,完善"少年科学院"、"创意梦工厂"、"N+1 欢乐营"等项目建设。加强社区教育活动工作,注重形成教育合力,完善社区专职管理、志愿辅导相结合的师资队伍。着力构建各委办局参与、多方协同的区域教育资源开发运用机制,建立校外联席会议制度。到 2018 年,一体化机制的框架及运作办法基本形成并不断完善。

项目二:区域性推进指向学生综合素养提升的课程研发完善

进一步完善为学生终身幸福奠基的"社会性和情绪能力"课程和"健康运动处方"课程,建立区域学生体质健康服务中心。进一步完成和完善提高学生人文素养的"N项活动"课程、饮食文化和形体礼仪课程、财经能力课程。基于 A 区国际化社区程度高的现状与趋势,进一步研发和实施提升学生国际观念、国际理解、尊重交往的课程。到 2020 年,建成比较完善的课程架构和实施途径。

项目三:建立健全学生创新素养培育特色实验室

以现有的生物、物理创新实验室建设为基础,进一步建立健全学生创新素养培养特色实验室,力争每所高中都创建一个特色实验室,并形成项目支持、监督评价、资源共享的管理运作机制。争取在综合改革期间创建区域创新素养培育指导中心,统一协调管理相关单位的特色实验室建设与运作。

项目四:建立区域学生个别化教育设计指导服务中心

探索建立学生个别化教育设计指导服中心,引导和推进社会、家庭共同关注学生成长的机制,争取在 2016 年,初步形成针对学生个性化成长的家长、校长、教师、学生指导手册,并探索建立相应的信息发布机制。

项目五:探索建立课外教育与"三点半难题"解决的机制

基于小学生学业负担问题和放学的"三点半难题",探索建立把课外教育与"三点半难题"相联系的解决机制,既有利于提升学生的综合素养,也有助于提升社会对教育的满意度。探索整体设计、专项实施、协同管理、责任分担的运行方案,在综合改革期间进行尝试实施。

（四）促进个性化教育实施的评价体系建设

1. 面临问题和未来挑战

社会评价、家长观念和行为对学校教育教学产生了直接或间接的负面影响，增加了学校改革的困难，稀释甚至抵消了改革所取得的成效。

指向学生全面而又个性发展的科学质量观在学校管理与评价的贯彻落实中还不够深入和到位。教师的思维和行为惯性在短期内改变的任务比较艰巨。

学业成就之外数据的搜集还有待提升，客观性还有待增强，建立完善的评价反馈机制还需要深入。

2. 工作基础和实施条件

A 区从 2004 年开始探索学习生活质量的调查与反馈，2008 年开始探索基于学业质量和生活质量的两维评价，积累了一定的数据与实施经验，为推出基于评价的突破性政策创造了条件。

为了更好地了解和促进学生个性化成长，个体连续成长数据库的建设从一期试点已开始向二期深化推进，这是关注和服务个体差异需求的重要基础，也是深化和优化评价的重要保障。

3. 改革要点和突破项目

基于区情和发展要求，以正确的质量观、评价观为指导，系统构建评价体系，开展以评价撬动改革的尝试。通过试点和深化，进一步强化两维评价理念与操作，构建以个性化教学、个性化学校为要点的个性化教育评价体系，形成保障区域教育质量整体提升和个性化教育实施的长效机制。期望突破的重点项目有：

项目一：基于学生个体连续成长的数据库建设

依据市综合素质评价的指导思想和学生综合素质评价服务平台，完善本区数据平台，对本区幼儿园、小学、初中、高中学生连续成长数据进行记录。2020 年，形成个体连续成长数据库，形成区域三到十八周岁学生成长图谱，探索形成具有 A 区特点的学生综合素质评价方案与操作办法。

项目二：探索建立 A 区学生诊断与评估体系

开展基于学生个性化成长的多元智能测评，更好了解学生的智能优势和学习风格，探索基于测评的学生发展诊断体系。在此基础上，探索构建一个基于测评的学生了解和诊断体系，即对某一个学段的学生而言，有一个系统的测评作为参照。

如学习风格、多元智能、人格特点等。在综合改革期间形成这一诊断体系的总体架构。

项目三：指向学校的基础性评价（学业质量和生活质量的两维评价）完善与深化

在本区前期探索和相关成果的基础上，对学业质量和生活质量两维评价所涉及的指标根据区情和时代发展要求进行完善和修订，更加注重生活质量的调查、反馈与改进，促进学生负担合理减轻，为学生个性化成长提供更多时空。在 2017 年，形成较为完善的评估制度和办法。

项目四：探索特色性的区域个性化教育评价的框架与操作办法

以促进学生个性化成长为目的，探索教师个性化教学指数的研制与调查，探索个性化学校的创建与评估，制定相关制度和指导手册。在 2018 年，基本形成个性化教育评价的框架和运作机制，并确立基本的个性化实施标志性指标，如个性化学情分析覆盖率，满足个性化选择的课堂覆盖率，个性化作业设计与布置完成率，促进学生个性化成长的制度拥有率，学生个性化成长满意率，等等。

项目五：探索社会参与评价、区域统筹协调的政策制定和运行机制建设

探索建立区域甚至区外机构参与的学生综合素质评价渠道和评价办法，形成具有区域特点的综合素质记录与评估体系。

以促进学生个性化成长和个性化学校建设为目的，以资源优化配置为途径，以科学民主为要求，探索形成区域教育政策制定的基本流程和评估模式，形成高效的运作机制。

进一步加强督导机构和督导力量建设，推进基于"学校发展规划"的发展性督导评估，完善具有"走向个性化"特点的各级各类教育督导评估体系，推动学校开展自主评估工作，促进学校个性化、多样化发展。

（五）胜任个性化教育实施的教育人才发现和培养机制建设

1. 面临问题与未来挑战

面对教育转型和个性化教育的发展要求，A 区需要大力培育和提升校长、教师以教育家精神办学和育人的职业境界，亟需加强教育领军人才的集聚和培养，需要大力提升干部教师胜任个性化教育的能力和素养，需要深入探索促进教育人才队伍持续发展的人事制度改革举措和激励机制。

2. 工作基础与实施条件

A 区教育人才队伍建设形成了实施素质教育、落实"减负增效"的基本价值导向，

干部教师对个性化教育具有较高程度的价值认同，区域形成了较为完善的优秀教师发展序列和培养机制，使推进教育整体综合改革具备了思想基础和队伍保障。

3. 改革项目与突破要点

确立教育人才队伍优先发展的战略思想，大力倡导以实施素质教育和胜任个性化教育为导向的干部教师专业素养和职业道德境界，以骨干队伍建设为重点，创新培养机制，整体设计促进教师专业成长的路径，既注重阶梯式通道设计，更关注扁平化、跨越式的人才发现和培养机制建设；加强现代学校制度建设，鼓励学校人才队伍特色化建设，激发学校依法自主办学活力；激发干部、教师的专业发展自觉性与主动性，探索和实践符合当代Ａ区教师实际情况的发展模式。重点探索的项目有：

项目一：创新领军人才培养机制

完善Ａ区教育拔尖人才培养项目实施办法，根据Ａ区实际，分层选好重点培养对象，制定个性化培养举措。同时注重各学段间高端人才培养的均衡。到2020年末，形成完善的管理办法。

项目二：为个性化教育作出突出贡献的卓越教师培育机制建设

通过教师自主探索、实施个性化教育的项目，发现和培养为个性化教育作出突出贡献的卓越教师，建立激励机制，促进其专业成长。到2020年末，初步形成相对完善的项目培育办法和激励机制。

项目三：推进见习期教师规范化培训和"菁英教师"培养计划

根据市教委要求和Ａ区实际，创造性地实施见习期教师规范化培训，提高培训质量。实施"菁英教师"培养计划，从30周岁以下参与教学工作2年及以上的青年教师中选拔优秀教育人才加以培养，优化发展环境以激励青年教师专业持续成长，为区加强教育人才储备。到2020年末，形成具有Ａ区特色的规范化培训运行模式和"菁英教师"培养办法。

项目四：大力实施教师能力素养提升项目

以教师实践智慧提升为关键，激发教师自主发展动力，配合实施教师信息化教学能力提升计划，开发学科教学知识培训课程，开展教师个性化教育能力提升探索。设立区教师培训"虚拟账户"，在确保划拨学校教师培训经费的基础上，每年为每位教师提供一定数额的虚拟资金，只限于教师本人使用，不可转让，不可现金提取，由教师本人根据兴趣自主报名参加提供的指向综合素养提升的各类培训课程。到2020年末，形成 A 区教师学科教学知识和综合素养提升的培训课程体系。

项目五：推进区域教育人才共享机制建设

推出"A 区教师"队伍建设举措，"A 区教师"是属于"全区"的教师，可以为全区教育单位服务。其职责主要为：根据需求在教学一线承担具体的教学任务；或以项目形式承担一定的教育教学研究任务；或从事课程开发、教材编订等开创性任务等。推行新任区学科带头人跨校任教制度。进一步完善学科建设、教研组建设、校本研修等优秀校本经验区域共享机制。进一步完善区学科实训基地建设。

项目六：基于区情的教师人事制度与薪酬优化制度改革

制定向教育人才队伍建设倾斜的政策举措；探索基于区情的突破现有限制的高端人才发现、培养、激励和引进机制；探索实施教师学术休假制度；探索取消校长行政级别后的干部管理制度，加强后备干部队伍建设。完善以绩效工资为导向的教职工收入分配制度，形成激励导向机制。教育拨款的增长高于财政经常性收入的增长，保证教师工资和学生人均公用经费稳步增长。到 2020 年末，初步形成具有 A 区域特点的教育人事改革举措。

（六）优质多元、开放融通的终身教育体系建设

1. 面临问题与未来挑战

从"高起点、开放型、国际化"的区域发展要求出发，A 区终身教育工作仍然存在不足，比如在各级各类教育间之间缺乏有效沟通与协调发展，对市民多元学习需求掌握的精准度不够高，针对性、开创性、多样化、高品位的设计与服务机制尚不够灵活多样，终身学习的保障度不高等。

2. 工作基础与实施条件

A 区终身教育已率先迈入示范发展阶段，是全国数字化学习先行区和全国社区教育示范区。近年来投资力度不断加大，其整体设计突出区位、人文和历史等特点，形成了品牌项目。学习型城区建设的协调管理和创建日趋形成合力，学习型组织建设逐步深化，形成了良好的终身学习环境和优质的社会教育效益。

3. 改革项目与突破要点

以提高市民思想道德素质和科学文化素质为目标，以完善优质多元的终身教育体系和市民终身学习公共服务保障体系为重点，构筑起学习体系健全、学习网络完善、资源配置科学、具有浓厚的"人人皆学、时时能学、处处可学"的学习氛围的学习型城区，提升市民的幸福指数和身心健康水平。期望突破的重点项目有：

项目一：完善协调发展、相互开放、衔接融通的终身教育体系

注重提升各级各类教育水平以及相互的衔接融通，不断深化0—3岁早教项目，不断丰富白领学堂计划，积极拓展老年教育项目，构建学校教育、远程教育和社会教育相结合的老年教育体系，以满足市民人生各阶段的个性化、多样化学习需求。到2020年末，建成完善的终身教育体系。

项目二：多元主体共同推进终身学习服务体系建设

吸引更多组织参与终身教育事业，加强社会教育资源整合利用，创新资源供给方式，到2020年末，形成共建共享的社会化资源供给体系，形成优质资源共享、学习途径便捷、教育手段丰富以及基础公共设施和学习资源布局均衡的终身学习服务体系。

项目三：开发具有区域特色的学习活动载体

实施市民素质提升工程，持久开展文化Ａ区系列文化活动，开展全民阅读活动，提升市民文明素养、科学素养，全面推进市民数字化学习，进一步激发市民的学习动力和兴趣。

项目四：全面推进各类学习型组织建设

坚持以学习型党组织建设为龙头，发挥学习型党组织的示范引领作用，全面推进各类学习型组织建设。到2020年末，建设为勤政廉政务实高效的服务型学习型机关、自主创新能力和持续发展能力强的学习型企事业单位、市民素质高的学习型社区、幸福和睦的学习型家庭和各类志趣相投跨界合作的学习型共同体，实现学习型组织建设的多模式、广覆盖、跨类型、跨空间。

项目五：建立激发社会活力的终身教育保障体系

从市民终身学习需求与能力监测制度、社区教育管理队伍、经费保障、第三方评价、终身学习成果认证等方面系统设计终身教育保障体系。到2020年末，形成相关的运行机制和管理办法，广大市民养成高度认同和自觉追求终身学习的良好习惯，形成全社会崇尚学习、尊重知识、尊重人才和创业创优创新创造的良好氛围，形成全社会关心支持参与终身教育事业的良好局面。

项目六：加强职业教育统筹管理

加强职前教育与职后培训和继续教育的一体化建设，探索职业教育与市场需求和劳动就业紧密结合的机制。充分整合区域资源，优化资源配置方式，深化校企结合，依靠行业、企业发展职业教育。进一步推进职业学校体制改革，探索中高职贯通培养模式，加强体现区域特点的"双师型"教师队伍培养。综合改革中后期，形成职教与社会

劳动力就业、中高职贯通的操作思路和办法。

项目七：大力鼓励社会力量参与办学

积极鼓励社会教育资源参与各级各类办学，探索支持社会力量办学的机制，提高决策科学性。加大财政支持力度，充分保障并发挥民办学校办学自主权，支持民办学校教师年金制度改革。支持民办学校特色建设和师资队伍建设，到 2020 年末，形成实现民办、公办学校协同进步、共同发展的良好局面。

四、推进时间和实施路线

（一）推进时间

根据上海市教育综合改革整体方案，对本区的教育综合改革方案从推进时间设定前期、中期、后期三个时段。

前期时间为 2015 年，主要任务是：成立区域领导机构，细化改革方案，制定行动方案，广泛宣传发动；

中期时间是 2016—2018 年，主要任务是：分项目的具体实施，过程监控与评估，边实施边反思；

后期时间是 2019—2020 年，主要任务是：区域推进的系统总结，第三方全面评估，召开展示发布会，形成系列成果。

（二）实施路线

对于这一整体性的综合改革方案的落实由 A 区委区政府牵头，成立领导机构统一协调，以联席会议或议事机构等措施形成教育局与各委办局协同实施的机制。

充分依靠上海市教育综合改革专家指导组的力量，完善方案设计和提高实施效果。

成立由来自教育局、其他委办局及社会、家庭等多方人员组成的项目组，同时根据拟突破的任务设置若干子项目组和专题组，并确立实验基地，以保障整体方案的高效有序推进和实施。

（三）预期成果

通过精心实施，到 2020 年形成教育综合改革探索的一系列成果，主要有以下几类：

1. 制度及文本：在综合改革实施和推进过程中形成一系列制度及政策文本。

2. 实证案例集：对综合改革探索落实过程中形成的政策制度及实践基地实施过程中的典型经验，以实证案例的形式进行梳理和呈现。

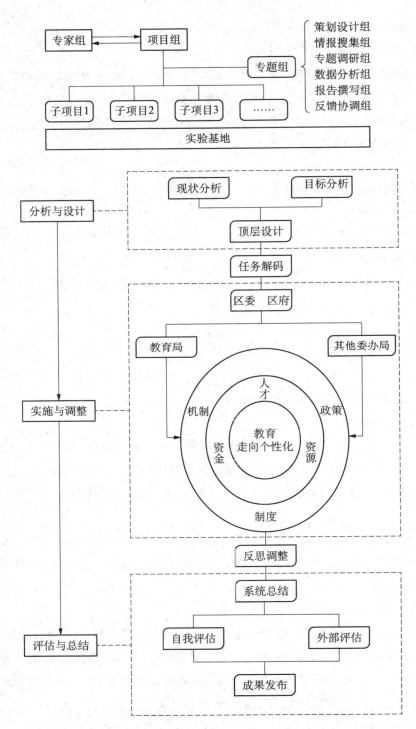

専家組 ⟷ 項目組

策划设计组
情报搜集组
专题调研组
数据分析组
报告撰写组
反馈协调组

专题组

子项目1　子项目2　子项目3　……

实验基地

分析与设计

现状分析　　目标分析

顶层设计

任务解码

区委　区府

教育局　　　其他委办局

人才

机制　　政策

资金　　资源

教育
走向个性化

制度

实施与调整

反思调整

系统总结

评估与总结

自我评估　　外部评估

成果发布

A区整体推进教育综合改革实施路线图

176

3. 信息化平台：建立与教育综合改革配套的，具有搜集、管理、应用等功能的多个网络信息平台，为常态化的应用及成果的推广提供保障。

4. 数据库：通过连续跟踪学生成长发展的横向和纵向常态数据，建立以学生为主体，涉及多元要素的跨部门、跨系统数据库。

5. 专题报告：针对一些瓶颈问题进行专项调查，或记录并系统呈现不同项目实施的基本过程、实践成效。

6. 总结报告：全面反映教育综合改革探索的过程与结果。

附件6：B区教育改革和发展"十三五"规划(2016—2020年)

为贯彻落实科学发展观，推动B区教育全面可持续发展，更好地满足人民群众对教育的需求，根据国家、市、区中长期教育改革和发展规划纲要精神，结合区域教育实际，制订本规划。

一、"十二五"B区教育工作回顾

"十二五"期间，B区教育切实贯彻落实国家、市、区中长期教育改革和发展规划纲要，按照"崇文通理、成就人生"的核心理念，发挥"B区教育精神"引领作用，紧紧围绕"让课程改革更深入、让师生关系更和谐、让学习经历更丰富、让教育服务更优质"的总要求，坚持改革创新，优化教育布局，提高教育质量，提升教育品质，呈现出良好的发展局面。

1. 各级各类教育快速发展。规范学前教育管理制度，提升幼儿园保教水平，"十二五"期间上海市一级以上幼儿园占公办幼儿园总数的50％；推进义务教育均衡发展，实施学区化集团化办学，开展"新优质学校"创建，顺利通过了国家对我区义务教育均衡发展督政，实现了义务教育均衡发展的目标；推进高中多样特色发展，开展高中多样特色发展研究，实施高中创新素养培育项目，提升高中教育国际化水平，形成高中学校特色发展项目、发展领域；推进职业教育高位发展，中职校率先开展中高、中本贯通培养和国际化办学，依托B区职业教育集团深化校企合作，促进了产学研一体化发展，石化工业学校被评为"国家中等职业教育改革发展示范学校"；加强终身教育体系建设，顺利完成成人(社区)学校、老年学校标准化建设任务，组织开展全民学习各项活动,跨省市区域终身教育联盟成为全国品牌。

2. 教育教学改革顺利推进。深化高中教学改革,在新一轮高考改革背景下,开展走班制教学、个性化学程、学生学涯生涯辅导等试点改革,全面实施高中学生综合素质评价。推进中小学课程改革,开展合格课程认定、优秀课程和示范课程评选,形成一批区域优质课程。作为两个整体试点区之一,B区积极推进"零起点"教学和"等第制"评估改革,开展学科基础素养培育研究,构建了"三维评估框架",为全市推进基于课程标准的教学与评估提供了可借鉴的模式与经验。推进中小学作业改进项目,编制了作业改进总则和学科改进细则,各中小学初步形成了具有区域特色、校本特点的作业练习系统。

3. 素质教育工作不断深化。围绕琴棋书画、校外教育、读书活动等为特色的校园文化建设,每年举办B区素质教育论坛,展示B区开展素质教育的成果。推进创新素养培育项目,开展三轮市、区创新实验室建设,建立创新素养培育基地12个,开展面向全区中小学生的课题研究活动。深化"B情"区域特色,实施学生健康促进工程,开展一校一品体育、艺术、科技特色创建,丰富学生学习经历,提升学生的综合素养,学生在各类比赛中获奖层次和人数不断提高。

4. 教师队伍素质显著提高。加大各类教师培训力度,建立分层分类教师培训体系,开展见习教师规范化培训。推进"明天的导师"工程建设,设立"学科工作坊"23个,发挥骨干教师的示范辐射作用。启动高端人才培养工程,开办领军校长研修班和拔尖教师研修班,提升高端教师的综合素养。启动高端研修班,委托上海师大教育学院开设了小学语文、数学、英语和音乐四个"高端研修班",委托华东师大开放教育学院开设了中学语文、数学两个"高端研修班"。4位教师被评为上海市特级教师,4位校长被评为上海市特级校长。

5. 依法办学机制逐步健全。完善师德管理制度,制定《B区教师职业行为"十不"》,大力宣传吴永祥等先进教师的优秀事迹。成立B区教育督导委员会、B区教育决策咨询委员会,提高教育决策水平。建立督学责任区制度,健全学校推进素质教育的长效保障机制。完成一校一章程建设,实行挂牌督学机制,全面推行学校法律顾问制度。推进家校联盟,成立B区家庭教育促进会,架起学校教育、家庭教育、社会教育之间多渠道沟通联系的桥梁。

6. 学校办学条件明显改善。积极落实公建配套学校建设,优化调整校舍资源布局,改善办学条件。"十二五"期间,实施基本建设项目33个,其中已竣工26个,正在建设 7 个,顺利完成第一轮、第二轮校安工程项目,涉及 32 所学校 35 个项目。持续推进中小学课桌椅改善工程,完成初中、小学"更新、配齐实验室设施设备"实事项目,为所有学校安装电子围栏和校园数字视频监控系统。

二、"十三五"B 区教育面临的机遇与挑战

(一) B 区教育面临的发展机遇

随着经济社会的不断发展,我国将全面建设小康社会和创新型国家,从人力资源大国向人力资源强国迈进。人民群众对优质教育资源的需求不断增长,深化教育改革成为各级党委政府关注的焦点。党的十八届三中全会明确提出要深化教育领域综合改革,提出一系列新的教育改革目标和任务。

上海进入转型发展新阶段,明确提出加快建成具有全球影响力的科技创新中心,至 2020 年基本建成"四个中心"和社会主义现代化国际大都市的发展目标,更加注重人力资源建设,提升上海的人才优势和智力优势。作为国家教育综合改革试点区域,上海市在基础教育、职业教育、高等教育等多个领域先行先试,制定了《上海市教育综合改革方案(2014—2020 年)》,推出一系列具体改革措施,为国家开展教育综合改革积累经验。

B 区坚持"创新驱动、转型发展"总方针,围绕"创业 B 区、宜居 B 区、和谐 B 区"的总体目标,明确构建"1158"城镇体系,确定新材料、生物医药等八大产业集群,成为上海市新型工业化专业化改革试点、国家新型城镇化改革试点区。B 区教育要为改革试点提供人才保障和智力支持,服务于 B 区经济与社会发展。

作为上海市教育综合改革七个试点区之一,B 区制定了《B 区教育综合改革方案(2015—2020 年)》,通过坚持问题导向、需求导向,坚持系统设计、整体推进、重点突破、试点先行的原则,明确了至 2020 年 B 区教育综合改革的目标与任务。

(二) B 区教育面临的问题与挑战

教育优质发展任务依然较重,学校布局与市政建设不同步,造成部分地区教育资源相对紧缺。城乡教育差距依然存在,优质教育资源相对不足,不能满足人民群众日益增长的优质多样化的教育需求。

素质教育工作亟待深入推进,学生德智体美诸方面发展还不够平衡,创新素养、实践能力有待提升,减负增效工作还需深入推进,整体育人、人文育人、全面育人的品牌项目有待深化。

教师队伍建设任务依然艰巨,教师学科结构不合理,骨干教师数量不足,全区特级校长、特级教师、领军人才、学科带头人比例偏低。

现代教育治理体系有待完善,教育管、办、评分离与联动机制不够健全,学校、家庭、社会在学生成长中的职责和地位不够清晰,家长、社区参与学校管理的力度还需加强,学校依法办学理念有待提升。

终身教育体系构建尚未完善,街镇、村居学习平台建设相对薄弱,专项资金投入相对较少,导致在学习课程、项目、团队等方面的建设力度不大。

三、"十三五"B区教育改革和发展的指导思想和总体目标

(一) 指导思想

以党的十八大、十八届五中全会精神为指导,坚持创新驱动、转型发展,认真落实"崇文通理、成就人生"的核心理念,发挥B区教育精神引领作用,围绕"让课程改革更深入、让师生关系更和谐、让学习经历更丰富、让教育服务更优质"的总目标,遵循人的发展规律,遵循教育发展规律,努力构建城乡一体、公平高效、可持续的基本公共教育服务体系,不断满足人民群众日益增长的多样化教育需求,办好人民满意的B区教育。

(二) 工作方针

在推进B区教育事业改革和发展过程中,要坚持"育人为本、促进公平、注重内涵、深化改革"的工作方针。

育人为本。把促进学生全面发展、健康成长作为改革的出发点和落脚点。坚持立德树人,培育和健全社会主义核心价值观,着力提高学生服务国家的社会责任感、勇于探索的创新精神、善于解决问题的实践能力,培育学生的健全人格。

促进公平。整合区域教育资源,变革办学体制,促进城乡教育优质均衡发展,办好每一所学校,努力构建城乡一体、公平高效、可持续的基本公共服务体系,提升公共教育服务能力。

注重内涵。以提高质量和效益为核心,以内涵建设为重点,深化教育教学改革,提升教师队伍素质,提高教育发展品质,探索增效减负的途径与方法,创设有利于学生快乐成长的校园环境。

深化改革。深化教育综合改革,落实区域教育综合改革方案,以机制体制改革为切入点,大胆探索和实验,创新人才培养体制、办学体制、教育管理体制,完善教育质量评价制度,建设现代学校制度,不断增强B区教育的特色与活力。

(三) 总体目标

至 2020 年,基本形成全面育人机制,基本建成学习型城区,基本实现 B 区教育现代化,着力提升公共教育服务能力,不断满足 B 区人民对优质多样教育资源的需求,逐步打造具有新型城镇化特质的理念领先、体系完整、特色鲜明、办学先进的教育强区。

主要标志是:

学前教育。B 区户籍 3—6 岁幼儿入园率达到 100%,基本满足符合条件的随迁子女接受学前教育的需求。3 岁以下本市户籍儿童每年接受 6 次以上免费早期教育指导。学前教育专任教师具有专科及以上学历达到 98%。均衡城乡发展,提高保教质量,满足人民群众对学前教育的多元需求。

义务教育。学校布局合理,100%B 区籍及符合条件的来沪从业人员子女学龄儿童全部入学,保障所有儿童接受优质、公平教育的权利。初步建立素质教育的运行机制,达到优质、均衡发展。每所小学至少有 1 名高级教师,每所初中至少有 5% 的高级教师。小学具有本科及以上学历的教师达到 85% 以上,初中具有研究生学历的教师达到 10%。

高中教育。高中阶段教育毛入学率达 99% 以上。市、区两级实验性示范性高中的实验项目及办学经验效果凸显,形成一批品牌项目、品牌课程,特色多样的格局基本形成,基本满足高中生选择性需求。高中具有研究生学历的教师比例达到 25%。

中职教育。健全职业教育办学层次,打造国际化现代职业教育试验区。发挥职业学校开放实训基地、职业教育集团等作用,推进普职融通,培养学生创新素养,提升职业教育对区域经济社会发展的贡献力、支撑力。45% 以上初中毕业生接受中高等职业教育。满足每年以 5% 速度递增的社会人员职业技能和岗位培训的需要。

终身教育。全面建设"十五分钟"学习圈,打造区域终身教育品牌,学习型社会建设与终身教育各项工作达到上海市标准。建立区域终身教育工作新型运行机制,终身教育理念基本普及,每年有 20% 以上在职人员接受继续教育,60% 老年人经常性参加活动。

四、"十三五"B 区教育改革和发展的主要任务

(一) 坚持立德树人根本任务,加强学生思想道德建设

1. 开发德育课程资源

推进德育课程"一校一品",推动德育课程精品化、特色化。整合各类课程资源,充

分利用区域德育教材,结合德育校本课程,推进分学段实施的主题教育大课表。

开发《上海市青少年实践活动B区基地》课程资源,将农耕文化展示、传统农业体验、现代农业实践等活动课程化,把B区基地办成综合教育实践融为一体的大型学生社会实践基地。

深化学科育德工作。开展中小学德育一体化建设研究与实践,构建融德育课程与主题活动为一体的德育体系。强化全员育人,实施教育教学全过程育德,引导学生在学习中培养正确的情感、态度和价值观。

2. 丰富德育工作载体

搭建班主任成长平台。组建班主任实训基地和班主任工作室,启动区域星级班主任评审工作,发挥其在区域和学校德育工作中的带动和辐射作用。多渠道、全方位搭建班主任成长平台,每年举办一次班主任技能大赛。

加强家庭教育队伍建设。发挥B区中小学家庭讲师团和B区家长委员会联盟作用,探索家庭教育新方式,提升家庭教育的科学性。

推进心理健康教育。完成上海市中小学心理健康教育达标工作,形成一批区级心理健康教育实验校和示范校。抓好心理健康教育队伍建设,发挥区学校心理辅导协会作用,深化推进心理志愿者服务进社区系列活动。

(二)完善学前公共服务体系,提升学前教育保教质量

3. 构建早教公共服务体系

建立规范化的早教服务体系。加强部门联合,健全0—3岁科学育儿公共服务网络,实现多部门实施的标准化早教指导服务,有效整合各类资源,形成具有B区地域特色的早教服务体系。0—3岁婴幼儿每年接受早期教养服务次数达6次,指导率达到98%。

优化学前教育资源。根据人口新政策和常住人口出生情况,完善政府主导、社会参与、公办民办并举的学前教育办园体制,构建覆盖城乡、布局合理的学前教育公共服务体系。

4. 完善学前教育保教机制

建立规范保教工作机制。深化《区域性规范幼儿园保教工作》项目,完善《区域性幼儿园保教工作操作手册》,建立区域教养质量评价与监控机制。全面实现一班一保。

创新学前教育管理模式。通过"学区管理、园际联盟、组团发展、公民结对、对口支援"等形式,实现对各级各类幼儿园监管、服务的全覆盖。

(三)促进义务教育优质均衡,提供公平优质教育服务

5. 推进教育组织机构变革

深化教育合作模式。继续推进委托管理、结对共建、组团发展、校际联盟等校际合作形式,充分利用市、区优质教育资源,提升我区学校的办学水平。

继续开展对口办学。积极引进市区优质教育资源,把 B 区 2—3 所新建学校委托给市优质学校承办,将新建学校办成高水平、高标准、高起点的品牌学校。

深化学区化集团化办学。总结、推广学区化集团化办学经验,实现优质教育增加、辐射共享扩大、发展机制创新,至 2017 年,形成三个学区、五个集团,学区化集团化办学覆盖全区 50％的义务教育阶段学校,学生覆盖率达 55％以上,初步形成区域学区化集团化办学格局。

探索"新优质学校"集群式发展模式。推进市、区"新优质学校"创建工作,深化八个"新优质学校"项目研究共同体建设,促进共同体内学校整体提升,实现"让每一所家门口的学校都优质"的目标。

6. 提升特殊教育发展水平

加强特殊教育医教结合。完善特殊教育管理机制,建立特殊教育医教结合工作长效机制,实现医教结合工作常态化管理和无缝衔接。

建立"一生一档"制度。为每个残疾儿童建立个人成长档案和健康档案,对残疾儿童的成长提供跟踪服务。

构建残疾儿童"融合教育"社会服务工作机制。利用"融合教育"理念,组建一支参与残疾儿童"融合教育"的社会志愿者队伍,持续有效地开展社会服务工作。

7. 大力支持民办学校发展

加大政策支持力度。积极扶持民办学校,在师资建设、办学经费等方面给予支持。

加强民办学校管理。规范民办学校办学,实行民办学校年检制度。

实施民办学校政府补贴和购买服务制度。形成公办学校、民办学校相互委托管理、相互购买服务的机制,实现资源共享。

做好进城务工人员随迁子女教育工作。严格执行市政府相关政策,保障符合条件的进城务工人员随迁子女接受义务教育的基本权利,为符合条件的进城务工人员随迁子女提供优质的教育服务。

(四) 提高高中教育办学水平，促进高中特色多样发展

8. 推进高中多样特色发展

加大高中教育改革力度。探索新形势下推动高中教育改革的新模式和新机制，优化高中多样特色发展方案，促进高中教育多样化、特色化发展。

做好特色高中创建工作。以上海市特色高中学校创建为抓手，引导高中学校与高校开展合作，建立学校特色课程体系，形成高中学校特色发展的品牌。创建1—2个上海市特色普通高中。

9. 加强学生学涯生涯指导

开发区域职业生涯课程。开发"高中生职业生涯规划与发展指导"课程，着力培养学生自我规划、自我选择的能力。建立区域高中学生职业生涯体验基地，让高中学生深入不同职业领域，增强高中学生职业体验经历。

加强学生学涯生涯指导与服务。在部分学校试点，建立高中专职辅导员与全员导师制，为学生学涯、生涯规划提供专业指导与服务。

(五) 提升职业教育办学效能，聚焦区域产业创新转型

10. 完善多方参与职业教育新机制

强化区职业教育联席会议职能，明确各职能部门推进职教发展的职责，落实服务产业发展工作任务。

出台相关鼓励政策，探索校企合作新型有效模式，建立企业行业职业技能专家库，强化产学研用深度对接。试点职业学校校长与企业主管交流互聘。

11. 建立产业应用人才供需互通新形式

强化职教集团功能，开发建立网上应用人才供需互通平台，建立区域内的技术技能人才需求定期发布制度，建立人才职后再教育、再培训机制。

整合各类职业技能培训机构力量，共享培训资源。加强对行业适用人才的实况检测，适时提供职业、岗位培训的需求。

12. 建设上海国际化职业教育试验区

健全职业教育专业调整快速响应机制，推进中高、中本贯通和中外合作办学。

引进上海第二工业大学建设B校区，加大高端应用型人才的培养力度。

引进若干个国际化职业教育培训机构，依托企业建设高端的国际化产学研一体化实训基地。

13. 建立科学的职业教育素质培育机制

研究制定科学完善的中职生学业水平日常监测机制,实施中职生学业水平考查制度。推进普职融通,培养学生创新素养,探索建立集中、固定的中学生职业体验中心。

实施专业教师赴企业实践制度,鼓励中职教师取得国际公认的行业、企业职业资格证书,推动职业院校与企业人才双向聘用工作,开展中等职业教育名师工作室和班主任工作室建设。

(六)探索终身教育新途径,塑造全民学习新常态

14. 着力打造学习型城区

继续推进学习型机关、学习型企事业单位、学习型社区和学习型家庭的创建活动,创建率分别达到100%、80%、100%和20%。

从着眼于每个人的综合素质提高的目标出发,创新学习载体,建设学习型团队,五年培育市区级领军人物工作室30个,市级学习型团队100个、区级300个。

15. 全面推进"十五分钟学习圈"建设

以提升区域终身教育综合能力为目标,制定区域终身教育体系构建实施方案,理顺区域终身教育体制机制,创新区域终身教育模式。

深化全国终身教育品牌——"金嘉吴"终身教育合作联盟建设,进一步探索学习型社区创建、社区教育、老年教育等方面的共建共享机制,为上海乃至全国探索一条可复制、可持续发展的新型终身教育有效途径。

16. 建立区域终身教育各方参与机制

拓宽渠道和方式,鼓励社会组织兴办老年教育、社区教育,探索建立既能促进规范管理,又能激励社会组织参与终身教育公益事业的体制和机制。

实行社区教育督导督查制度,终身教育专项监督、定时视察制度。

试点开展教育培训机构第三方质量评价,建立学习成果评价标准。

17. 构建区域终身教育学习资源一体化机制

发挥终身教育各组织协调机构作用。加强镇、街道、村居终身教育机构内涵建设,完善区、镇(街道)、村(居委会)三级终身教育管理指导网络,市社区教育示范街镇创建率100%,村居学习点内涵建设达标率90%。

探索建立可持续发展的终身教育学习资源配送体系,试点建立相对独立、完整、可自行运作的资源配送模式。

建立区、街镇两级数字化学习平台,开发数字化学习与网上学习功能。

（七）发挥体卫艺科育人功能，不断丰富学生学习经历

18. 深化体教结合工作

严格落实每天一小时校园体育活动，加强体育课标准化和规范化建设，落实三课两操两活动。形成跳蹋、毽球、打莲湘、抖空竹等具有 B 区民间特色的项目和传统体育项目相结合的体育活动系列。

推进体育教学改革。系统实施小学体育兴趣化、初中体育多样化、高中体育专项化教学改革，将学科本体知识转型为游戏化、趣味化。开发沙排、OP 帆船等校本课程，纳入课程计划，形成区域特色。2018 年，实现义务阶段教育，每一个学生至少掌握 2 项体育运动技能。

推广校园体育项目联盟建设。以足球、排球、毽球联盟为龙头，构建"两点"（即教育局、体育局）、"三线"（即校园运动项目建设机制、运动员招生政策和运动员文化教育三条主线）、"三阶段"（即小学、初中、高中三个发展阶段）特色，形成各体育项目联盟"3—6—12"（3 所高中、6 所初中、12 所小学）布局体系。

建立学生体质健康"一生一档"。加强对学校体育工作的监测、评估和指导，每年为全区 50% 的学生进行体质健康测试。利用学生综合素质评价平台，建立学生艺术、科技、体育等参与、获奖情况，以及每年体检、定期体测等成绩为一体的"一生一档"，逐步形成学生终身健康管理和干预体系。

19. 做好学校卫生保健工作

提升健康教育工作水平。实施统一教材，固定时间授课，确保学生掌握系统的卫生保健知识。建立一支数量充足、水平适宜、结构优化、服务到位的学校卫生保健人员队伍。

加强学校饮食卫生管理。明确学校食品安全权责，建立餐饮单位、学校、教育局安全管理中心、区食药监部门四个层次的食品安全监管体系。开展 B 区学生午餐营养研究，加强学生午餐工作的监督、评估和指导。

大力推进"医教结合"。充分发挥教育、卫生、食药监等方面资源的作用，形成功能衔接、优势互补、依责履职的合作机制，在学校突发公共卫生事件中实行"联防联控、联处联报"模式，切实加强学校卫生保健工作。

20. 提升学生艺术人文素养

推进艺术普及教育。深化"琴棋书画"区域艺术特色，加强 B 区农民画、书法、篆刻、剪纸、版画、扎染、瓷艺和陶艺等方面的教育，实现"学生人人掌握与喜欢一门艺术

的能力和素养"的目标。2020年,全区100％学校建立至少1项艺术品牌的特色项目,完成学校艺术"一校一品"建设。

培养高水平艺术人才。依托B区文化馆、B区图书馆、社区文化活动中心等公共文化机构,建立学生文化艺术教育平台,提升学生艺术实践能力。与高校建立合作办学机制,在项目开发、师资培训等方面得到高校的专业指导和帮助,提升普及项目、特色项目的层次与水平。

整合区域人文资源。利用枫泾农民画村、B区嘴渔村艺术馆、B区卫石印艺术场馆等社会艺术场馆资源,与社会艺术文化公司合作,建立扁平化的合作体系,形成项目合作化、社会化联动发展的良好格局。

探索"文教结合"工作模式。健全"文教结合"工作机制,建立区文教结合工作联席会议制度,加强教育与文联、文化机构的联系,构建具有区域特色的"文教结合"工作模式。发挥学校少年宫的主阵地作用,实施中小幼3个学段艺术项目"一条龙"培养工程。依托B区文联各专业协会的优势资源,加强对学生文艺社团的业务指导。建立民间文化展示体验中心。

21. 积极推进学生科技教育

构建学生科技实践活动平台。加强区、校两级科技实践(活动)课程体系和科普教育实践场所建设,完善校外科技活动与学校科学课程相衔接的有效机制。

实施青少年科技后备人才培养计划。发挥少科院开放式跟踪培养平台的优势,以"创新大赛"、"明日科技之星"评选为抓手,完善"小学员"队伍和优秀青少年科技人才档案库。开设学生科技"爱好者"培训班,聘请专家队伍,指导学生开展项目研究。实施"千百十工程",即重点培训科技爱好者1000名,培养区级青少年科技后备人才200名、市级创新人才50名。

整合科普教育资源。加强"学生科普展教活动"平台建设,形成区域科普教育基地网络图。充分利用区内外丰富的科普教育基地资源,构建新型的科技教育课程体系,搭建创新的活动和实验平台。探索课堂教学与科普基地一体化、开放式的教学模式。建成国内有影响的科技品牌项目1个,全市有影响的大型青少年科技活动品牌2—3个。

（八）聚焦课程教学改革创新,不断提高教育教学水平

22. 深化课程教学改革

建设多样化的高中课程体系。深化高中多样化特色化实验,探索建立高中自主设计和实施的校本化课程,根据学生自身学习基础和兴趣,确定课程学习内容和目标要求,满足个性化发展需求。整合区域教育资源,成立南片、北片两个高中学习共同体,发挥市、区实验性示范性高中作用,探索多样的"走班"、"走校"模式。

实现优质课程资源共建共享。依托区级校本课程资源库平台,采用"共建—完善—共享"的课程资源建设机制,为教师提供丰富多样、可供选择的课程资源。

构建城郊幼儿园"田野课程"。山阳幼儿园等12所试点园,在科技、运动、阅读、美术等领域,开展"田野课程"系列化主题实践活动,通过"野趣运动"、"田野观察"、"经典故事"等主题实践活动,引导幼儿去探寻、发现、亲近自然,丰富幼儿学习经历。

23. 推进教育评价改革

探索建立"绿色指标"评价体系。根据学科基础素养研究成果,建立区域性学生学科基础素养"绿色指标"评价体系,引导学校建立以校为本、基于过程的教育质量评价制度。

建立中小学生综合素质评价体系。建设区域初中、小学综合素质评价平台,通过写实记录方式,客观记录学生基础素养各方面的情况,形成数字化档案,并利用学生综合素质评价信息,了解与分析城镇学生发展特点,对学生的成长过程进行指导,有针对性地改进教学和管理。

24. 加强教育科学研究

加大教育科研推广力度。建立教育科研成果信息收集与评估机制,成立教育科研共同体,探索建立教育科研长周期研究机制和实证式研究机制。加强教育科研成果推广和利用,形成教育科研成果推广利用可视化、项目化、课程化的途径与方式。

促进教育科研转型。利用信息技术手段,为教师搭建开放、平等、交互的学习研讨平台,推进公开课、展示课在线观摩研讨,作业设计教学检测设计在线共享,名师在线答疑等,实现教师跨区域、跨时间、大范围、多层面的交流,优化科研模式,提高科研能级。

25. 提升教育国际化水平

推进国际课程建设。深化上海枫叶国际学校、交大南洋中学开展的"中外融合"国际课程试点工作。支持高中选择和采用境外课程,借鉴国外先进课程和教学方法,推进学校课程教学改革。

开展国际教育交流。鼓励学校与国外学校建立姊妹校,开展经常性教育交流。积极参与国际教育质量测评工作,借鉴国际教育测评工作经验。

（九）推进教育信息创新应用，促进教育教学转型发展

26. 加大信息化平台的建设和应用

开发Ｂ区教育公共服务平台。整合网络平台资源，实现区、校两级在行政管理、教育教学、教育资源等方面的信息化，构建教研、教学、管理、培训等各方面为一体的信息化应用平台。

拓展信息化运用领域。聚焦课堂，开发与建设基于资源建设与应用、协同备课、学习分析、适性网上作业与评价的"课程平台"。创建有利于学生改变学习方式的新型"学程平台"，营造能促进学生可持续发展的新型的数字化学习环境。

加强优质资源的数字化建设与共享。以自建、购买等方式构建教育资源，增强实用性和易用性，使优质教育资源得到有效共享。推进优秀教师、高端教师、名师（微）视频资源建设，实现区域内优质资源共享。

27. 提升教师信息化教学力

以实施"中小学（幼儿园）教师信息技术应用能力提升工程"为契机，提升以"信息素养"为核心的教师信息技术应用能力、学科教学能力和专业自主发展能力，推动每个教师在课堂教学和日常工作中有效应用信息技术，促进信息技术与教育教学融合取得新突破。

构建教研互动平台，优化教研模式，开辟教师网上工作天地，逐步形成基于信息技术应用为支撑的新型教研模式，健全制度保障，融资源建设、应用和评价分析于一体，使教研由经验转向实证，真正促进教研由"考"向"研"转变。

（十）提高教师队伍整体素质，不断激发教师工作活力

28. 提升教师专业发展水平

开展教师专业素质调研。推进"中小幼教师专业素质专项调研"工作，每年一个主题，开展师德与育德能力、学科本体知识、实验教学能力、学科命题能力、心理健康教育水平等方面的专题调研，激发教师专业发展的愿望，推动教师自主学习。根据调研情况，开展分层培训，形成网络化、立体化和整体推进的校本培训。

引领教师职业生涯。制定教师职业生涯规划，建立教师专业成长序列阶梯，引导教师有目的地提高和完善自己。指导学校提供学习机会和发展平台，使教师清晰了解每个阶段的专业发展方向，为教师发展定标导向，促进教师全面、自主、可持续发展。

实施教师团队发展计划。深入推进Ｂ区"明天的导师"工程，以"学科工作坊"为载体，以"项目研究"为抓手，打造区域优秀学科教师团队。积极参与"上海市中小学幼儿园中青年骨干教师团队发展计划"，鼓励区骨干教师申报"团队发展计划"，在项目推进中推动骨干教师团队成员的专业发展。

29. 深化人事制度改革

探索薪酬工资制度。修订完善学校绩效工资方案，探索教师从"身份"管理转向"岗位"管理。发挥绩效工资激励引导作用，教育系统新增绩效工资总量不低于60%用于增加教师绩效奖励，10%用于增加农村学校教师、优质学校和贡献突出人才等奖励，激发教师教育教学活力。

深化校长职级制改革。开展校长职级评审，建立校长考核评价制度，将年度办学绩效与校长职级挂钩，切实提升校长办学的积极性。

推进教师职称制度改革。探索说课讲课、专业考试、面试答辩、专家评议等多种评价方式，对中小学教师的业绩能力进行综合评价，增加评审工作的透明度。

探索实施见习教师"双证制"。丰富见习教师培训内容，实施见习教师培训全程跟踪，坚持培训结果与教师聘用相结合，实施见习教师"双证制"，见习教师取得教师资格证书和见习教师规范化培训合格证书后方能转正上岗。

五、"十三五"B区教育改革和发展的重点项目

（一）推进基础教育基本建设

近年来，随着B区经济与社会的快速发展，B区新城、朱泾镇、枫泾镇等地区的人口流入逐年增多，致使这些地区基础教育资源十分紧缺。"十三五"期间，B区新建教育设施项目集中在B区新城、朱泾镇以及枫泾镇，重点建设项目共24个，增加用地面积约23.35万平方米，建筑面积31.6万平方米，投资估算约18.13亿元。

1. 学前教育：规划实施托幼教学点项目6个，包括新城区蒙山北路幼儿园、朱泾二幼（城北）幼儿园、朱泾三幼（城南）幼儿园、枫泾镇桃源幼儿园新建，钱圩幼儿园、松隐幼儿园改扩建工程，增加用地面积3.29万平方米，建筑面积3.40万平方米，投资估算2.55亿元。

2. 义务教育：计划实施建设项目12个，包括前京小学、龙堰路初级中学、朱泾健康路初级中学新建，新农学校迁建，张堰二中、亭新中学、B区小学、B区初级中学改扩建，兴塔中学、朱行中学、山阳小学、张堰小学校安工程，增加用地面积12.95万平方米，建筑面积11.78万平方米，投资估算8.01亿元。

3. 高中教育：规划实施高级中学项目1个，即现华师大三附中校安工程，不增加

用地面积,建筑面积 2 万平方米,投资估算 0.6 亿元。

4. 其他项目:规划实施其他教育设施项目 5 个,即新城区 15 年一贯制学校新建、石化工业学校、食品科技学校改扩建工程,石化工业学校、食品科技学校校安工程,增加用地面积 7.11 万平方米,建筑面积 14.42 万平方米,投资估算 6.97 亿元。

(二)开展中小学德育一体化实验

根据学生身心发展水平,以"两纲"教育为主线,以德育课程一体化建设为抓手,形成中小学社会主义核心价值观教育序列化、课程化,努力构建融德育课程与德育主题活动为一体的德育体系。

1. 开展学校德育课程一体化建设实验。在华师大三附中等 6 所学校试点,以语文和政治(思品、品社)两个科目为实验课程,制定小学至高中"纵向衔接"三年实验计划,以课堂实验为主,选择经典教材、典型课程、典型案例,探索学科德育的新措施与新途径。

2. 开展德育一体化主题实践活动。整合区内教育资源,深化民族文化培训等八大系列主题实践活动,以社会主义核心价值观为导向,以 B 区特有的新型城镇化建设资源,形成系列化的主题实践活动。

3. 建立中小学德育一体化保障机制。成立"构建 B 区中小学德育一体化实验"领导小组、工作小组,整体协调区域推进中小学德育一体化实验,探索、研究相关管理部门整体规划、分工合作的工作机制。

4. 加大教师育德能力培训力度。开展教师育德意识与育德能力培训,为实现德育课程"纵向衔接"和主题活动"横向贯通"的一体化实验提供优质师资资源。

(三)深化学科基础素养研究

从学科基础素养入手,了解影响学生全面发展的各种因素,分析学生学科素养的发展状况和均衡性指数,有针对性地改进教学。通过开展学生综合素质评价,全面客观了解学生发展情况,促进学生全面发展。

1. 开发学科基础素养评价体系。在小学语文、数学等 10 门基础型学科实施"基于课程标准的教学与评价",从"知识素养、能力素养、情意素养"三维出发,梳理小学 10 门学科的基础素养,形成各学科三维目标发展体系。

2. 建立学科基础素养发展网络平台。利用网络平台记录学生"态度习惯"、"综合能力"、"知识技能"三维 10 个方面的日常表现,诊断、分析学生学科基础素养的发展状况和均衡性。

（四）实施"课堂教学改进行动计划"

开展有效课堂教学研究,鼓励教师创新教学途径、手段和方法,逐步实现"为学而教、以学定教、以学论教",提高课堂教学效能。

1. 建立课堂教学改进长效机制。围绕教学五环节,研究制定备课、上课、作业、辅导、评价的具体实施要求,明确课堂教学有效性的标准和要求,形成教师课堂教学行为改进的长效机制。

2. 改进课堂教学方式。尊重学生差异,实施分层教学,为不同学生提供可选择的课堂学习任务和课外作业。尊重学生主体地位,优化教学过程,倡导自主、合作、探究学习。开展多种课堂教学观察、诊断、研究、评比活动,帮助教师发现问题,改进教学行为。

3. 开展教学微环节研究。利用信息技术对课堂教学进行切片研究,关注影响课堂教学的各种因素,改进教师教学行为,提高课堂教学有效性。

（五）深化学生创新素养培育

以创新素养培育基地、创新实验室建设为基础,探索学生创新素养培育的合作机制,激活学生的创新潜质,培养学生的问题意识、探究精神、科学态度,着力提高学生的创新能力。

1. 加强与高校、科研机构合作。利用高校、科研机构人才优势,联合开发面向学生的创新课程,引导学生积极参与课题研究,在研究中培养学生的创新素养。

2. 深化创新素养培育基地建设。构建区域学生创新素养培育学科基地建设的长效管理机制,制订创新素养培育课程方案,开展基于高阶思维培养的教学方式研究,形成区域学生创新素养培育课程群。

3. 加大创新实验室建设力度。构建市、区、校三级创新实验室建设的长效机制,建立创新实验室建设评价体系,开发相应的创新课程,引导学生积极参与,丰富学生创新经历。

（六）创立职业教育多方合作模式

对标产业发展提升教育公共服务水平,通过构建职业教育多方合作模式,推进产学融合,建设职业技能人才培养高地。

1. 形成职能部门推进职业教育新合力。整合人力资源、行业、产业、教育培训、土地规划等职能部门的力量,在贴近区域经济、服务产业发展的目标下,进一步发挥各职能部门推进职教发展的积极性。

2. 完善企业行业参与职业教育新机制。制定区域推进职业教育的有效政策,激励企业行业积极参与办学。试点职业学校校长与企业主管交流互聘,建立企业行业职业技能专家库,强化产学研用深度对接。

3. 建立产业应用人才培养新模式。引进上海第二工业大学在B区建设校区,区校合作共建具有国际影响力的高水平专业,培养应用型、国际化高端技能人才。健全职业教育专业调整快速响应机制,深化中高、中本贯通培养模式,建设国际化职业教育试验区,引领现代职业教育发展方向。

(七)塑造区域终身教育新品牌

落实B区新型城镇化综合改革提出的"文化传承,突出特色"、"促进城市发展与生态、人口、产业、文化相协调"等任务,努力创建区域终身教育新品牌,形成鲜明的区域特色。

1. 完善跨省市区域终身教育协作新机制。依托全国终身学习品牌——"金嘉吴"终身教育合作联盟,进一步探索形成学习型社区创建、社区教育、老年教育等方面的共建共享机制。

2. 创建区域终身学习新模式。以打造"十五分钟学习圈"为目标,整合资源建设形式多样的学习平台,培育学习团队,开发区域特色课程,创立一批区域终身学习品牌。

3. 建立区域终身教育资源一体化机制。探索建立可持续发展的终身教育学习资源体系,体现学习资源供需平衡又满足个性化需求。开发数字化学习与网上学习功能,为所有学习者提供伴随一生、随时随地的个性化学习服务。实现全区终身教育资源全覆盖,市民终身学习基本数字化。

(八)实施高端人才培养工程

深入实施科教兴区和人才强区战略,加强高素质人才队伍建设,培养一批师德高尚、教学能力强、学术水平高、育人实绩突出,在市、区乃至全国具有较大影响力的高端人才。

1. 举办"领军校长"和"拔尖教师"高级研修班。由上海特级校长(教师)领衔,帮助B区优秀校长和教师提炼办学思想、教学特色,打造领军校长和拔尖教师队伍。

2. 深入推进"明天的导师"工程。以首席教师、学科主持人、学科导师为引领,以"学科工作坊"为载体,以"项目研究"为抓手,打造中青年骨干教师团队。

3. 举办高端教师研修班。结合教师专业素养调研,开办小学高端教师研修班,幼儿园青年骨干教师培训班,中学语文、数学、英语等学科高端教师研修班,委托高校或特级教师为导师,打造学科后备人才。

六、"十三五"B区教育改革和发展的实施保障

(一)加强教育工作领导

各级党委、政府要把推进教育改革和发展作为维护人民利益和促进社会发展的重大战略任务,摆到重要的议事日程上,认真贯彻党的教育方针,坚持以科学发展观指导教育工作,切实落实教育的基础性、先导性、全局性的战略地位,走B区教育特色发展之路。

加强和改进教育系统基层党组织建设。营造崇尚学习的浓厚氛围,提高党员、干部综合素质,推进干部队伍建设的民主化、科学化和规范化建设,不断深化学习型党组织创建工作。加强党员教育管理,发挥党员先锋模范作用。提高基层党建工作科学化水平,发挥基层党组织在推进教育改革、加强队伍建设中的领导核心作用,为推进教育发展提供坚强的政治、思想和组织保证。

切实维护教育系统的和谐稳定。深入推进平安校园、文明校园、和谐校园创建工作,发挥教育安全中心作用,切实提高广大师生的安全防范意识、自救自护能力和应急处置能力,确保校园安全,促进学生健康成长。

(二)加大教育投入力度

落实区委、区政府"科教兴区"战略,把教育事业纳入区域经济社会总体发展规划之中,确保教育优先发展。依法保障教育投入,保证教育经费"三个增长",确保生均教育经费、公用经费和教职工的收入随着经济社会发展同步合理增长。

提高经费、资产的使用效益。开展教育经费绩效评估,提高教育经费使用效益。开展建立教育经费动态监管机制,不断完善国库集中支付机制,建立教育系统预算管理系统,对各项资金的使用、结存情况进行动态监管,规范教育经费的使用,提高资金运行效率和使用效益。建立科学、规范的资产管理制度,不断提高资产的使用效益。

(三)转变政府管理职能

探索现代教育治理体系建设。转变政府职能,梳理权力清单,公开审批流程,简政放权,通过"放""管"结合,激发各类教育主体的发展活力和创造力。坚持依法行政,探索管、办、评分立联动的现代教育治理结构,政府承担管理职能,学校自主办学,评估职能由中介机构承担。

健全教育决策机制。充分发挥B区教育政策咨询委员会的作用,加强决策咨询,完善决策程序,提高决策水平,建立健全重大改革决策稳定风险评估机制,增强教育决策的科学性、有效性。

推行教育行政权力清单制度。厘清教育行政部门职权范围,推出教育行政管理部门权力清单、责任清单,探索建立负面清单,推动公共权力公开透明运行,对办学主体减少干扰,加强服务。

(四)坚持依法办学理念

完善学校章程制度。完善一校一章程建设,引导学校形成以章程为核心、依法自主管理的制度体系。

按照现代学校建设要求,完善校务会、行政会、教代会、家长委员会等组成及运行机制,逐步建立由教师、学生及家长代表参加的校务委员会,健全决策和议事规则,探索建立多方参与、多元管理的学校权力运行机制。

全面推行学校法律顾问制度,规范决策行为,建立纠纷预防和解决机制。

(五)深化教育督导改革

健全教育督导机构。加强教育督导室建设,确保专兼职督学数量和质量,保障必要经费。完善督学聘任与管理办法,推行督学资格制度,推动督学人员和督导工作专业化发展。

建立督导与执法有机联动机制。研究督导队伍和教育行政执法队伍建设的有机结合,并建立教育督导与行政执法有机联动机制,强化教育行政执法,推动行政处罚权的有效行使,推进各类教育机构依法规范办学。

建立区校督导联动机制。加强督学责任区建设,健全责任督学挂牌督导制度,同时推动学校内部督导机制建设,实现区、校督导联动,立体推进教育发展。严格执行持证上岗、过程监管、优劣奖惩等制度,确保教育督导质量。强化教育督导结果运用,引导决策与执行环节。建设教育督导信息化平台。

建立多元主体参与督导机制。研制督导机构对教育发展状况和教育质量开展评估、监测的具体办法;制定家长、社会公众和社会组织参与教育督导的管理办法;培育教育监测与评估的社会服务机构,引入竞争机制,购买高质量的服务。

(六)营造良好育人氛围

丰富家校合作的内涵与形式。积极推广朱泾地区、亭林地区的家校联盟优秀经验,鼓励学校积极探索构建跨校家校合作模式,建立多形式的区域性、学段型家校合作共同体。

发挥"B区家庭教育促进会"等社会组织作用,指导全区学校家委会建设,开展形式多样的家庭教育活动,形成学校全方位开放、家长多层次参与、全社会共同支持的家校互动合作机制。

发挥正确的舆论导向作用,加强现代教育理念宣传,正确认识人才成长规律,形成全社会支持响应素质教育的氛围。

加大宣传力度,提高社会对B区教育改革和发展的认识,营造尊师重教的良好氛围,努力形成全社会共同关心、重视、支持教育事业发展的良好环境。

附件7:B区教育综合改革方案(2015—2020年)

完善教育机制　激发教育活力
打造具有国家新型城镇化特质的教育强区

为深入贯彻党的十八大和十八届三中、四中全会精神,全面落实B区中长期教育改革和发展规划纲要,加快推进教育治理体系和治理能力现代化建设,满足人民群众对优质多样教育资源增长的需求,探索新型城镇化过程中推进教育改革与发展的机制与模式,特制订本方案。

一、改革基础
(一)区域定位

作为上海市新型工业化专项改革试点区,B区在重点行业产业结构调整、综合保税区建设、职业教育人才培养机制创新等27项重点工作中领衔改革试点,积极为上海响应长三角国家战略部署、在更加开放的格局中参与区域一体化发展积累经验。2014年,B区成为国家首批新型城镇化综合试点区,积极探索特大城市郊区农村新型城镇化发展路径,打造大都市郊区城镇化样板,提供可借鉴、可复制、可推广的新型城镇化改革经验和发展模式。

在推进国家新型城镇化综合试点、上海市新型工业化专项改革试点中,B区政府把改革放在突出地位,提出"着力提升基础设施和公共服务水平,推进城乡规划建设、公共服务、社会保障一体化"的发展目标。B区教育要在两项改革试点中,积极推进区域教育综合改革,着力提升教育公共服务水平,为改革试点提供人才保障和智力支持,提供教育改革与发展方面的经验与模式。

(二)教育改革的优势与挑战

尽管B区属于上海远郊,但B区教育一直走在区域经济和社会事业发展前列,积极参与市级多项教育改革试点,初步形成了具有区域发展特点的教育模式。在区域教育统筹方面,各级党委政府高度重视教育发展,党政齐抓共管,深入实施"科教兴区"和"人才强区"战略,不断加大教育投入,切实把教育摆在优先发展的战略地位。在课程教学改革方面,2011年起连续三年分别开展了区域合格课程、优秀课程、示范课程认定与评比工作,形成一批区域优秀课程、示范课程;2010年启动小学教育整体改革,2013年2月作为本市两区之一开展"零起点"教学、"等第制"评估改革试点,形成区域特色的学科基础素养评估体系。在教育均衡发展方面,形成了委托管理、组团发展、校际联盟、合作共建、学区办学、集团办学等六种促进区域均衡发展的办学模式,2014年成为上海市学区化集团化办学四个试点区之一。在教育管理推进方面,建立督学责任区,形成每月"四个一"督查机制,完善社会各方参与教育发展机制;2014年成立B区教育决策专家咨询委员会,发挥知名教育专家智慧,为B区教育健康发展提供咨询与决策;推进家校联盟,成立上海市首个去行政化的全区性社会团体——B区家庭教育促进会,架起学校教育、家庭教育、社会教育之间多渠道沟通联系的桥梁。在学校特色发展方面,以"B区情"主题教育为抓手,继承和发展B区特有的乡土文化,不断拓展"琴棋书画"内涵,形成打连湘、B区农民画、麦秆画、衍纸、陶艺、扎染、剪纸等学校办学特色,基本形成"一校一品"的办学格局。

在教育发展过程中,B区教育也面临着新的挑战,主要表现在以下几个方面:

在提升教育治理能力上,需要政府部门在服务学校发展上取得突破。在构建现代教育治理体系过程中,要转变政府职能,推进从教育管理走向教育治理,建设服务性政府,为学校健康发展提供服务与保障。

在推进教育均衡发展上,需要在促进教育更加优质公平发展上取得突破。在取得城乡教育一体发展成效的基础上,要提供更加优质公平的教育,建峰填谷,抬高底部,促进城乡教育高位优质均衡发展。

在促进教师专业发展上,需要在激活教师内驱力、提升专业境界上取得突破。要进一步引领教师职业生涯发展,激活教师自我发展的内驱力,提高教师的教育教学水平和育德能力,提升教师的专业境界。

在提高学校办学品质上,需要学校在依法规范、扩大办学自主权上取得突破。要坚持依法治教、依法办学,进一步扩大学校办学自主权,努力构建依法办学、自主管理、民主监督、社会参与的现代学校制度。

二、指导思想和改革原则

(一)指导思想

根据《中共中央关于全面深化改革若干重大问题的决定》精神,遵循人的发展规律,遵循教育发展规律,坚持"让课程改革更深入、让师生关系更和谐、让学习经历更丰富、让教育服务更优质"的B区教育发展总要求,以完善教育机制、激发教育活力为B区教育综合改革基本思路,系统设计、整体推进、重点突破、试点先行,深化各领域各环节改革,增强社会各界支持、参与教育综合改革的积极性和主动性,激发学校、校长、教师、学生的活力,提升教育质量,促进教育公平,着力解决新型城镇化背景下教育存在的瓶颈与问题,着力形成促进教育健康发展的体制机制,不断满足人民群众日益增长的多样化需求,办好人民满意的B区教育。

(二)改革原则

1. 合力统筹、整体协调原则。加强区委、区政府对教育综合改革的领导,完善职能部门之间的统筹协调机制,形成整体推进区域教育综合改革的合力。

2. 先行先试、稳步推进原则。在部分改革项目推进中先行试点,先行先试,总结试点改革经验,以点带面,扩大改革成效,稳步推进教育综合改革。

3. 放权搞活、重点突破原则。聚焦深层次的瓶颈问题,转变政府职能,激发教育活力,在重点领域和关键环节的突破中推进教育综合改革向纵深发展。

4. 依法规范、权责统一原则。坚持依法治校,规范办学行为,强化权责统一,扩大学校办学自主权,切实加强现代学校制度建设。

三、改革目标

至2020年,基本形成全面育人机制,基本建成学习型社会,基本实现B区教育现代化,着力提升公共教育服务能力,逐步打造具有新型城镇化特质的理念领先、体系完整、特色鲜明、办学先进的教育强区。

具体目标：

1. 以坚持立德树人为根本促进学生全面发展。把促进学生全面发展、健康成长作为改革的出发点和落脚点，坚持立德树人，培育和健全社会主义核心价值观，关注每个学生，培育学生的健全人格。

2. 以办学机制变革为重点推进教育优质均衡。整合区域教育资源，变革办学体制，促进城乡教育优质均衡发展，努力构建城乡一体、公平高效、可持续的基本公共服务体系，探索新型城镇化提升公共教育服务能力的机制。

3. 以课程教学改革为抓手提高教育教学质量。加强学习素养研究，建设多元课程体系，不断满足学生个性发展需求，丰富学生学习经历；利用信息技术转变教与学的方式，促进课堂教学转型，提高课堂教学有效性。

4. 以提升服务水平为目标助推区域社会发展。紧密结合新型城镇化要求，构建职业教育双向合作模式，推进产学研融合，完善终身教育体系，为打造新型城镇化提供人才保障和智力支持。

5. 以人事制度改革为突破增强教师发展活力。改革现有的绩效工资分配制度，真正发挥绩效工资的激励作用；完善教育人才奖励机制，加强高端教师培养，形成教师发展序列，搭建教师成长平台，激发教师发展活力。

6. 以转变政府职能为关键提升现代治理能力。转变政府职能，建立科学决策和民主监督机制，探索管、办、评分立联动的管理机制，形成新型城镇化背景下推动教育治理体系和治理能力现代化的模式与途径。

四、主要改革项目

（一）坚持立德树人，促进学生全面发展

B区新型城镇化试点方案中明确提出"坚持以人的城镇化为核心，提升B区城镇化发展质量"的目标。B区教育要为新型城镇化建设创设良好的氛围，积极推进中小学德育一体化建设，提升学生的身心素养、人文修养，促进学生全面发展，营造良好人文环境，切实提高B区城镇化的发展质量。

1. 开展中小学德育一体化建设

工作基础：

作为四个试点区之一，B区积极推进中小学德育一体化建设，以立德树人为根本，以区域实验和整体推进相结合，开展以科学性、民族性、实效性、可操作性为一体的德

育工作实践探索。制订了B区试点方案,确定6所学校为试点学校,积极探索新型城镇化背景下的区域中小学德育一体化机制建设。

项目目标:

根据城镇学生身心发展水平,以"两纲"教育为主线,按照"实验——小结——调整——实验——中期评估——调整——实验——提炼——总结(成果)——终期评估——推广"的实验进程,以德育课程一体化建设为抓手,形成中小学社会主义核心价值观教育序列化、课程化,努力构建融德育课程与德育主题活动为一体的德育体系。

主要举措:

——开展学校德育课程一体化建设实验。在华师大三附中等6所学校试点,以语文和政治(思品、品社)两个科目为实验课程,制订小学至高中"纵向衔接"三年实验计划,以边试边行、边行边总结、边总结边提炼、边提炼边推广的实验方式,以责任在教育局、质量在教育学院、主体在学校的管理模式,明确职责任务。结合试点学校实际,以课堂实验为主,选择经典教材、典型课程、典型案例,探索适合城镇学生特点的学科德育的新措施与新途径。

——开展德育一体化主题实践活动。整合区内教育资源,深化基础教育、德育教育、民族文化培训、"体艺科2+1+1"、社会教育资源利用"1+2+X"、快乐活动日、创新实践等八大系列主题实践活动,以社会主义核心价值观为导向,以B区特有的新型城镇化建设资源,形成系列化的主题实践活动。结合"B区情"主题教育实践活动,制订《B区学生社会实践活动三年行动计划》,开发具有新型城镇化特色(如廊下新农村)的教育资源,不断丰富师生的学习经历。

——建立中小学德育一体化保障机制。成立"构建B区中小学德育一体化实验"领导小组、工作小组,整体协调区域推进中小学德育一体化实验,探索、研究相关管理部门整体规划、分工合作的工作机制。

——发挥"上海市青少年实践活动B区基地"功能。利用极具新型城镇化特色的青少年实践活动B区基地,开展农耕文化参观、传统农业实践、现代农业实践、综合教育实践为一体的社会实践活动。

——加大教师育德能力培训力度。开展教师育德意识与育德能力培训,为实现德育课程"纵向衔接"和主题活动"横向贯通"的一体化实验提供优质师资资源。

预期成效:

——制订《B区中小学德育一体化建设实验试点方案》,制订区、校两级德育课程综合化设计方案。

——编制德育一体化课程建设实验的《精品教学案例集》。

——编制《上海市青少年实践活动 B 基地活动指南》、《学农基地课程计划》，安排全区学生分学段、分内容进行社会实践活动。

——制定 B 区《关于进一步落实中小学生社会实践工作的实施意见》，形成《B 区新型城镇建设教育资源指南》、《B 区普通高中学生社会实践录入工作管理办法》、《B 区教师育德能力培训系列课程》。

（牵头部门：区教育局；配合部门：区文明办、团区委）

2. 促进学生身心健康发展

工作基础：

积极推进体教结合工作，创造性开展每天一小时校园体育活动，学校体育特色逐渐形成；形成毽球、曲棍球、围棋等 7 个项目的小学、初中、高中相互衔接的"一条龙"业余训练体系。

项目目标：

以开展校园每天一小时体育活动为契机，以 B 区校园足球、排球、篮球、田径等体育项目为龙头，制定区域三年体育工作发展规划，探索增强学生体质的路径，培养学生在体育活动中增强认知、品质、人际交往以及强身健体和团队合作的意识与能力。

主要举措：

——推进体育教学改革。指导学校制定《大课间活动指南》、《活动课指南》，提升落实每天一小时校园体育活动的成效。以规定项目和自选项目相结合，培养中小学生体育兴趣，掌握 2 项运动技能。推进小学体育兴趣化、初中体育多样化、高中体育专项化教学改革，探索不同学段学生体育锻炼的方式。充分利用区域优质资源，开发沙排、OP 帆船等校本课程，纳入课程计划，形成区域特色。

——创新和推广校园体育项目联盟建设。以足球、排球、毽球为龙头，形成"两点"（即教育局、体育局）、"三线"（即校园运动项目建设机制、运动员招生政策和运动员文化教育三条主线）、"三阶段"（即小学、初中、高中三个发展阶段）特色，构建各体育项目联盟"3—6—12"（3 所高中、6 所初中、12 所小学）布局体系，实现小学、初中、高中的有效对接，保障校园体育运动发展的系统性和连续性。

——构建体育项目三级比赛体系。根据学生年龄结构，构建高中、初中和小学三级青少年体育项目比赛体系，加强 U9、U11、U13、U15 和 U18 校园体育项目的梯队建设。体育布点学校每学期举行一次校级联赛;区级层面每年举行2次赛事,适时举办青少年全国赛事或国际赛事,形成品牌效应。每年定期举办"精英足球训练营"和"寒假训练营",培养和打造小学、初中、高中三支高水平足球队。

——建立学生体质健康"一生一档"。加强对学校体育工作的监测、研究和评估,每年为全区50%的学生进行体质健康测试,加强测试结果分析,对学校体育工作提供研究、指导和干预。利用学生综合素质评价平台,建立学生艺术、科技、体育等参与、获奖情况,以及每年体检、定期体测等成绩为一体的"一生一档",通过校园网、区域网等网络资源,逐步形成学生终身健康管理和干预体系。

预期成效:

——实现义务教育阶段每一个学生至少掌握2项体育运动技能的目标,全区学生体质健康评价名列上海市前茅。

——100%学生知晓足球、篮球、排球、乒乓球等体育运动的比赛规则,30%以上学生能够通过单项体育联盟,直接参与足球、篮球、排球、乒乓球等体育运动项目的训练和比赛。

——2017年,足球、排球、篮球、田径等体育特色学校,均扩大至20%,2020年扩大至30—40%。

——2018年,基本建成全区学生体质健康档案。

(牵头部门:区体育局;配合部门:区教育局)

3. 提升学生艺术人文素养

工作基础:

整合区域教育和文化资源,将B区文化馆、B区图书馆、B区博物馆(规划展示馆)、枫泾农民画村等纳入学生实践活动基地,初步形成文教协同发展的机制;不断拓展"琴棋书画"的内涵,做精做强"B区情"等B区素质教育特色品牌,以继承发展B区特有的乡土文化为抓手,激发学生爱家乡、建家乡的情怀。

项目目标:

紧紧围绕校园文化建设的主线,搭建让学习经历更丰富的平台,让学生得到更多的艺术教育和实践机会,加大文化人才培养,丰富校园文化生活,加快推进艺术项目"一校一品"建设,提升学生的人文素养。

主要举措:

——推进艺术普及教育。深化"琴棋书画"区域艺术特色,加强B区农民画、书法、篆刻、剪纸、版画、扎染、瓷艺和陶艺等方面的教育,实现"学生人人掌握与喜欢一门艺术的能力和素养"的目标。推进"非遗进校园"、"书香进校园"、"高雅艺术进校园"、"文化名家进校园"等活动,教育引导学生感受文化魅力,营造浓厚的校园文化氛围。开发区域艺术课程网络平台,实现区域内艺术课程的共建、共享,满足学生多样化的艺术需求。探索校园文化资源向社区开放的工作机制。

——培养高水平艺术人才。依托B区文化馆、B区图书馆、社区文化活动中心等公共文化机构,建立学生文化艺术教育平台,提升学生艺术实践能力。利用枫泾农民画村、B区嘴渔村艺术馆、B区卫石印艺术场馆等社会艺术场馆资源,与社会艺术文化公司合作,建立扁平化的合作体系,形成项目合作化、社会化联动发展的良好格局。与高校建立合作办学机制,在项目开发、师资培训等方面得到高校的专业指导和帮助,提升普及项目、特色项目的层次与水平。

——完善艺术教育管理运行机制。探索建立艺术特色课程校际合作联盟,形成以区青少年活动中心总负责、各艺术特色项目中心(如区学校书法教育研究交流指导中心、剪纸艺术研究中心、版画艺术中心等)负责日常专业指导推广,联盟内各学校师生共享资源的艺术教育格局。建立艺术"名师工作室",发挥艺术名师作用。

——探索"文教结合"工作模式。健全"文教结合"工作机制,建立区文教结合工作联席会议制度,定期分析研究文教结合工作,总结经验、突破难点、形成合力。构建社会资源网络,加强教育与文联、文化机构的联系,构建具有区域特色的"文教结合"工作模式。发挥学校少年宫的主阵地作用,实施中小幼3个学段艺术项目"一条龙"培养工程。建立民间文化体验场所,让学生参与自助式实践体验,拓展艺术教育的功能与渠道。依托B区文联各专业协会的优势资源,加强对学生文艺社团的业务指导。

预期成效:

——2017年,全区100％学校建立至少1项艺术品牌的特色项目,完成学校艺术"一校一品"建设。

——2020年,义务教育阶段学生至少掌握1门艺术技能。

(牵头部门:区文广影视局;配合部门:区文明办、区教育局、各街镇)

(二)创新办学机制,推进城乡一体发展

"探索特大城市郊区农村新型城镇化发展路径,彻底打破'城区与郊区'、'上海人与外地人'的'新二元结构'发展格局"是B区推进新型城镇化的一项重要任务。B区教育将通过推进教育组织结构变革、整合教育资源等改革措施,促进城乡教育融合,为新型城镇化建设中推进城乡教育一体发展提供改革经验。

4. 推进教育组织结构变革

工作基础：

积极创新组织结构，引进先进教育理念、管理经验、优质师资等，对学校原有组织结构进行再造，从深层次推动学校的改革，形成了委托管理、组团发展、校际联盟、合作共建、学区办学、集团办学等六种发展模式，有力地推动了区域教育均衡发展。

项目目标：

利用区内外教育资源，深化六种教育发展模式，再造学校原有组织结构，切实推进学校变革，提高基础教育发展水平，实现优质教育资源共享、学校文化共建，增强办学活力，探索新型城镇化背景下激发学校办学活力的机制与模式。

主要措施：

——深化委托管理、结对共建、组团发展、校际联盟等形式，充分利用市、区优质教育资源，提升我区薄弱学校办学水平。

——开展对口办学，积极引进市区优质教育资源，将B区2—3所新建学校委托给市区优质学校承办，将新建学校办成高水平、高标准、高起点的品牌学校。

——深化学区化集团化办学。推进朱泾初中学区、蒙山教育集团建设，建立学区化集团化办学资源共享机制，形成可借鉴、可复制、可推广的办学模式。推广学区化集团化办学经验，利用区内优质教育资源辐射农村学校，实现优质教育增加、辐射共享扩大、发展机制创新，缩小城乡学校之间的办学差距，形成区域学区化集团化办学格局，推进城乡学校联动发展。

——探索"新优质学校"集群式发展模式。推进市、区"新优质学校"创建工作，深化项目研究，以项目引领方式解决学校发展面临的瓶颈与问题。发挥引领学校辐射作用，深入推进八个"新优质学校"项目研究共同体建设，探索"新优质学校"集群式发展模式，促进共同体学校整体提升，实现"让每一所家门口的学校都优质"的目标。

——优化民办教育机构管理，推进非营利民办学校制度，完善民办学校政府补贴和购买服务制度，形成公办学校、民办学校相互委托管理、相互购买服务的机制，实现资源共享。

预期成效：

——编制学区化集团化办学成果集。

——形成"新优质学校"集群式发展机制。

——建立特殊教育医教结合工作长效机制。

（牵头部门：区教育局；牵头科室：中教科、小幼教科；配合科室：区教育学院教研室）

5. 整合区域教育资源

工作基础：

B区成立了区镇两级早教指导中心，基本形成早教服务全覆盖。积极推进家校联盟，建立了B区家庭教育促进会，开设"我们的孩子"专题网站，通过专题讲座、专家咨询等形式，架起学校教育、家庭教育、社会教育之间多渠道沟通联系的桥梁。

项目目标：

加强部门联合，提升早教服务质量，形成多部门实施的标准化早教服务；形成医教结合长效管理机制，提升特殊教育发展水平；依托社会资源，发挥B区家长委员会促进会的作用，探索学校、家庭、社会三位一体的教育机制建设。

主要举措：

——建立规范化的早教服务体系。加强部门联合，健全0—3岁科学育儿公共服务网络，实现多部门实施的标准化早教指导服务，有效整合各类资源，形成具有B区地域特色的早教服务体系。每年免费科学指导0—3岁婴幼儿6次，指导率达到98%。

——提升特殊教育发展水平。完善特殊教育管理机制，建立特殊教育医教结合工作长效机制，实现医教结合工作常态化管理和无缝衔接。建立"一生一档"评估制度，为每个残疾儿童建立个人成长档案和健康档案，对残疾儿童的成长提供跟踪服务。构建残疾儿童"融合教育"社会服务工作机制，利用"融合教育"理念，组建一支参与残疾儿童"融合教育"的社会志愿者队伍，持续有效地开展社会服务工作。

——丰富家校合作的内涵与形式。积极推广朱泾地区、亭林地区的家校联盟优秀经验，鼓励学校积极探索构建跨校家校合作模式，建立多形式的区域性、学段型家校合作共同体。发挥"B区家庭教育促进会"等社会组织作用，指导全区学校家委会建设，开展形式多样的家庭教育活动，形成学校全方位开放、家长多层次参与、全社会共同支持的家校互动合作机制。每年12月第二周为家庭教育主题实践周，举行家庭教育论坛，提高B区家庭教育指导和实践的水平。

——建立校外教育联席会议制度。成立由相关委办局、街镇和有关民间团体组成的B区校外教育联席会议，构建学生校外活动内容和评价体系。制定并实施校外实践基地"教育专员"制度。整体设计学生社会实践场所的职能定位和业务范围，形成目标一致、功能互补、成果共享的完整体系,有效推进校内外教育衔接。

预期成效:

——建立标准化早教指导服务体系。

——2015 年,成立 B 区青少年校外教育联席会议。

——2017 年,全区 70%的街镇成立具有区域特点的家委会联盟;2020 年实现街镇全覆盖。

(牵头部门:区文明办;配合部门:团区委、区妇联、区残联、区教育局、区卫生计生委、各街镇)

(三) 深化课程改革,提升教育发展品质

以深化学习基础素养研究为抓手,着力推进课程教学改革,优化教学策略,提高学生学力,不断提升教育发展品质,为 B 区新型城镇化提出的"建设生态和谐宜居、公共服务充分的现代化滨海新区"作出教育应有的贡献。

6. 深化学科基础素养研究

工作基础:

作为上海市"零起点"教学、"等第制"评估改革两个试点区之一,B 区从研究学习基础素养、学科基础素养出发,积极推进基于课程标准的教学与评价项目,构建了语文、数学、英语三门学科的三维学科基础素养体系。

项目目标:

从学科基础素养、学习基础素养入手,了解影响学生全面发展的各种因素,诊断、分析学生学科素养、学习素养的发展状况和均衡性指数,有针对性地改进教学。通过开展学生综合素质评价,全面客观了解学生发展情况,促进学生全面发展。

主要举措:

——在小学语文、数学等 10 门基础型学科实施"基于课程标准的教学与评价",从"知识素养、能力素养、情意素养"三维出发,梳理小学 10 门学科的基础素养,形成各学科三维目标发展体系。

——开发电子网络平台,利用平台记录学生三维 10 个方面的日常表现,诊断、分析学生学科基础素养的发展状况和均衡性。

——探索建立"绿色指标"评价体系。根据学科基础素养研究成果,建立区域性学生学科基础素养"绿色指标"评价体系,引导学校建立以校为本、基于过程的教育质量评价制度。

——建立中小学生综合素质评价体系。建设区域初中、小学综合素质评价平台，通过写实记录方式，客观记录学生基础素养各方面的情况，形成数字化档案，并利用学生综合素质评价信息，了解与分析城镇学生发展特点，对学生的成长过程进行指导，有针对性地改进教学和管理。

预期成效：

——形成小学10门学科三维目标发展体系。

——开发并应用学科基础素养电子网络平台。

——建设并应用中小学综合素质评价平台。

（牵头部门：区教育局；牵头科室：区教育学院教研室；配合科室：中教科、小幼教科、信息中心）

7. 推进课程教学改革

工作基础：

通过为期三年的合格课程、优秀课程、示范课程评选，目前已经形成了一批优秀课程、示范课程；开展了有效教育、有效教学研究，持续推进"有效教学行动计划"，课程教学有效性明显提升。

项目目标：

深化课程建设，建设丰富、多样的课程体系，不断满足学生个性发展需求；形成一批精品课程，深化区域优质课程共建共享；细化教学五环节，通过课堂教学微环节研究，开展课堂教学改进行动计划，根据城镇学生身心发展特点，鼓励教师创新教学途径、手段和方法，逐步实现"为学而教、以学定教、以学论教"，提高教学效能。

主要举措：

——建设多样化高中课程体系。深化高中多样化特色化实验，探索建立高中自主设计和实施的校本化课程，根据学生自身学习基础和兴趣，确定课程学习内容和目标要求，满足个性化发展需求。

——整合区域教育资源，成立南片、北片两个高中学习共同体，发挥市、区实验性示范性高中作用，探索多样的"走班"、"走校"模式。

——实现优质教育资源共建共享。依托区级校本课程资源库平台，采用"共建—完善—共享"的课程资源建设机制，为教师提供丰富多样、可供选择的课程资源。

——推进国际课程建设，支持学校选择和采用境外课程，借鉴国外先进课程和教学方法，推进学校课程教学改革。

——开发学科协作式综合实践区域课程。梳理各学段综合性学习目标体系，编写基于多学科课程目标的拓展型综合课程，组织设计教与学的方案，探索拓展型综合课程实施策略。推进义务教育"公共安全"课程建设，开发小学自然实验教学微课平台，形成基于学习素养培养的准备期游戏课程库。

——加强学生学涯生涯指导。建立区域高中学生职业生涯体验基地，让高中学生深入不同职业领域，增强高中学生职业体验经历。开发"高中生职业生涯规划与发展指导"课程，培养学生自我规划、自我选择的能力。加大学生学涯、生涯指导力度，尝试建立高中专职辅导员与全员导师制，为学生学涯、生涯规划提供指导与服务。

——构建城郊幼儿园"田野课程"。山阳幼儿园等12所试点园，在科技、运动、阅读、美术等领域，运用"自然笔记"亲近自然、感受自然，让幼儿在与大自然的观察、交流与体验中获得潜移默化的情感陶冶与教育，探索实施"田野课程"的措施与途径；开展"田野课程"系列化主题实践活动，通过"野趣运动"、"田野观察"、"经典故事"等主题实践活动，引导幼儿去探寻、发现、亲近自然，丰富幼儿学习经历。

——实施课堂教学改进行动计划。尊重学生差异，实施分层教学，为不同学生提供可选择的课堂学习任务和课外作业。尊重学生主体地位，优化教学过程，倡导自主、合作、探究学习。聚焦教学环节，优化教学行为，深化课堂教学有效性研究，形成教师课堂教学行为改进的长效机制，努力提高课堂教学效能。

——开展教学微环节研究。利用信息技术对课堂教学进行切片研究，关注影响课堂教学的各种因素，改进教师教学行为，提高课堂教学有效性。

预期成效：

——形成特色多样的校本课程。

——编写小学各年级拓展型综合实践活动课程。

——完善备课、上课、作业、辅导、评价各项制度。

——形成课堂教学改进行动计划优秀案例集。

（牵头部门：区教育局；牵头科室：区教育学院教研室；配合科室：中教科、小幼教科、信息中心）

8. 利用信息技术促进教育转型发展

工作基础：

积极推进教育信息化建设与应用。在建成B区教育专网的基础上，开发了智慧课堂、网络教研、导师带教系统等，推动教与学方式的变革。开展B区教育公共服务平台建设,形成平台建设框架。

项目目标:

加强信息技术应用,利用大数据理念,开展课堂分析、学习分析,促进课堂教学转型,探索运用信息技术满足城镇学生个性化学习需求的方法和途径。

主要措施:

——开发B区教育公共服务平台,实现区、校两级在行政管理、教育教学、教育资源等方面的信息化。

——建设基于网络的备课、学习分析、课堂分析、适性网上作业系统等,开展基于大数据的课堂分析、学习分析。

——加强优质资源的数字化建设与共享。以自建、购买等方式构建教育资源,增强实用性和易用性,使优质教育资源得到有效共享。

——提升教师信息化教学力。运用信息技术,优化教研模式,利用大数据理念,做好实证数据的采集、汇总、分析与评价,为课堂教学的诊断与评价、学生的个性化学习与发展提供依据。开展信息化应用竞赛、案例评选等活动,提升教师利用信息技术的能力。

预期成效:

——开发并应用B区教育公共服务平台。

——开展基于大数据的课堂分析和学习分析,为教师教学、学生成长提供个性化指导。

——形成B区优秀教师信息化应用案例集。

(牵头部门:区教育局;牵头科室:信息中心;配合科室:区教育学院教研室、中教科、小幼教科)

9. 深化学生创新素养培育

工作基础:

实施创新素养培育项目,成立B区光启学院,启动第一批、第二批创新素养培育基地建设,形成了一批培育基地特色课程;开展学生小课题项目申报工作,鼓励学生参与课题研究项目。

项目目标:

以创新素养培育基地、实验室建设为基础,探索学生创新素养培育的合作机制,激活学生的创新潜质,培养学生的问题意识、探究精神、科学态度,着力提高学生的创新能力。

主要举措：

——积极与高校、科研机构合作，利用高校、科研机构人才优势，联合开发面向学生的创新课程，引导学生积极参与课题研究，在研究中培养创新素养。

——构建区域学生创新素养培育学科基地建设的长效管理机制，制订创新素养培育课程方案，开展基于高阶思维培养的教学方式研究，形成区域学生创新素养培育课程群。

——加强创新实验室建设，构建市、区、校三级创新实验室建设的长效机制，建立创新实验室建设评价体系，开发相应的创新课程，引导学生积极参与，丰富学生创新经历。

预期成效：

——形成区域创新实验课程群。

——建立创新素养培育基地建设长效机制。

（牵头部门：区教育局；牵头科室：区教育学院教研室；配合科室：中教科、小幼教科）

（四）助推区域发展，提升教育服务水平

B区国家新型城镇化综合改革方案明确了"市场主导，政府引导，以产业发展为支撑，营造改革氛围，综合推进体制机制改革创新，着力提升基础设施和公共服务水平"等发展目标，对职业教育和终身教育的改革发展提出了新的要求。通过建立职业教育多方合作模式、终身教育长效发展机制等途径，助推区域经济与社会发展。

10. 创立职业教育多方合作模式

对标产业发展提升教育公共服务水平，重中之重是要建设职业技能人才培养高地。通过构建职业教育双向合作模式，推进产学融合，可以一定程度上改变区域的劳动力供给结构，培养实用型高级技术工人，为B区、上海乃至长江三角洲的经济转型和产业结构升级提供人力资源支持。

（1）形成职能部门推进职业教育新合力

工作基础：

B区委、区政府一贯重视职业教育工作，各职能部门充分发挥部门优势，共同推进职业教育初见成效。职前职后职业技能培训工作得到有序开展。但根据新型城镇化的目标，还需发挥更大的作用。

项目目标:

整合人力资源、行业、产业、教育培训、土地规划等职能部门的力量,在贴近区域经济,服务产业发展的目标下,进一步发挥各职能部门推进职教发展的积极性。

主要举措:

——强化区职业教育联席会议职能,每年组织成员单位开展专项工作研究。

——将推进职业教育工作列入各相关职能部门工作职责,加强考核。

——细化各职能部门工作任务,落实工作计划,落实各职能部门服务产业发展工作任务。

预期成效:

——区委、区政府重点工作得到有效落实。

——各部门主动参与职业教育形成常态。

(牵头部门:区府办;配合部门:区发展改革委、区经委、区教育局、区财政局、区人力资源社会保障局)

(2)完善企业行业参与职业教育新机制

工作基础:

石化工业学校是全市最早开展校企合作办学的中职校之一,有着丰富的校企合作经验;企业行业参与职业教育在 B 区已经形成氛围,为完善新机制打下基础。B 区利用区域职业教育集团为主要平台,与区域 50 余个大中型企业和部分行业协会开展职业教育协作,目前在产学研一体化、人才培养等方面形成一定的制度。

项目目标:

——制定区域推进职业教育的有效政策。

——形成各方参与职业教育的新型体制。

——探索校企合作新型有效模式。

主要举措:

——区发展改革委、区人力资源社会保障局、区财政局等部门出台相关鼓励政策,激励企业行业积极参与办学。

——依托企业运作平台,建立企业行业职业技能专家库,鼓励企业专家到职业院校授课,让职业院校吸收借鉴企业化运作模式,强化产学研用深度对接。

——试点职业学校校长与企业主管交流互聘,按照 B 区产业发展需求,健全职业教育专业调整快速响应机制,推进中高、中本贯通和中外合作办学。

预期成效：

——企业行业主动参与职业教育形成制度。

——区域职业教育新机制基本形成并正常运行。

（牵头部门：区经委；配合部门：区发展改革委、区教育局、区财政局、区人力资源社会保障局）

（3）建立产业应用人才培养新模式

工作基础：

通过多年的校企合作办学，区域产业对人才的需求有了比较明确的定位，职业学校的专业结构已经进行了相应的调整。中职校与化工、食品、机械等区域主要产业初级人才培养渠道已经形成，但对接产业转型发展需求还需形成新型培养模式。

项目目标：

——深化中高职、中职—应用本科教育贯通培养模式，建设国际化职业教育试验区，培养应用型、国际化高端技能人才。

——开发建立网上应用人才供需互通平台，建立人才职后再教育、再培训机制。

——学校、企业、其他社会机构培训教育资源共享。

主要举措：

——引进上海第二工业大学在B区建设校区，区校合作共建具有国际影响力的高水平专业，引领现代职业教育发展方向；以中等职业学校为基础建成一所国际化五年一贯制高职；引进若干国际职业培训机构，与跨国企业合作建设一批实训基地。

——强化职教集团功能，进一步赋予集团在政企之间的协调职能，充分利用数字信息化技术，完善职教集团网站建设。

——建立区域内的技术技能人才需求定期发布制度，并利用职教集团平台实时更新人才信息，定期发布各种岗位技能培训信息。

——整合企业培训中心、中职校培训中心、民办培训机构等各类职业技能培训机构力量，共享培训资源，适应企业行业对人才培养的需求。

——加强对行业适用人才的实况检测，适时提供职业、岗位培训的需求，并为开展教育培训储备相应的专业师资力量。

预期成效：

——完成五年一贯制高职建设，二工大B区校区初具规模。

212

——建成网上应用人才供需平台。

——建立各方参与的职业教育合作联盟。

（牵头部门：区府办；配合部门：区发展改革委、区教育局、区财政局、区规划土地局、枫泾镇）

11. 促进区域终身教育常态化发展

新型城镇化综合改革提出的"文化传承，突出特色"、"促进城市发展与生态、人口、产业、文化相协调"等任务，为终身教育发展指明了方向。要进一步探索和推行终身教育政企合作、多方协作、资源共享等有效机制，完善三级教育网络，加强师资队伍建设，构建最佳教育平台，建立有效工作机制，形成鲜明的区域特色。

（1）完善跨省市区域终身教育协作发展机制

工作基础：

2012年，B区与浙江嘉善、江苏吴江教育行政部门、社区学院合作，在社区教育实验项目、课程开发等方面已经开展合作，并已形成共识。三地在2013年已经建立起"金嘉吴"终身教育合作联盟，合作方向已经确定。

项目目标：

进一步探索形成学习型社区创建、社区教育、老年教育等方面的共建共享机制，为上海乃至全国探索一条可复制、可持续发展的终身教育新途径。

主要举措：

——充分发挥全国终身教育品牌——"金嘉吴"终身教育合作联盟作用，进一步加强跨省市区域终身教育合作共建。

——在上海B区、浙江嘉善、江苏吴江三区县之间开展广泛的终身教育深度合作。

预期成效：

——形成跨省市区域间终身教育协作发展新机制。

——区域终身教育工作形成特色，创设更多的工作典型。

（牵头部门：区学习办；配合部门：区文明办、区教育局、各街镇）

（2）试点构建街镇终身教育有效体系

工作基础：

2013年，B区开展构建街镇终身教育体制机制的研究列为市教委社区教育委托实验项目，中期任务按计划已经完成，部分实验子项目已经形成有效经验，但需进一步推进实施。

项目目标:

——建立街镇终身教育"镇企合作"机制。

——创立一批街镇终身学习品牌。

——创建街镇终身教育新型有效模式。

主要举措:

——以提升街镇终身教育综合能力为目标,制订街镇终身教育体系构建实施方案。

——培育学习团队领军人物,建设街镇终身教育志愿者队伍,开发建设终身教育区域特色课程,打造终身教育"民俗文化进课堂"品牌等。

——建设终身教育标准化学习点,最终在各街镇打造形成"十五分钟学习圈"。

预期成效:

——全区三级学习网络齐全并有效发挥作用。

——在全市率先形成街镇终身教育新型运作模式。

(牵头部门:区学习办;配合部门:区文明办、区教育局、各街镇)

(3)建立区域终身教育各方参与机制

工作基础:

《上海市终身教育促进条例》已经为区域终身教育工作推进提供了法律保障,区委建立了区学习型社会建设与终身教育促进委员会,区文明办和区教育局共同负责具体推进工作,有利于规范管理终身教育工作。区职能部门重视终身教育工作,通过举办学习节、读书节、文化下乡等主题活动在全区形成了良好的学习氛围。

项目目标:

——形成全民主动参与终身教育的新格局。

——形成长效机制确保终身教育的有序开展。

主要举措:

——拓宽渠道和方式,鼓励社会组织兴办老年教育、社区教育,探索建立既能促进规范管理,又能激励社会组织参与终身教育公益事业的体制机制。

——区政府实行社区教育督导督查制度,区人大、区政协实行终身教育专项监督、定时视察制度。

——区学习办、区教育局试点开展教育培训机构第三方质量评价,建立学习成果评价标准。

预期成效：

——初步形成人人皆学、时时能学、处处可学的格局。

——社会各界主动参与终身教育、推进终身教育发展形成常态。

（牵头部门：区学习办；配合部门：区人大办、区府办、区政协办、区文明办、区教育局、各街镇）

（4）建立终身教育资源均衡配置体系

工作基础：

区社区学院、街镇社区学校、村居学习点三级终身教育工作平台已经形成。社区教育专兼职队伍基本满足工作需要，建立了一批社区教育志愿者队伍。2014年，区老年大学新校区建成使用，10所社区学校、7所老年学校完成市标准化创建，区级标准化学习点建设达到98%。

项目目标：

——完成上海市老年教育能力提升计划。

——构建区域终身教育学习资源一体化机制。

——建立区、街镇两级数字化学习平台。

主要举措：

——以标准化老年大学（学校）建设为抓手，推进区、街镇老年大学（学校）能力提升计划。

——以上海市成人（社区）学校内涵建设为抓手，推进区、街镇成人（社区）院校内涵建设工程。

——以创建上海市示范性学习点为抓手，推进村居、企事业单位学习点标准化创建。

——探索建立可持续发展的终身教育学习资源配送体系，体现学习资源供需平衡又满足个性化需求，试点建立相对独立、完整、可自行运作的资源配送模式。

——开发数字化学习与网上学习功能，为所有学习者提供伴随一生、随时随地的个性化学习服务。

预期成效：

——全区终身教育资源配置实现全覆盖。

——全区终身学习基本实现数字化。

（牵头部门：区学习办；配合部门：区文明办、区教育局、区科委、区民政局、各街镇）

(五) 深化人事改革,提升教师专业素养

以师资队伍建设为主线,以高端人才培养为重点,以绩效工资奖励为抓手,创新人才培养机制,完善人才激励制度,努力建设一支师德高尚、业务精湛、结构合理、充满活力的高素质专业化教师队伍,为打造新型城镇化提供坚强的人才保证和智力支持。

12. 引领教师职业生涯发展

工作基础:

形成各类教育人才的培养机制,为教师的成长搭建平台,开展教师专业素养调研,建立青年骨干教师—学科导师—学科主持人—首席教师—特级教师序列,为制定教师职业生涯发展规划打下基础。

项目目标:

探索教师专业成长规律,梳理、优化现有教师队伍激励保障措施,为教师建立职业生涯规划,引导教师在不同的职业阶段有目的地提高和完善自己,减少职业倦怠,全面提升教师专业发展水平。

主要举措:

——制定区教师职业生涯规划,建立教师成长专业荣誉、职务发展、服务平台序列阶梯,成为教师自主发展的意识动力和可持续发展的定标导向,促进教师全面、自主、可持续发展。

——指导学校制定学校教师职业生涯规划,为教师提供学习机会和发展平台,了解掌握教师每个阶段的专业发展高度,采取有效措施促进教师专业发展。

——制定教师个人职业生涯规划,明确自己专业发展方向和阶段,借助项目培训、专业发展和任务驱动等方式途径,不断提升教师个人教育教学水平。

预期成效:

——形成区、校两级教师职业生涯发展规划。

——每个教师制定个人职业生涯规划,教师专业发展方向明确。

(牵头部门:区教育局;配合部门:区人力资源社会保障局)

13. 打造教育人才高地

工作基础:

实施五届"明天的导师"工程,着重培养区级以上骨干教师,通过项目驱动促进骨干教师专业发展。2012 年举办了第一届"领军校长"和"拔尖教师"高级研修班,实施个性化培养计划,成效显著。2013 年开展全区教师本体知识专业素质调研,为本区选拔不同学段的高端教师并进行针对性培养打下良好基础。

项目目标：

深入实施科教兴区和人才强区战略，加强高素质人才队伍建设，培养一批师德高尚、教学能力强、学术水平高、育人实绩突出，在市、区乃至全国具有较大影响力的高端人才。加大高端人才奖励，激发高端人才活力，充分发挥高端人才引领和示范辐射作用。

主要举措：

——举办"领军校长"和"拔尖教师"高级研修班，由上海特级校长（教师）领衔，帮助B区优秀校长和教师提炼办学思想、教学特色，打造领军校长和拔尖教师队伍。

——举办"明天的导师"工程，由特级教师、首席教师、学科主持人、学科导师为引领，以"学科工作坊"为载体，以"项目研究"为抓手，打造中青年骨干教师团队。

——举办小学高端教师研修班，幼儿园青年骨干教师培训班，中学语文、数学、英语学科高端教师研修班，委托高校或特级教师为导师，打造学科后备人才。

预期成效：

——培养5—6名上海市特级教师，培养4—5名上海市特级校长。

——建立6—8个在全市有影响力的中青年骨干教师团队。

——培养10—12名上海市特级教师后备人才。

（牵头部门：区教育局；配合部门：区人力资源社会保障局）

14. 激发校长、教师活力

工作基础：

建立较为合理的绩效工资分配制度，学校绩效工资分配方案不断优化，在平稳推进中一定程度上提高了教师积极性；重考核、重实绩，初步形成良好的干部考核激励机制和优秀人才奖励机制。

项目目标：

研究提高教师绩效工资水平，建立绩效工资总量逐年增长机制，不断提高教师待遇。实施校长年薪制和校长任职资格制度，健全优秀人才奖励机制，探索在推进新型城镇化过程中激发校长教师活力的措施与机制，努力营造校长以教育家办学、教师以教育家育人的环境土壤和良好氛围。

主要举措：

——探索薪酬工资制度。修订完善学校绩效工资方案，探索教师从"身份"管理转向"岗位"管理。发挥绩效工资激励引导作用,教育系统新增绩效工资总量不低于60％用于增加教师绩效奖励,10％用于增加农村学校教师、优质学校和贡献突出人才等奖励,激发教师教育教学活力。

——探索实施校长年薪制。建立一套公正、科学、规范的学校办学水平评估体系,绩效年薪重点突出校长的办学水平和办学业绩,加大对校长的奖罚力度。

——探索校长任职资格制度。建立一套与干部选任制度相适应的校长任职专业标准,完善干部选任机制,深化干部制度改革,提升干部专业化水平。

——建立优秀人才奖励机制。制定教育系统优秀人才使用和培养管理办法,设立优秀人才奖励专项经费,打造教育优秀人才高地,发挥优秀人才引领作用。

——探索建立民办学校教师从教奖励制度。制定义务教育阶段民办学校教师从教奖励办法,对在B区义务教育阶段民办学校服务一定年限(男教师满25年,女教师满20年)的教师,在其退休时发放从教津贴,鼓励教师在民办学校长期任教。

预期成效:

——形成按岗位、重实绩的绩效工资分配制度。

——激发校长办学活力,提高办学水平,建成4—6所在全市有影响力的学校。

——建立校长任职资格制度,培养符合专业标准的校长(后备)人才队伍,整体提升干部队伍专业化水平,为干部队伍建设提供可复制可推广的经验。

——完善优秀人才奖励机制,激发教师内心的岗位荣誉感、自豪感,吸引优秀教师长期从教、终身从教。

(牵头部门:区人力资源社会保障局;配合部门:区教育局)

(六)转变政府职能,提升现代教育治理能力

"积极对接上海自贸区建设经验,大力推动制度创新和政府职能转变"是B区新型城镇化建设的一个重要举措。B区教育要转变教育管理方式,推行管、办、评分立联动的机制,减少不必要的行政干预,落实学校办学自主权,形成政府、学校、社区多元共治格局,在创新治理体系、推进体制改革等方面为B区新型城镇化综合试点提供改革经验。

15. 转变教育管理方式

工作基础:

不断完善各项管理制度,成立了财务核算中心、教育事务中心等职能机构,完成学校一校一章程建设,学校与社区形成一定的互动机制。

项目目标：

进一步厘清教育行政部门职权范围,转变政府职能,促进学校依法办学,拓宽学校自主办学空间,建立现代教育治理体系,在推进新型城镇化过程中提升现代教育治理能力。

主要举措：

——推行教育行政权力清单制度。厘清教育行政部门职权范围,推出教育行政管理部门权力清单、责任清单,探索建立负面清单,推动公共权力公开透明运行,对办学主体减少干扰,加强服务。

——落实学校办学自主权。坚持依法行政,探索管、办、评分立联动的现代教育治理结构,明确学校办学自主权,落实学校人事权、财务权,激发各类教育主体的发展活力和创造力。

——促进学校依法治校。完成一校一章程建设,并以章程为依据完善学校管理规划、制度、规定等,形成学校完整的依法治校制度体系。按照现代学校建设要求,完善校务会、行政会、教代会、家长委员会等组成及运行机制,逐步建立由教师、学生及家长代表参加的校务委员会,健全决策和议事规则,保证学校管理公开透明。全面推行学校法律顾问制度,规范决策行为,建立纠纷预防和解决机制。

——健全校舍安全保障长效机制。开展对校舍的日常管理和定期维护,加强对中小学校舍规划布局、安全排查、施工建设、使用维护、信息公告、责任追究等各环节的管理,探索建立健全符合 B 区情的中小学校舍安全保障制度体系。

——建立教育经费动态监管机制。不断完善国库集中支付机制,建立教育系统预算管理系统,对各项资金的使用、结存情况进行动态监管。规范教育经费的使用,提高资金运行效率和使用效益。

预期成效：

——厘清教育行政权力清单、责任清单。

——落实学校办学自主权。

——完善学校章程及管理制度体系。

——建立学校校务委员会。

——形成校舍安全保障制度体系。

(牵头部门：区教育局；配合部门：区法制办、区发展改革委、区财政局、区人力资源社会保障局、区审改办、区建管委、区规划土地局、各街镇)

16. 深化教育督导改革

工作基础：

建立督学责任区制度，建立"四个一"工作机制，实行挂牌督学机制；积极推进督导报告信息公开制度，学校督导、行政执法情况基本实现了信息公开；初步实现督导与法规执行同步联动。

项目目标：

督导机构健全，人员、经费有制度保障，督导工作实现专业化，具备相对独立监督、指导与评估的权力和能力。

主要举措：

——健全教育督导机构。按照国家和上海《教育督导条例》要求，借鉴先进做法，加强教育督导室建设，确保其职能正常履行，解决人员和经费问题，确保专职督学数量和质量，保障必要经费。完善督学聘任与管理办法，推行督学资格制度，推动督学人员和督导工作专业化发展。

——建立督导与执法有机联动机制。研究督导队伍和教育行政执法队伍建设的有机结合，并建立教育督导与行政执法有机联动机制，强化教育行政执法，推动行政处罚权的有效行使，推进各类教育机构的依法规范办学行为。

——建立区校督导联动机制。加强督学责任区建设，健全责任督学挂牌督导制度，同时推动学校内部督导机制建设，实现区、校督导联动，立体推进教育发展。严格执行持证上岗、过程监管、优劣奖惩等制度，确保教育督导质量。强化教育督导结果运用，引导决策与执行环节。建设教育督导信息化平台。

——建立多元主体参与督导机制。研制督导机构对教育发展状况和教育质量开展评估、监测的具体办法；制定家长、社会公众和社会组织参与教育督导的管理办法；培育教育监测与评估的社会服务机构，引入竞争机制，购买高质量的服务。

预期成效：

——督导机构更加健全。

——督学责任区更加完善。

——形成系列督导专业工具。

——形成多元参与督导的机制和制度。

——建成完善督导信息化平台。

（牵头部门：区编办；配合部门：区法制办、区教育局、区财政局、区人力资源社会

保障局）

五、保障措施

（一）加强领导，完善工作机制

成立 B 区教育综合改革领导小组，建立由区领导负责，相关职能部门、各街镇参与的联合工作机制，共同研究解决教育改革重大问题，建立教育改革重大政策突破机制。相关部门要凝聚改革共识，分工负责、密切配合，建立重大教育改革任务会商机制，切实解决新型城镇化背景下的教育发展瓶颈问题。

（二）广泛参与，形成工作合力

充分调动学校、教师参与改革的积极性，鼓励学校积极参与改革试点，结合学校实际情况探索切实可行的改革措施，在实践中大胆创新、勇于开拓。广泛听取一线教育工作者的意见建议，发挥教师的积极性、主动性、创造性，不断增强教育综合改革的内生动力。

（三）开展评估，有序推进改革

充分发挥 B 区教育政策咨询委员会的作用，加强决策咨询，提高决策水平，增强教育改革的科学性、有效性。开展教育综合改革专项检查与评估，实施教育综合改革工作问责制度，建立健全重大改革决策稳定风险评估机制，确保教育综合改革积极稳妥有序推进。

（四）加大宣传，形成良好氛围

坚持正确的舆论导向，加大宣传力度，坚持典型示范、以点带面，广泛宣传教育综合改革的理念、意义和政策措施，总结推广新型城镇化建设中推进教育发展的好做法、好经验、好典型，引导和动员全社会重视、支持、参与教育综合改革，努力形成全社会理解、支持教育综合改革的良好环境。

参考文献

1. 著作类

［1］国家教育发展研究中心.2008年中国教育绿皮书——中国教育政策年度分析报告［M］.北京：教育科学出版社,2008.

［2］倪鹏飞.中国城市教育竞争力比较：探寻宁波方位［M］.北京：社会科学文献出版社,2009.

［3］上海市教育委员会.上海教育年鉴［M］.上海：上海人民出版社,2015.

［4］世界银行.2000年世界发展指标［M］.中国财政经济出版社,译.北京：中国财政经济出版社,2000.

［5］税伟.区域竞争力的宏观、微观理论与实证研究——以安徽省为例［M］.成都：西南财经大学出版社,2008.

［6］中国都市教育竞争力研究及数据库建设项目组.中国都市教育竞争力研究［M］.北京：教育科学出版社,2011.

［7］周南照.中国教育竞争力国际比较研究［M］.教育科学出版社,2010.

［8］朱向军.提升城市教育竞争力［M］.上海：上海三联书店,2006.

2. 期刊类

［1］艾蒂安·阿尔比瑟,崔俊萍.走进OECD教育指标体系［J］.世界教育信息,2014,27(17).

［2］蔡桂云,李爱兵.民办与公办高等专科教育竞争力比较研究——以江西省为例［J］.现代教育科学,2013(07).

［3］蔡妙花,胡建萍,张蕊.学习型社会背景下自学考试教育竞争力变化及改革发展的思考［J］.教育与职业,2013(15).

［4］陈·巴特尔,陈益林.校地合作定位与区域教育竞争力提升策略研究［J］.成人教育,2011(04).

［5］陈光,刘颖,李仕明,杨建国.高等教育贡献率研究的理论模型与实证分析［J］.中国高教研究,2011(04).

［6］陈利华,吴添祖,蔡国军.产业集群与区域竞争力——兼对长三角、珠三角地区的产业集群比较研究［J］.科技进步与对策,2005(09).

［7］陈群,刘文晓.增长极理论视域下区域高等艺术教育竞争力之培育——以上海市为例［J］.煤炭高等教育,2016(04).

［8］陈伟珍,黄勤芳.加强高职优秀生培养,提升高职教育竞争力[J].中国电力教育,2010(33).

［9］陈衍,房巍,于海波.中国成人教育国际竞争力比较分析[J].教育研究,2012(09).

［10］陈衍,李玉静,房巍,程宇,张祺午.中国职业教育国际竞争力比较分析[J].教育研究,2009(06).

［11］陈颖,师鹏,张瑜珊.科研绩效量化分析视域下河北省高等教育竞争力分析[J].教育现代化,2015(16).

［12］程德强.学习型社会背景下高教自学考试教育竞争力提升思路[J].中国成人教育,2016(18).

［13］程凤春,卫喆.再论教育质量及其衡量标准——基于 ISO9000 族标准的分析[J].教育研究,2012(06).

［14］方勇.职业教育竞争力的评价与国际比较[J].职教论坛,2015(31).

［15］方勇.中瑞职业教育竞争力比较及其启示[J].职教论坛,2016(16).

［16］甘健胜.区域竞争力评估的多目标层次分析模型[J].福建行政学院福建经济管理干部学院学报,2002(01).

［17］高耀,刘志民.中国省域高等教育核心竞争力最新测度——基于因子和聚类分析法的实证研究[J].江苏高教,2010(02).

［18］高耀,张琳,顾剑秀.中国省域研究生教育竞争力与经济竞争力协调度双层次因素分析与综合评估——兼论促进区域研究生教育布局优化的可能路径[J].复旦教育论坛,2013(03).

［19］郭贵春.多学科视野下的高等教育资源研究——评《中国高等教育资源分布与协调发展研究》[J].山西大学学报(哲学社会科学版),2008(04).

［20］韩丽丽.如何提升来华留学教育的竞争力——基于规模总量和学历结构视角的经验分析[J].北京师范大学学报(社会科学版),2017(05).

［21］韩晓红,刘文云.我国情报学研究生教育竞争力分析[J].情报科学,2011(07).

［22］何妮.陕西省高等教育竞争力研究[J].安康学院学报,2011(01).

［23］胡咏梅,薛海平.我国教育竞争力的区域划分——与吴玉鸣博士等商榷[J].教育与经济,2003(01).

［24］金乐.加强职业技术教育竞争力研究[J].教育与职业,2011(17).

［25］金连平.试论教育现代化目标体系的构建[J].教育评论,2000(02).

［26］孔祥富.让市场导向成为提升职业教育竞争力的关键词[J].江苏教育,2014(12).

［27］隗金水,朱征宇.广东省体育学研究生教育竞争力研究[J].广州体育学院学报,2013(01).

［28］雷俊.高等教育竞争力评价与城市竞争力相关性度量[J].高等财经教育研究,2012(01).

［29］李元春.对中国城市教育收益率的实证分析[J].湖南师范大学教育科学学报,2004(01).

［30］廖林.教研协作:提升区域教育竞争力的战略选择——从 2015 年全国十城市教研协作会议说起[J].成才,2015(05).

［31］林丽.中国都市教育综合竞争力的实证研究[J].继续教育研究,2010(08).

［32］刘宁宁.我国省域研究生教育竞争力及内部协调发展研究[J].现代教育管理,2017(09).

［33］刘琪.中国—东盟中等竞争力水平国家高等教育合作路径探析——基于马来西亚、泰国高等教育发展状况的分析[J].中国高教研究,2017(07).

[34] 刘峥,倪鹏飞.中国城市教育竞争力发展研究——以 30 个样本城市为例[J].现代教育管理,2013(02).

[35] 刘志旺.高等教育竞争力评价实证分析——以山西高等教育为例[J].生产力研究,2008(06).

[36] 龙屏风.现代职业教育核心竞争力提升策略刍议[J].继续教育研究,2016(12).

[37] 陆俊杰.职业教育发展新阶段的理性思考——兼评《职业教育国际竞争力报告》[J].职教论坛,2017(09).

[38] 孟兆敏,吴瑞君.上海市基础教育资源供需的现状、问题及对策研究[J].上海教育科研,2013(02).

[38] 倪鹏飞,刘峥.中国城市教育竞争力比较研究——以长三角 16 城市为例[J].现代教育管理,2012(03).

[39] 牛卫平,陈艳笑.基于层次分析的广东区域竞争力评价[J].华南农业大学学报(社会科学版),2007(02).

[40] 邱均平,柴雯,马力.2015 年中国研究生教育及学科专业评价报告的产生与分析[J].评价与管理,2015(02).

[41] 邱均平,柴雯,马力.2015 年中国研究生教育评价与分析[J].中国高校科技,2015(10).

[42] 邱均平,董克,李小涛.2013 年中国大学及学科专业评价的创新与结果分析[J].中国地质大学学报(社会科学版),2013(02).

[43] 邱均平,马力.发展与深化:2014 年中国研究生教育及学科专业评价报告的产生与分析[J].评价与管理,2014(02).

[44] 邱均平,马力.2014 年中国研究生教育及学科专业评价[J].科技进步与对策,2014(24):139—146.

[45] 邱均平,马力,柴雯,欧玉芳.2015 年中国大学及学科专业评价的创新与结果分析[J].评价与管理,2015(01).

[46] 邱均平,马力,柴雯,欧玉芳.2015 年中国大学及学科专业评价的创新与结果分析[J].中国地质大学学报(社会科学版),2015(02).

[47] 邱均平,温芳芳.中国大学本科教育发展评价——基于 2004—2010 年 RCCSE 中国大学评价结果分析[J].高教发展与评估,2010(04).

[48] 邱均平,曾倩,牛奉高.继承与发展:2013 年中国研究生教育及学科专业评价报告的做法与结果分析[J].中国地质大学学报(社会科学版),2013(04).

[49] 单小霞,司林波.独立学院教育竞争力指标体系设计[J].技术经济与管理研究,2009(04).

[50] 商春荣.国家竞争力评价理论与方法述评[J].华南农业大学学报(社会科学版),2005(01).

[51] 尚红娟.高等教育资源的分布对教育竞争力的影响研究——以上海地区为中心[J].黑龙江高教研究,2010(07).

[52] 史冬防,毕学成,杨孝青.安徽省教育竞争力评价及影响因素研究[J].黄山学院学报,2016(04).

[53] 石丽.基于 PLS 路径模型的中国省域研究生教育竞争力综合评价研究[J].价值工程,2015(02).

[54] 税伟.区域竞争力研究的经济地理学价值[J].国土与自然资源研究,2009(01).

[55] 税伟.区域竞争力的国际争论及启示[J].人文地理,2010(01).

[56] 司林波,赵晓冬,郄少健.河北省高等教育竞争力评价与对策研究——基于《2005—2007年中国大学评价报告》的比较分析[J].国家教育行政学院学报,2008(08).

[57] 苏颖宏,罗薇薇,蔡经汉.区域高职教育竞争力评价[J].教育评论,2018(02).

[58] 孙敬水.中国教育竞争力的国际比较[J].教育与经济,2001(02).

[59] 谈松华.应对入世:全面提高教育国际竞争力[J].求是,2002(11).

[60] 谈松华,袁本涛.教育现代化衡量指标问题的探讨[J].清华大学教育研究,2001(01).

[61] 唐晓玲.印度提升高等教育竞争力的政策举措与实施效果[J].教师教育学报,2018(02).

[62] 汪洁,高园.基于 SWOT 分析的海南高等教育竞争力研究[J].吉林工商学院学报,2013(04).

[63] 王秉安.区域竞争力的经济学本质[J].福建行政学院福建经济管理干部学院学报,1999(03).

[64] 王箭,蒋同明.职业教育竞争力综合评价与分析[J].职业技术教育,2012(19).

[65] 王利珉.对教育现代化及其标准的探讨[J].上海高教研究,1998(08).

[66] 王庆国.试论我国区域高等教育竞争力的评价及对策[J].实验室研究与探索,2016(02).

[67] 王素,方勇,苏红,李协京.中国教育竞争力:评价模型构建与国际比较[J].教育发展研究,2010(17).

[68] 王素,方勇,孙毓泽.高等教育竞争力:模型、指标与国际比较[J].教育研究,2012(07).

[69] 王素芸.基本能力指标之发展与概念分析[J].教育研究资讯,2001(09).

[70] 王旭辉,胡汉辉,沈群红.基于提升区域竞争力的日本产业集群政策的研究及启示[J].科学学与科学技术管理,2009(02).

[71] 王亚东.互联网时代提升高校教育竞争力的思考[J].产业与科技论坛,2015(21).

[72] 王元京.教育竞争力是最重要的竞争力[J].当代法学,1999(06).

[73] 王绽蕊.区域教育发达程度衡量指标体系的构建[J].教育发展研究,2000(12).

[74] 魏小瑜.增强普通高校成人教育竞争力策略探究[J].继续教育研究,2010(01).

[75] 温江,熊黑钢,曹云.我国高职高专教育及其竞争力的时空差异研究[J].职业技术教育,2017(33).

[76] 吴玉鸣,李建霞.我国区域教育竞争力的实证研究[J].教育与经济,2002(03).

[77] 吴玉鸣,李建霞.中国区域教育竞争力与区域经济竞争力的关联分析——兼复胡咏梅教授等[J].教育与经济,2004(01).

[78] 徐天伟,蔡文华,王源昌.云南高等教育发展水平评价——基于高等教育竞争力评价指标体系的实证研究[J].云南师范大学学报(哲学社会科学版),2013(04).

[79] 薛海平,胡咏梅.国际教育竞争力的比较研究[J].教育科学,2006(01).

[80] 阳国新.区域贸易与区域竞争[J].经济学家,1995(02).

[81] 杨丽君,王萍.高等教育国际竞争力的内涵及其评价意义[J].湖南师范大学教育科学学报,2007(02).

[82] 杨瑞艳.我国区域竞争力实证研究[J].上海统计,2000(04).

[83] 杨志坚.进一步提升我国高等教育的国际竞争力[J].中国高等教育,2001(23).

[84] 姚洁,刘同强,姜域.基于因子分析的高等教育竞争力研究[J].东方企业文化,2013(21).

［85］姚素贤.锻造精品专业提升教育竞争力——关于高职学校塑造品牌专业的思考［J］.中国成人教育,2011(03).

［86］易金生,张龙梅.做强京津冀区域高等教育的理论思考和实践探索［J］.高等职业教育(天津职业大学学报),2010(02).

［87］于涛方,顾朝林,涂英时.新时期的城市和城市竞争力［J］.城市规划汇刊,2004(04).

［88］禹志成.提高网络教育竞争力的思考［J］.当代教研论丛,2015(02).

［89］郁晓华,张润芝,祝智庭.教育信息化竞争力的模型设计与国际指标比较［J］.中国教育信息化,2009(17).

［90］袁晓英.有效教育:课程改革的追求——上海市 JS 区推进二期课改的实践与探索［J］.新课程(综合版),2008(07).

［91］岳昌君.经济与高等教育发展的关系——基于 6 项指标的比较分析［J］.教育发展研究,2010(17).

［92］张丽.教育竞争力与人力资源开发［J］.当代教育科学,2010(13).

［93］张良才,孙继红.国内外教育指标体系分析与比较［J］.教育学报,2009(06).

［94］张日新,郑纪刚,谷卓桐.我国区域高等教育核心竞争力测度及其发展演变趋势研究［J］.高教探索,2018(03).

［95］张淑芳.长三角城市教育竞争力比较及分析［J］.浙江工商职业技术学院学报,2016(01).

［96］张淑芳.宁波教育竞争力的计划单列市方位比较［J］.宁波经济(三江论坛),2017(05).

［97］张伟.区域教育综合竞争力指标体系构想［J］.天津市教科院学报,2015(02).

［98］张伟,徐广宇.部分发达地区高等教育竞争力评价结果与分析［J］.教育评论,2015(12).

［99］张秀萍,柳中权,栗新燕,张弛.辽宁省高等教育竞争力实证研究［J］.现代教育管理,2011(05).

［100］赵风波.大学与地方经济社会协同发展的路径研究——宁波市科技型企业技术需求调查报告［J］.上海商学院学报,2013(06).

［101］赵宏斌.教育竞争力是国家竞争力的基石［J］.教育科学,2008(07).

［102］赵宏斌.中国区域高等教育竞争力研究［J］.国家教育行政学院学报,2008(08).

［103］赵蓉英,张心源,邱均平,张扬,王建品.2017 年中国大学及学科专业评价的创新与结果分析［J］.评价与管理,2017(01).

［104］赵中建,肖玉敏.我国教育的国际地位与竞争力——基于相关数据与国家竞争力报告的分析［J］.教育发展研究,2009(09).

［105］中央教科所课题组.关于发达地区基础教育现代化发展水平若干指标的思考［J］.教育研究,2001(10).

［106］周浩波.基于竞争力导向的区域高等教育国际化战略研究［J］.中国高教研究,2013(10).

［107］周南照.从教育信息化视角看教育竞争力［J］.世界教育信息,2012(09).

［108］周群英,徐宏毅,胡绍元.高等教育国际竞争力比较研究［J］.武汉理工大学学报(社会科学版),2010(06).

［109］周艳群,田澎,田志友.区域竞争力的形成机理及其网络层次分析法测评模型［J］.系统管理学报,2008(02).

［110］朱国林,韦明理.提高农村中职教育竞争力的思考［J］.现代商贸工业,2008(10).

3. 学位论文及其他

［1］崔娜.《俄罗斯高等教育：竞争力与质量》(第1—2章)汉译策略分析[D].哈尔滨：黑龙江大学,2016.

［2］戴艳媚.西部高等教育竞争力提升研究[D].西安：西北大学,2015.

［3］甘翔.我国工业设计教育竞争力指标体系研究[D].南京：东南大学,2016.

［4］何小群.MBA教育竞争力提升策略研究[D].南京：南京师范大学,2014.

［5］黄贝.基于国际竞争力比较的高等教育强国建设研究[D].金华：浙江师范大学,2011.

［6］黄丹.高等教育发展水平与城市竞争力的相关性研究[D].金华：浙江师范大学,2016.

［7］李冰冰.信息化推动区域教育现代化研究[D].徐州：江苏师范大学,2017.

［8］李谦.全球化背景下的《美国竞争法》研究[D].上海：华东师范大学,2015.

［9］李婉宗.基于学员视角的太原市考研培训机构竞争力研究[D].太原：山西财经大学,2012.

［10］李彦西.欠发达省区高等教育资源整合机制研究[D].武汉：武汉理工大学,2010.

［11］栗新燕.我国区域高等教育竞争力实证研究[D].大连：大连理工大学,2010.

［12］刘成.广州市高等教育竞争力研究—基于比较视角[D].广州：广州大学,2016.

［13］刘峥.中国城市教育竞争力发展研究[D].开封：河南大学,2012.

［14］娄银银.面向地方经济建设的高校核心竞争力研究[D].天津：天津师范大学,2009.

［15］栾志聪.黑龙江省高等教育竞争力研究[D].哈尔滨：哈尔滨工程大学,2012.

［16］苗招弟.中国区域高等教育竞争力研究[D].上海：上海交通大学,2007.

［17］单春艳.俄罗斯教育发展对其国家竞争力影响之研究[D].北京：北京师范大学,2009.

［18］上海JA区人民政府.上海JA——JA概览[EB/OL].[2017 - 07 - 23].http://www.jingan. gov. cn/jagl/jagl. html.

［19］上海JS区人民政府.上海JS——自然地理[EB/OL].[2017 - 07 - 23].http://jsq. sh. gov. cn/gb/shjs/jsgl/n3961/u1ai95391. html.

［20］上海MH区人民政府.MH概览.[EB/OL].[2017 - 07 - 23].http://www. shmh. gov. cn/sites/mhgl/dyn/ViewIndex_pg. ashx.

［21］孙菁.山东省高等教育竞争力实证研究[D].济南：山东财经大学,2014.

［22］万格.中国研究型大学竞争力态势及提升研究[D].哈尔滨：哈尔滨工业大学,2009.

［23］万琴.我国城市高等教育竞争力及其影响因素的实证研究[D].苏州：苏州大学,2017.

［24］王丹.我国高等教育国际竞争力及其政策绩效实证研究[D].武汉：武汉理工大学,2013.

［25］王静.辽宁省高等教育竞争力实证研究[D].大连：东北财经大学,2010.

［26］王颖.我国普通高校体育教育专业核心竞争力的国际比较研究[D].郑州：郑州大学,2015.

［27］韦春卉.中印两国高等教育国际竞争力比较研究[D].武汉：武汉理工大学,2009.

［28］薛嘉春.区域基础教育资源整合研究[D].长春：东北师范大学,2011.

［29］于淑瑞.河南省高等教育竞争力研究[D].河南大学,2011.

［30］张晋妍.浙江省高等教育核心竞争力的现状分析及提升路径研究[D].杭州：杭州师范大学,2015.

［31］张秀萍.中国省域高等教育竞争力研究[D].大连：大连理工大学,2013.

［32］赵晖.陕西高等教育竞争力研究[D].西安：西北大学,2011.

4. 外文参考文献

[1] Amdam R P. Management, education and competitiveness: Europe, Japan and the United States [M]. Routledge, 2013.

[2] Artto E W. Relative total costs: An approach to competitiveness measurement of industries [J]. Management International Review, 1987,27(2): 47 - 58.

[3] Avis J. Further education: Policy hysteria, competitiveness and performativity [J]. British Journal of Sociology of Education, 2009,30(5): 653 - 662.

[4] Banks J A, Banks C A M. Multicultural education: Issues and perspectives [M]. John Wiley & Sons, 2010.

[5] Baumann C, Hamin H, Yang S J. Work ethic formed by pedagogical approach: Evolution of institutional approach to education and competitiveness [J]. Asia Pacific Business Review, 2016,22(3): 1 - 21.

[6] Bechtold M L, Scott S, Nelson K, et al. Educational quality improvement report: Outcomes from a revised morbidity and mortality format that emphasised patient safety [J]. Quality & Safety in Health Care, 2007,16(6): 422 - 427.

[7] Blaine M. Profetability and competitiveness: Lessons from Japanese and American firms in the 1980s [J]. California Management Review, 1993,36(1): 48 - 74.

[8] Bonstingl J J. The quality revolution in education [J]. Educational leadership, 1992,50 (3): 4 - 9.

[9] Boschma R A. Competitiveness of regions from an evolutionary perspective [J]. Regional Studies, 2004,38(9): 1001 - 1014.

[10] Bragin L, Selyanskaya G, Stukalova I. Competitiveness assessment of Russian universities under the conditions of globalization [J]. Life Science Journal, 2014,11(12): 268 - 273.

[11] Budd L, Hirmis A K. Conceptual framework for regional competitiveness [J]. Regional Studies, 2004,38(9): 1015 - 1028.

[12] Carneiro R, Conceiçã P. Beyond Formal Education: learning-by-doing, ICT adoption and the competitiveness of a traditional Portuguese sector [J]. European Journal of Education, 2002,37(3): 263 - 280.

[13] Carnoy M, Hallak J, Caillods F. Globalization and educational reform: What planners need to know [M]. UNESCO, International Institute for Educational Planning, 1999.

[14] Cho D S, Moom H C. A nation's international competitiveness indifferent stages of economic development [J]. Advances in Competitiveness Research, 1998,(6): 5 - 19.

[15] Choi Y C, Lee J H. What most matters in strengthening educational competitiveness?: An Application of FS/QCA method [J]. Procedia-Social and Behavioral Sciences, 2015,197: 2182 - 2190.

[16] DeVillar R A, Jiang B. Transforming America: Cultural Cohesion, Educational Achievement, and Global Competitiveness (Educational Psychology Volume 7) [M]. New York: Peter Lang ,2011.

[17] Duncan A. Back to School-Enhancing U. S. Education and Competitiveness [J]. Foreign Affairs, 2010,89(6): 65 - 74.

[18] Evans K, Robinson-Pant A. Compare: Exploring a 40-year journey through comparative education and international development [J]. Compare, 2010,40(6): 693 – 710.

[19] Feigenbaum A V. Quality education and America's competitiveness [J]. Quality Progress, 1994,27(9): 83.

[20] Gay G. Ethnic minorities and educational equality [J]. Multicultural Education: Issues and Perspectives, 1993,(2): 171 – 194.

[21] Gay G. Educational equality for students of color [J]. Multicultural Education: Issues and Perspectives, 2001,(4): 197 – 224.

[22] General Editor. Book reviews: U. S. competitiveness in the world economy (Scott B R, Lodge G C.)[J]. Journal of Economic Literature. 1986,24: 110 – 111.

[23] Guisan M C. Government Effectiveness, Education, Economic Development and Well-Being: Analysis of European Countries in Comparison With the United States and Canada (2000 – 2007) [J]. Applied Econometrics &. International Development, 2009,9(1): 192 – 204.

[24] Hammond C D. Internationalization, nationalism, and global competitiveness: A comparison of approaches to higher education in China and Japan [J]. Asia Pacific Education Review, 2016,17(4): 1 – 12.

[25] Hargreaves A, Shirley D. The fourth way: The inspiring future for educational change [M]. Corwin Press, 2009.

[26] Huggins R . Creating a UK competitiveness index: Regional and local benchmarking [J]. Regional Studies, 2003,37(1): 89 – 96.

[27] IMD. World Competitiveness Yearbook 2008 [R]. IMD, 2008.

[28] Ivan Turok. Cities, Regions and Competitiveness [J]. Regional Studies, 2004,38(9): 1069 – 1083.

[29] Kim Y. The present status and determinants of private secondary schools' educational competitiveness [J]. Korean Journal of Sociology of Education, 2008,18(4): 75 – 113.

[30] Kitson M, Martin R, Tyler P. Regional competitiveness: An elusive yet key concept [J]. Regional Studies, 2004,39(9): 991 – 992.

[31] Krskova H, Baumann C. School discipline, investment, competitiveness and mediating educational performance [J]. International journal of educational management, 2017,31 (3): 293 – 319.

[32] Krugman P. Competitiveness: A dangerous obsession [J]. Foreign Affairs, 1994,73(2): 28 – 44.

[33] Markusen A. Sticky places in slippery space: Typology of industrial districts [J]. Economic Geography, 1996,72(3): 293 – 313.

[34] Mok K H. Higher Education Transformations for Global Competitiveness: Policy Responses, Social Consequences and Impact on the Academic Profession in Asia [J]. Higher Education Policy, 2015,28(1): 1 – 15.

[35] OECD. Technology and the Economy: The Key Relationships [R]. Paris: OECD, 1992.

[36] OECD. Education at a Glance 2008 [R]. OECD, 2008.

[37] O'Donnell S, Blumentritt T. The contribution of foreign subsidiariesto host country national competitiveness [J]. Journal of International Management, 1999,5(3): 187 – 206.

[38] Perpich J G. A federal strategy for international industrial competitiveness [J]. Nature Biotechnology, 1986,4(6): 522 – 525.

[39] Popa I, Belu M G, Paraschiv D M. Education and competitiveness in the globalization era [J]. Annals of the University of Oradea Economic Science, 2013,22(1): 167 – 174.

[40] Porter M E. The Competitive Advantage of Nations [M]. New York: The Free Press, 1990.

[41] Porter M E. The economic performance of regions [J]. Regional Studies, 2003,37: 549 – 578.

[42] Scott B R. Competitiveness: Self-help for a worsening problem [J]. Harvard Business Review, 1989,67(4): 115 – 121.

[43] Tebeanu A V, Macarie G F. Cooperation and Competitiveness in the Educational Environment from the Students' Perspective. An Essay Analysis [J]. Procedia-Social and Behavioral Sciences, 2013,(76): 811 – 815.

[44] Thurman P W, Efimova I. Use of rankings to improve global competitiveness of Russian's higher education institutions and technology exports [J]. Life Sceience Journal, 2014,11 (11): 285 – 289.

[45] UNESCO. EFA Global Monitoring Report 2009 [R]. London: Oxford University Press, 2009.

[46] WEF. The Global Competitiveness Report 2008 – 2009 [R]. WEF, 2008.

[47] Winzar C B H. The role of secondary education in explaining competitiveness [J]. Asia Pacific Journal of Education, 2016,36(1): 1 – 18.

[48] Young K E. Understanding Accreditation: Contemporary Perspectives on Issues and Practices in Evaluating Educational Quality [M]. Jossey-Bass, 1983.